사회과교육 강의

김다원

교육과학사

본 도서를 발간하며

우리 사회는 주체적 시민을 필요로 한다. 세계화, 지능정보화에 따른 사회변화는 사회 구성원 각자의 주체적 역할이 필요하기 때문이다. 자신의 웰빙을 위해서 그리고 사회적 공존을 위해서 자신의 삶을 주도적으로 살아갈 수 있고 주체성을 토대로 타자, 사회와 협업할 수 있는 능력이 필요하다. 주체적 시민은 '인간존중의 이념을 바탕으로 소통과 통합의 역량을 지닌 사람'이라고 정의해 볼 수 있다. 오늘날 우리 교육은 포용, 창의력을 지닌 인재 양성을 핵심 교육의 지표로 제시하고 있다.

포용과 창의력에는 지식과 사고력도 중요하지만 세상을 품을 수 있는 마인드 스케일도 중요하지 않을까요? '나는 어떤 사람인가?' '이 세계를 보다 나은 지역으로 변화시키기 위해 내가 할 수 있는 일이 무엇인가?'의 질문이 함의하고 있는 바와 같이 자신의 정체성 및 이타적 마인드 수립도 중요하다.

우리에게 「연금술사」의 작가로 잘 알려진 파울로 코엘료의 에세이 집 「흐르는 강물처럼」에는 다음과 같은 내용이 있다.

독일 드레스덴 폭격 이후 있었던 일입니다. 한 채석장에서 돌을 깨는 한 노동자에게 "당신은 거기서 뭐하세요?"라고 물었습니다. "보면 모르오? 돌을 깨고 있잖소?" 아주 퉁명스럽게 대답했습니다. 두 번째 노동자에게 물었습니다. "당신은 거기서 뭐하고 있소?" "보다 시피 가족의 생계유지를 위해 돈을 벌고 있소."라고 대답하였습니다. 동일한 질문에 세 번째 노동자는 "저는 세상을 아름답게 만들어 갈 성스러운 교회를 짓고 있습니다"라고 말하며 아주 흐뭇하게 미소를 지었다.

"나는 지금 무엇을 하고 있는가?"라는 질문에 여러분은 어떻게 대답하겠습니까? "보면 모르오? 학교에서 공부하고 있잖소."라고 대답하겠습니까? 아니면 "아름다운 세상을 위해 필요한 교사 전문성을 키우고 있는 중입니다"라고 답하겠습니까?

이와 같이 자신이 하고 있는 일에 의미를 부여할 때, 그 의미를 얼마나 넓게 그리고 얼마나 크게 잡느냐를 '마인드 스케일'이라고 한다. 마인드 스케일이 넓고 크면 지식과 경험의 폭을 넓히면서 다양한 사람들과 소통과 공감대 형성이 넓어지고 사람에 대한 이해가 깊어지고 더 큰 관점에서 문제를 바라볼 수 있다. 그러나 마인드 스케일이 좁으면 의미 있게 받아들여질 수 있는 경험과 공감대는 줄어들게 된다.

여러분의 마인드 스케일이 자기 자신만의 성장과 생활에 한정되어 있다면, 여러분들의 미래는 세상의 아주 작은 부분의 일에 한정되고 말 가능성이 높다. 다른 사람들도 여러분을 많은 사람들 중의 한 개인으로만 인정하고 자신들의 관심 대상에 두지 않을 가능성이 높다. 그러나 여러분의 마인드 스케일이 세상을 아우를 정도로 넓고 크다면 여러분의 미래는 세상을 품게 되고 세상의 다른 사람들도 여러분을 꼭 필요한 사람, 함께 일하고 싶은 사람으로 인정하지 않을까요? 그러한 과정은 타인의 성장은 물론이고 여러분의 성장도 동시에 기대하게 만들 것이다. 2012년 세계은행 총재로 취임한 김용 총재는 한 인터뷰에서 이렇게 말하였다. "나의 꿈은 마틴 루터 킹처럼 세상의 불평등을 없애는 데 기여하는 것이었습니다. 실력은 기본입니다. 인격과 헌신이야말로 세계화 시대를 앞서가는 인물로 성장하기 위해 갖춰야 할 덕목입니다."

우리는 자신의 성장을 위해서도 자신을 한 개인으로만 '포지셔닝(Positioning)'해서는 안 된다. 함께 사는 세상을 아름답게 하는 일에 헌신하면서 세상을 아름답게 하는 일이 유의미한 일로 해석될 수 있도록 여러분의 마인드 스케일을 크고 넓게 넓혀가는 과정에서 사회의 발전뿐 아니라 자신의 성장을 이끌어 낼 수 있다. 그 과정에서 여러분과 함께 일할 수 있는 사람들의 범위가 넓어지고 여러분의 삶도 더 행복해지지 않을까요?

사회과교육은 여러분의 마인드 스케일을 세계와 세계의 인류로 확장하는 데 목적을 둔다. 즉 예비교사로서의 시민성 함양이다. 시민성을 지닌 교사로부터 글로벌 차원의 시민성 함양의 사회과수업을 기대할 수 있을 것이다. 사회과교육에서 배운 전문적 지식과 창의적 역량, 사회적 가치를 활용하여 국가와 사회, 더 나아가서 인류를 '행복'하게 만드는 일에 참여하는 교사로서의 역할을 기대하며, 본 도서가 그러한 교육에 도움을 주기를 기대한다.

2025년 5월

저자 김다원

목 차

Ⅰ 사회과교육 이해

[01] 사회과교육과 시민성

1. 사회과의 성격과 목표

사회과는 지리, 역사, 정치, 경제, 문화 등의 제반 사회과학의 내용을 토대로 학생들이 시민으로 살아가는 데 필요한 능력을 키우는 데 목적을 두고 있다. 사회과교육은 사회과의 성격과 목표를 구현하기 위해 행하는 교육이다. 사회과 교육과정에서는 사회변화에 맞춰 사회과의 성격과 목표를 제시해 오고 있다. 사회과 교육과정에서 제시한 내용을 토대로 사회과의 성격을 너 구체적으로 살펴보자.

2022 개정 사회과 교육과정에서 제시한 사회과 성격의 주요 내용에는 '시민으로서의 자질 함양', '지리, 역사, 제 사회과학의 개념과 원리, 문제와 쟁점, 탐구방법과 절차', '사회현상과 사회문제, 공간구조와 변화, 시간의 변화와 지속에 대한 탐구방법 등이 있다. 사회과는 '시민의 자질 함양'에 목적을 둔 교과이며, 특히, 창의적 사고력, 비판적 사고력, 문제해결력 및 의사결정력, 의사소통 및 협업능력, 정보활용능력을 기르는 데 중점을 둔다. 창의적 사고력과 의사소통 및 협업능력, 정보활용능력 등은 2022 개정 교육과정의 총론에서 제시한 핵심역량과 연계될 수 있다. 비판적 사고력, 문제해결력 및 의사결정력은 사회과에서 특별히 강조하여 제시한 역량으로서의 특성을 지니고 있다. 또한, 의사소통과 협업역량은 총론에서 제시한 역량이지만 시민의 자질 함양을 위해서 사회과교육에서 중요하게 여기는 역량에 해당한다.

지리, 역사, 사회 등 사회과학의 주요 개념과 원리, 문제와 쟁점, 탐구방법을 학습하는 교과로서의 성격은 사회과의 주요 학습 내용의 범위를 말해준다. 사회과는 시민의 자질을 함양하는 데 목적을 두며, 이러한 시민성 함양을 위해 지리, 역사, 사회 등 사회과학의 주요 개념과 문제, 쟁점 그리고 탐구방법을 주요 내용에 포함하여 사회현상과 사회문제, 공간구조와 변화, 시간의 변화와 사회의 지속성에 대한 탐구를 지향하는 교과로서의 성격을 보여준다. 이러한 학습의 방향은 궁극적으로 지역・국가・세계시민 그리고 민주시민, 생태시민 등 시민성 함양을 지향한다.

1. 2022 개정 교육과정의 사회과 성격

사회과는 학생들이 사회생활에 필요한 지식과 기능을 익혀 이를 토대로 시・공간 속의 인간과 사회현상을 인식하고, 민주 사회의 구성원에게 요구되는 가치와 태도를 지님으로써 시민으로서의 자질을 갖추도록 하는 교과이다.

사회과에서 기르고자 하는 시민은 인간과 사회현상을 탐구하고 지역사회, 국가, 세계에서의 생활에 참여하는 데 필요한 지식과 기능의 습득을 바탕으로 자율적으로 판단하고 행동한다. 또한 공동체 의식을 가지고 타자를 존중하고 배려하면서 개인적, 사회적 문제를 합리적으로 해결하는 능력을 갖추어 개인의 성장을 도모하고, 지역사회・국가・세계의 발전에 기여한다.

사회과는 시민으로서 갖추어야 할 자질을 함양하는 데 필요한 창의적 사고력, 비판적 사고력, 문제해결력 및 의사결정력, 의사소통 및 협업능력, 정보활용능력 등을 기르는 데 중점을 둔다. 창의적 사고력은 새롭고 가치 있는 아이디어를 생성하는 능력을 의미하며, 비판적 사고력은 사태를 분석적으로 평가하는 능력을 의미한다. 문제해결력 및 의사결정력은 다양한 사회적 문제를 해결하기 위해 합리적으로 결정하는 능력을 의미하며, 의사소통 및 협업능력은 자신의 견해를 분명하게 표현하고 타인과 효과적으로 상호작용하는 능력을 의미한다. 또한 정보활용능력은 다양한 자료와 테크놀로지를 활용하여 정보를 수집, 해석, 활용, 창조할 수 있는 능력을 의미한다.

사회과는 지리, 역사, 제 사회과학의 개념과 원리, 문제와 쟁점, 탐구방법과 절차 등에 관한 요소를 통합적으로 선정・조직하여 사회현상과 사회문제, 공간구조와 변화, 시간의 변화와 지속을 종합적으로 이해하고 탐구할 수 있도록 구성되어 있다. 또 사회과는 우리 삶의 터전인 지역의 이해를 바탕으로, 우리나라의 역사, 국토와 환경, 한국 사회 제도의 현실과 변화, 지구촌의 특징과 변화 등에 대한 탐구를 통해 한국인으로서의 정체성과 세계시민으로서의 자질을 갖추도록 구성되어 있다.

2. 2022 개정 교육과정의 사회과 목표

(1) 사회의 여러 현상과 특성을 그 사회의 지리적 환경, 역사적 맥락, 정치・경제・사회적 제도 등과 관련지어 이해한다.

(2) 지표 공간의 자연환경 및 인문환경에 대한 이해를 통해 지역에 따른 인간생활의 다양성과 역동성을 파악하고, 지역적, 국가적, 세계적 수준의 지리문제와 쟁점에 관심을 갖는다.

(3) 역사 지식과 개념에 대한 이해를 바탕으로 과거 사람들이 각 시대의 사회구조와 상호작용한 방식과 그 영향을 탐구함으로써 시대별 생활 모습을 파악한다.

(4) 사회생활에 관한 기본적 지식과 정치・법・경제・사회・문화현상에 대한 기본적인 원리를 종합적으로 이해하고, 현대사회의 성격 및 민주적 사회생활을 위하여 해결해야 할 여러 문제를 파악한다.

(5) 인간과 사회현상을 파악하는 데 필요한 지식과 정보를 획득, 분석, 조직, 활용하는 능력을 기르며, 공동체 생활과 관련된 여러 문제를 합리적으로 해결하기 위한 탐구능력, 의사결정능력 및 사회참여 능력을 기른다.

(6) 개인과 사회생활을 민주적으로 운영하고, 우리 사회가 당면한 문제들에 관심을 가지고 개인・지역사회・국가・세계적 차원에서 지속가능한 삶을 위해 적극적으로 노력하는 태도를 가진다.

(교육부, 2022)

다음에서는 사회 교과의 목표를 살펴본다. 교과의 목표는 교과 교육의 방향을 제시하는 것이며, 교육의 내용과 방법, 평가 등 일련의 교육과정의 내용과 방법을 선정하여 결정하는 기준 역할을 한다. 사회 교과의 방향성에 적합한 수업 설계를 위해서는 사회과 목표에 대한 이해가 전제되어야 한다. 교과의 목표는 어떻게 선정되는가? 교과의 목표는 선택의 문제이고, 교과 교육을 책임지고 있는 사람들의 가치 판단이 포함되지만(Tyler(이해명 역), 1998, p. 10) 일반적으로 학습자 자신의 자아실현에 필요한 내적 자질 함양 그리고 사회의 계승 발전에 참여하고 역할을 할 수 있는 외적 자질 함양을 고려한다. 내적 자질 함양은 기초 문해력을 함양하고 교과의 지식과 사고력을 함양하여 자신의 삶의 질을 영위해 갈 수 있는 능력을 키우는 일이다. 그리고 외적 자질 함양은 사회적 요구에 부응과 사회변화에의 적응에 필요한 능력 함양의 교육으로 오랫동안 형성된 사회의 문화를 계승하면서 개인과 사회의 온전성을 유지하고 사회변화에 따라 발생하는 여러 문제들에 효과적으로 대처할 수 있는 능력을 키우는 것이다.

그래서 교육목표의 설정에서는 학습자 자신의 내재적 잠재능력, 개성, 발달 수준에 대한 고려 그리고 사회적 요구와 가치를 포함한다. 그리고 교과 학문의 성격과 내용, 국가와 교육 주체의 철학과 이념, 그리고 세계화에 따른 글로벌 사회의 변화와 미래 사회에의 대응 등이 고려될 수 있다([그림 I-1]).

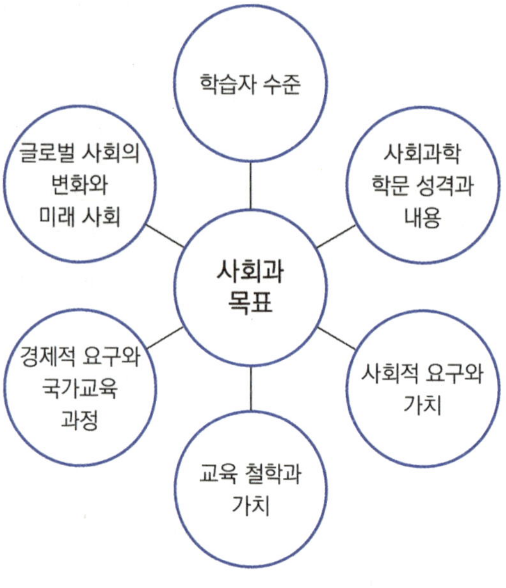

[그림 I-1] 사회과 목표 설정에서 고려 사항

실제, 사회과 교육과정에서 제시한 사회 교과의 세부 목표를 살펴보면, '사회현상과 특성 이해', '지역에 따른 인간생활의 다양성과 역동성', '지역, 국가, 세계적 수준의 지리문제와 쟁점', '역사 지식과 개념', '사회생활에 필요한 기본 지식', '인간과 사회현상 파악에 필요한 능력', '개인, 지역사회, 국가, 세계적 차원에서 지속가능한 삶을 위한 태도' 등이 제시되어 있다. 학습자의 필요, 흥미, 사회과학의 내용, 사회적 요구와 가치, 지속가능한 삶을 위한 보편적 가치와 미래 사회에 대한 대응력 등이 포함되어 있다. 궁극적으로 시민의 자질을 함양하여 주체성 있는 시민으로 살아갈 수 있는 능력을 키우는 데 목적을 두고 있다.

교육은 사회변화를 반영하기도 하지만 사회를 변화시키는 중요한 역할을 한다. 사회변화에 따라 교육의 목표가 지속적으로 변화한 것은 그러한 이유이며 또한, 바람직한 방향으로 개인의 발전과 사회의 변화를 위해서 교육의 목표를 설정하는 것도 중요한 일이다. 즉, 산업사회 이전의 사회, 산업사회, 세계화 · 정보화 사회, 오늘날의 기후변화 시대로 오면서 교육의 목표가 변화해 왔다. 또한, 사회마다 지향하는 사회의 발전 방향에 따라 교육의 목표에도 변화가 있었다. 민주주의 교육, 경제 교육, 인권 · 자유 · 평등 · 정의 · 복지 교육, 지속가능발전교육, 생태전환교육 등은 우리가 지향하는 사회의 변화를 담고 있으며 창의적 사고력, 문제해결력, 합리적 의사결정력, 디지털 리터러시, 공감, 포용, 배려의 태도, 그리고 시민성 함양 등 교육의 목표들은 우리가 지향하는 사회를 구현하기 위해서 설정된 교육 목표들이라고 할 수 있다.

2. 시민과 시민성(citizenship)

시민(citizen)은 권리와 의무를 지니며 주체적으로 사회에 참여하는 사람이다. 개별적 위치와 권한을 점하며 주권적, 주체적 개인으로서 역할을 하면서 시민사회를 형성하는 데 기여한다(송호근, 2015). 그래서 시민성 함양의 교육은 사회의 유지와 발전을 위해서 필요하다.

시민성은 개인의 사회와 국가에서 역할, 권리와 책무를 규정하는 개념으로 역사적, 철학적 맥락에 따라 다양한 방식으로 해석되는데 특히, 특히 자유주의(liberalism), 공동체주의(communitarianism), 공화주의(republicanism)의 관점에서 각기 다른 성격의 시민성이 제시되기도 한다. 자유주의 시민성은 개인의 자유와 권리를 중시하는 사상으로 독립적이고 자율적인 개인을 시민으로 간주하며 시민의 권리 보호를 중요하게 여긴다. 공동체주의 시민성은 개인이 속한 공동체의 가치와 문화를 중요한 요소로 여기며 시민성을 공동체에서 행해지는 상호작용과 책무로 이해한다. 이는 개인의 삶은 공동체와 밀접하게 연결되어 있으며 시민의 권리와 책무는 공동체의 지속가능성에 적극적으로 기여해야 함을 강조한다. 공화주의는 시민성을 정치적 참여로 규정한다. 정치적 의사결정 과정에 참여하여 시민으로서 책무감을 지니며 공적인 선을 실현하는 데 적극적인 참여의 존재로서 개인의 역할을 중요하게 여긴다.

시민성 교육의 초기 개념은 고대 그리스와 로마에서 시작되었다. 고대 아테네에서는 공적인 영역의 사회에 참여할 수 있는 시민 양성을 위해 수사학, 철학 교육을 하였고 이를 통해 비판적 사고력과 토론능력, 의사소통능력 함양을 중요하게 여겼다. 고대 그리스의 소크라테스, 플라톤, 아리스토텔레스 등 철학자로부터 근대의 코메니우스, 로크, 루소, 페스탈로치, 그리고 듀이에 이르기까지 모두는 교육에서 시민의 도덕적 자질과 공동체에 대한 책임의식을 포함하는 시민성 함양을 강조했다. 로마에서는 공화국 체제에 필요한 법과 질서 유지를 중요하게 여기면서 법과 규범 등의 지식과 윤리적 책임감을 갖춘 시민 양성을 중요하게 여겼다.

이러한 시민성 교육은 17세기 이후 계몽주의 사상의 발달에 따른 개인의 자유와 권리의 소중함, 사회에서 개인의 합리적 사고에 기반한 참여의 중요성이 강조되었고 민주주의 사회를 성숙화하는 데 필요한 주체적 사고력을 지닌 시민 육성을 위한 교육의 역할이 강조되었다. 듀이(Dewey)의 〈민주주의와 교육〉, 〈나의 교육적 신조〉에 밝힌 교육의 역할 '개인의 사회적 의식에의 참여, 인류의 지적, 도덕적 자원의 공유'는 당시 사회에서 바라본 시민성 함양교육의 가치와 필요성을 보여준다. 특히, 민주주의 사회의 지향에서 개인의 인권 행사와 존중을 위해서도 개인의 참여와 평등, 정의에 기반한 사회적 참여를 위한 시민성 함양교육의 가치는 강조되었다. 오늘날에는 세계화, 정보화, 기후변화 등 사회변화에 따라 세계시민성, 디지털시민성, 생태시민성 함양 등 시대적 요구와 사회적 변화에 따라 다양한 형태로 발전해 오고 있으며 지속가능한 사회를 만들어 가는데 필요한 교육으로 자리잡고 있다.

우리나라 교육과정의 변천을 살펴보면, 초기 사회과교육에서는 '유능한 국민'의 양성에 중점을 두었다. 특히, 애국심 함양, 전통문화의 계승 발전, 국가의 법과 질서 등 규범 준수 등을 중요하게 여겼다. 이후 참여적 시민으로서 역할과 참여를 강조하면서 민주시민 양성에 중점을 두었으며, 세계화, 정보화, 기후변화에의 대응에 따라서 지역시민, 세계시민, 디지털 시민, 생태시민 등의 양성이 강조되고 있다. 특히, 오늘날 시민성은 민주적 참여와 세계적 연대와 책임있는 역할을 강조하고 있다. 이러한 변화는 사회과교육의 내용과 방법에 영향을 미치고 있다.

세계시민성은 인류의 보편적 가치를 토대로 서로를 이해하고 협력하며, 기후변화, 빈곤, 분쟁과 갈등 등의 지구적 문제 해결에 함께 참여하려는 태도와 이에 필요한 능력이다. 지구상의 모든 인류가 평화롭게 삶의 질을 누릴 수 있는 환경을 구축하는 데 중점을 둔다. 세계화, 정보화에 따라 교류와 이주의 범위가 확대되면서 글로벌 환경에 대한 관심과 공동의 책임에 기반한 역할이 강조되고 있다.

지역 시민성은 지역사회에서 개인의 역할과 책임을 강조하면서 요청되는 자질이다. 자신이 속한 지역사회의 구성원으로서 지역사회의 문화적 가치를 토대로 지역사회의 여러 가지 문제들에 관심을 갖고 실천하면서 자신의 웰빙과 지역사회의 긍정적 변화에 기여하는 것이다. 최근 우리나라에서 발생하고 있는 인구 감소와 지역사회의 소멸 위기 현상, 공동체성의 약화, 이외 여러 가지 사람들 간의 갈등 문제, 환경 문제 등을 해결하고 더 살기 좋은 지역사회를 만들기 위해서 더 특별히 요청되는 자질이다.

생태시민성은 자신의 지역사회를 비롯하여 지구 환경의 보호와 지속가능발전에 대한 개인의 역할과 책임감을 강조하는 개념이다. 자연과의 공존, 환경의 지속가능성을 위하여 생태계의 자연 환경을 보호하고, 자원의 낭비를 줄이며, 지속가능한 생활방식으로 삶을 영위하려는 인식으로의 전환을 포함한다.

이러한 시민성 개념들은 각각 다른 수준과 분야에서 지역사회, 국가, 세계의 환경적, 사회적, 경제적 지속가능성을 위한 실천을 촉진하고, 평화·공존적 사회를 만들어가는데 필요한 능력으로 여겨지고 있다.

생각넓히기

1. 2022 개정 사회과 교육과정을 활용하여 '사회과교육의 목표'를 핵심 역량을 중심으로 정리해 보자.

핵심 역량	의미 및 시민성에 미치는 영향
창의적 사고력	
비판적 사고력	
문제해결 및 의사결정력	
의사소통 및 협업능력	
정보활용능력	

2. '사회 수업을 잘 받은 나'를 생각하면서 나의 일상 생활에서 시민성 실천 경험을 말해보자.

3. 현대사회에서는 지역사회 및 세계적 차원에서 시민성이 중요하게 요청되고 있다. 이에 대한 교육이 사회과교육에서 더 강조되는 이유를 말해 보자.

4. 다중 시민성(Multiple Citizenship)은 현대 사회에서 한 개인이 다양한 차원의 공동체(지역, 국가, 세계 등)에 속하며 각각의 공동체에서 요구하는 책임과 역할을 수행해야 하는 상황을 의미하며, 지역·세계적 시민성, 디지털 시민성, 생태 시민성 등 여러 유형이 복합적으로 작용하는 상황을 포괄한다. 다음의 세 가지 시민성 함양을 위한 '다중 시민성 실천 프로젝트' 아이디어를 기획해 보자.
   - 지역사회 문제해결(지역시민성)
   - 글로벌 문제해결을 위한 실천(세계시민성)
   - 생태환경 보호를 위한 문제해결(생태시민성)

5. 2022 개정 사회과 교육과정, 오스트레일리아 HASS 교육과정, 캐나다 온타리오 주 사회과 교육과정의 사회과 성격과 목표를 더 조사하고 비교해 보자.

1. 캐나다 온타리오 주의 사회과 성격과 목표(2023 개정)

▣ 성격

사회과교육을 통해서 학생들은 자신이 속한 다양한 공동체 내에서 책임감 있고 적극적인 시민이 될 수 있다. 비판적인 포용적이고 정보화된 시민이 되는 것뿐 아니라 문제해결에 필요한 기술을 습득하고 중요한 발전, 이슈 등에 대한 아이디어와 의사결정을 소통하는 데 필요한 기술을 습득한다. 세부적인 목표는 다음과 같다.

▣ 목표

- "학문적 사고의 개념"을 사용하여 문제, 사건 및 발전에 필요한 조사능력을 키운다.
- 정보와 증거를 평가하고 판단을 내리기 위해 적절한 기준을 결정하고 적용하는 능력을 키운다.
- 학문적인 탐구에 필요한 그리고 삶의 영역에서 적용할 수 있는 기술과 개인적 능력을 키운다.
- 협력적이고 협동적인 작업 관계성을 키운다.
- 적절한 기술을 도구로 사용하여 정보를 수집하고 분석하고 문제를 해결하고 소통하는 능력을 키운다.

(Ontario Ministry of Education, 2023)

2. 오스트레일리아 사회교과 성격과 목표(2022 개정)

▣ 성격

인문학 및 사회과학은 사회, 문화, 환경, 경제, 비즈니스, 법률 및 정치적인 맥락에서 인간의 행동과 상호작용을 연구하는 학문이다. 이에 대한 학습은 개인적 맥락에서 세계적 맥락에 이르기까지 역사적이면서도 현대적인 사회에 초점을 두고 있으며 미래에 발생할 수도 있는 과제들을 고려한다. 학생들이 글로벌 이슈를 이해하고 세계에 참여하는 적극적이고 정보화된 시민이 될 수 있는 능력을 키우는 데 중요한 역할을 한다. 본 교과학습을 통해서 학생들은 실문하고, 비판적으로 생각하고, 문제를 해결하고, 효과적으로 의사소통하고, 합리적 의사결과 변화에의 적응력을 키운다. 여기에는 주요 역사적, 지리적, 법적, 정치적, 경제적, 비즈니스적 그리고 사회적 요소들의 이해와 이러한 다양한 요소들이 어떻게 상호 관련되어 있는지를 이해하도록 하는 것이 필요하다.

▣ 목표

- 과거와 현재의 세계의 장소, 사람, 문화, 시스템에 대한 경이감, 호기심, 존중, 그리고 이러한 현상 연구에 대한 관심과 즐거움을 키운다.
- 과거와 현재의 로컬과 글로벌의 맥락에서 사람, 장소, 가치관, 시스템에 대한 주요 역사적, 지리적, 공공의, 비즈니스적, 경제적 지식을 함양한다.
- 사회를 형성하고 지속가능성에 영향을 미치며 소속감을 조성하는 역사적 발전, 지리적 현상, 시민적 가치관, 경제적 요인에 대한 이해를 키운다.
- 학문적 또는 학문 간 통합적 탐구에 적용되는 주요 개념에 대한 이해를 키운다.
- 학문적 기술을 사용할 수 있는 능력, 즉 학문적으로 적절한 질문, 신뢰할 수 있는 출처를 사용한 조사, 분석, 평가 및 의사소통력을 키운다.
- 현재와 미래의 일상생활에 효과적으로 참여하는 데 필요한 성향을 키운다. 여기에는 비판적이고 창의적으로 문제를 해결하고, 정보에 입각한 결정을 내리고, 책임감 있고 적극적인 시민이 되고, 정보에 입각한 경제적 및 재정적 선택을 하고, 윤리를 성찰하는 능력이 포함된다.

(출처: ACARA, 2022)

참/고/문/헌

교육부, 2022, 사회과교육과정, 교육부 고시 제2022-33호(별책 7).

송호근, 2015, 나는 시민인가, 서울: 문학동네.

칸트(이한구 편역), 1992, 칸트의 역사철학, 서광사.

ACARA, 2022, *Humanities and Social Sciences*. https://v9.australiancurriculum.edu.au/downloads/learning-areas#accordion-b71b085f07-item-4ef21db668

Ontarion Ministry of Education, 2023, *The Ontario Curriculum: Social Studies*. https://assets-us-01.kc-usercontent.com/fbd574c4-da36-0066-a0c5-849ffb2de96e/d5da6bd8-63e6-41ca-80b3-ce2cf63d9546/SocialStudiesHistoryGeography-AODA_ISBN-v1.pdf

Tyler, R., 1949, *Basic Principles of Curriculum and Instruction*, University of Chicago Press (이해명 역, 1998, 교육과정과 학습지도의 기본원리, 교육과학사).

[02] 사회과교육의 유형과 특성

사회과교육은 19세기 후반~20세기 초 근대 국가 형성과 함께 학교 교육에 들어왔다. 국가의 정체성 확립, 국가 시민으로서의 자질 함양에 중점을 두고 지리, 역사, 사회의 문화와 제도, 가치 등을 주요 내용에 포함하였다. 국가와 사회의 계승 발전에 필요한 능력 함양에 중점을 두었다. 1950~1960년대, 즉 제2차 세계대전 후 그리고 세계의 경제발전을 위한 적극적 추진과 이에 따른 사회변화에 따라서 사회과학의 내용 지식을 획득하는 데 중점을 둔 교육의 필요성이 제기되었고 특히 60년대 이후 산업화 사회에서는 사회에 대한 분석, 통찰, 문제 해결에 필요한 능력이 요청되었다. 이러한 요청은 1960년대 이후 세계화, 정보화에 따른 여러 면에서의 사회변화에의 대응에 부응하는 것이었다. 그래서 탐구학습, 문제해결학습 등이 주요 교수 · 학습 방법으로 도입되었고, 사회에 대한 지적인 능력과 더불어서 탐구력, 문제해결력 등의 인지적 능력 함양이 교육의 주요한 목표가 되었다. 1980년대 이후에는 민주주의 사회의 성숙화, 지속가능한 사회를 위한 지구적 참여의 필요성 등의 사회적 요구에 부응하여 개인의 복지, 웰빙, 그리고 역량 개발을 교육의 내용과 목표에 포함하였다. 이에 따라 학습자 중심 교육, 학습자의 능동적 참여와 의사결정력 함양, 주체적 사고력 함양 등이 교육의 방법으로 중요하게 여겨졌다. 최근에는 세계시민교육, 지속가능발전교육, 디지털 시민성, 생태 시민성 교육 등 현재 사회에서 겪고 있는 사회적, 환경적 문제를 해결하고 지속가능한 미래사회를 만들어가기 위해서 사회의 여러 가지 문제해결에 중점을 둔 사회과교육으로의 변화 필요성이 나타나고 있다. 학습자 주도 탐구, 문제해결, 의사결정 등은 사회과 수업에서 키워져야 할 주요한 능력이 되었다.

사회과교육은 이러한 큰 방향성에서 시대적, 사회적 상황에 따라 교육의 목표, 내용, 방법의 변화를 거쳐왔다. 관련하여, Barr 외(최충옥 외 역, 1993)는 사회과교육을 '시민적 자질 육성'을 목표로 하는 교과로 본다. 그러나 시민적 자질 육성이라는 목표는 같더라도 그 목표 달성을 위한 내용의 선택, 조직, 교수 방법에 따라 다양한 유형의 사회과교육이 이뤄질 수 있다고 하였다. Barr 외(최충옥 외 역, 1993)가 제시한 시민적 자질 함양을 목표로 하는 사회과교육의 세 가지 유형을 토대로 사회과교육의 세 가지 전통적 유형의 특성을 살펴보면 다음과 같다.

1. 전통적 시민성 전수로서 사회과교육

이 유형은 사회과교육에서 오랜 기간 동안 강조되어 왔으며 사회의 유지, 발전을 위해 이에 맞는 시민성 함양에 중점을 둔다. 이를 위해 지리, 역사, 정치, 경제, 법, 사회, 문화 등의 관련 내용을 전달, 습득 위주의 방식으로 이루어지는 경우가 많으며, 사회적 규범과 가치에 대한 존중 등으로 바람직한 시민의 태도와 행동을 학습한다. 이 유형은 사회과교육의 등장에 영향을 주었으며, 국가와 사회의 안정적 유지와 발전에 필요한 지식, 가치, 태도를 함양에 중심을 둔 교육으로 볼 수 있다. 주로 해당 지역과 사회의 지리적 환경은 어떠한가, 어떠한 역사를 갖고 있는가, 어떤 사람들이 어떤 문화를 만들며 살아가고 있는가, 어떤 사회제도와 규범 등이 있는가 등이 주요 학습내용으로 제시되어 왔다. 오늘날 학교 사회과교육에서 지역, 국가, 그리고 사회에 대한 학습으로 이뤄지고 있다고 볼 수 있다. 다만, 전통적 시민성 전수로서 사회과교육은 학습자 자신이 살고 있는 사회의 공동체성과 안정성을 위해서 필요한 교육으로 볼 수 있지만 비판적, 능동적 참여자로서 학습자의 역할력을 키우는 데 다소 저해의 가능성을 지니고 있다는 비판을 받고 있다. 이러한 비판과 관련하여 앞으로 사회에 대한 기본 지식 습득에서 탐구학습의 적용, 비판적 사고와 참여 능력 함양의 학습, 학생 참여 중심의 학습, 지역사회 현장학습 등과 연계할 필요성이 있다.

2. 사회과학 탐구로서 사회과교육

사회과학 탐구는 자료 조사 및 수집, 분석, 가설 설정, 가설 검증, 일반화 등 일련의 탐구과정을 적용하여 사회를 탐구하는 방법을 말한다. 이 유형은 시민성 함양에서 학습자의 탐구적 접근이 중요하다고 여기면서 등장했다. 시민성 교육을 학문의 탐구를 통해서 교양인으로 살아가는 데 필요한 내용 지식을 획득하고 탐구방법을 습득하여 일상의 삶에서도 사회를 깊이 있게 파악할 수 있는 능력과 문제해결 능력을 함양하는 교육으로 보았다. 또한, 학문의 탐구를 토대로 인류의 보편적 가치와 행동양식을 습득하고 사회를 탐구하는 방식을 활용하여 사회과학자처럼 사회를 인식하고 합리적 의사결정력을 키울 수 있다고 보았다. 이 유형의 교육에서는 사회과학자의 연구 방법을 활용하여 주제를 설정하고 탐구하며, 탐구결과로서 지식을 획득하고 탐구과정에서 여러 가지 기술과 사고 경험을 습득하여 학습자에게 생각의 힘 배양과 사회에 대한 이해를 증진한다. 다만, 학생들이 탐구과정에 능동적으로 참여하여 원활하게 수행하기 위해서는 학습에의 호기심과 적극성, 기본적인 지식 등이 필요하다.

3. 반성적 탐구로서 사회과교육

이 유형은 듀이와 관련 연구자들의 교육 철학을 토대로 발전된 것이며, 학습자 경험, 수준, 흥미를 고려하여 학습자 중심의 교육을 지향하고 학생들의 사회에서의 민주적 의사결정력을 키우는 데서 긍정적 효과를 얻을 수 있다. 즉, 사회과교육의 궁극적 목적인 '시민성 함양' 측면에서 볼 때, 학습자 자신의 경험적 성장과 이에 기반한 주체적 행동력 함양에 필요한 관련 지식, 가치, 태도를 키우는 데서 효과성을 기대할 수 있다. 특히, 사회의 규모가 확대되고 사회 변화의 속도가 빨라지면서 학습자 자신의 활동 범위가 확대되면서 개인적 역할의 주체성과 다양성도 커지고 있다. 이를 위해 학생들은 지속적으로 관련 지식을 획득하고 사회 변화에 따른 가치체계를 명료화하면서 합리적 의사결정력을 키우는 것은 오늘날 사회에서 살아가는 데 필요한 역량 함양의 과제를 안고 있다. 이러한 교육을 위해 반성적 탐구 중심의 사회과교육의 유익성을 찾을 수 있다.

오늘날 사회과 교육과정에서는 위의 세 가지 유형을 통합적으로 적용하는 방식으로 발전하고 있다. 지역, 국가의 유지 발전에 필요한 지식, 가치 습득, 복잡하게 변해가는 사회의 현상을 파악하고 사회 문제해결에 필요한 지식과 탐구능력의 함양, 사회에의 적극적 참여와 합리적 의사결정력 등의 시민성 함양의 필요성 등을 사회과교육의 목표로 제시하고 있다. 다만, 세 가지 교육 유형에서 추구하는 목표를 지향하면서 각 유형에서 나타난 한계를 극복할 수 있는 방법에 대한 고찰이 필요하다고 하겠다.

생각넓히기

1. Barr 외가 제시한 사회과교육의 세 가지 사회과교육 유형을 더 찾아보고 특성을 정리해 보자.

항목	전통적 시민성 전수 중심	사회과학 탐구 중심	반성적 탐구 중심
사회과교육에 적용의 필요성			
주요 교육 내용과 적용 방법			
교육적 효과에 대한 비판			

2. Barr 외가 제시한 사회과교육의 세 가지 유형이 학교 사회과교육에서 어떻게 적용될 수 있는지 예를 들어 설명해 보자.

3. '반성적 탐구 모형'이 오늘날 사회과교육에서 강조되는 이유를 설명하고, 이 모형이 효과적으로 적용될 수 있는 학교 수업 방안을 생각해보자.

4. 다음 자료를 읽고 교사 1, 2, 3의 수업 방식 특성을 정리해 보자. 사회과교육의 세 가지 유형과 연계하여 비교해 보자.

[수업 진행 방식]

① 교사 1(강 교사)

강 선생님은 초등학교 학생들을 가르친다. 초등 교사로서 강 선생님은 수업에 대해 다음과 같은 생각을 갖고 있다. 교사는 수업에서 학생들이 지역사회, 국가 등 사회의 사실과 역사적 사건 그리고 지리적 환경 등을 전수 받아서 이해하도록 하는 데 중점을 두어야 한다고 생각한다. 그래서 학교 수업을 마치고 사회에 나갔을 때 사회인으로 살아가는 데 필요한 기능과 지식을 활용할 수 있도록 관련 내용을 충분히 학습할 수 있도록 한다. 이를 위해서 교사는 교과별로 필요한 지식과 기능을 전수해 주어야 한다고 생각한다. 강 선생님은 교과별 교육과정을 깊이 이해하려고 노력하고 교육과정의 내용을 교육하기 위해서 관련 자료를 만들어서 학생들에게 제공하려고 노력한다. 교육과정의 내용을 교과서를 활용하여 체계적으로 교육하기 때문에 학생들도 단계적으로 내용을 이해하면서 쉽게 학습 과정에 참여할 수 있을 것이라고 기대한다. 교사의 주도적 설명과 안내를 토대로 학생들이 단계적 학습 과정에 참여할 수 있도록 하기 때문에 학생들의 입장에서는 교사의 설명과 안내에 의존 정도가 다소 높다고 할 수 있다. 그래서 교사는 무엇보다도 모든 학습자들이 수업에 흥미를 갖고 참여하는지 그리고 수업 내용을 이해하면서 단계적 학습 과정을 수행하는지 등을 면밀히 살펴보아야 한다고 생각한다. 또한, 평가에서도 교사는 학생들에게 수업에서 학습하도록 했던 내용을 충분히 인지하였는지에 중점을 두고 이를 평가하려고 한다. 이러한 일련의 과정을 통해서 학생들은 매 수업시간에 학습한 내용을 이해하도록 하여 단계적 학습과정을 수행할 수 있어서 이러한 방법은 학생들에게 효과적이고 효율적인 수업 방식이라고 생각한다.

② 교사 2(나 교사)

나 선생님도 초등학교에서 학생들을 가르치고 있다. 나 선생님은 교육에서 중요한 것은 인지능력의 신장을 통해서 주체적 사회인으로 살아갈 수 있는 힘을 키워주는 것이라고 생각한다. 학생들에게 사회적 현상에 대한 인식, 사회적 문제 해결에의 참여와 능력을 함양할 수 있도록 하는 데 중점을 둔다. 특히 최근에는 기후변화, 지능정보화, 세계화 등의 사회변화에 따라 지구상의 모든 사람들의 주체적 사고와 행동력이 더 강력하게 필요하다는 인식을 갖고 이러한 능력을 키워주는데 수업의 목표를 두고 있다. 그래서 나 교사는 대부분의 수업을 학습자 주도의 탐구학습을 적용하는 방식으로 진행한다. 특히 사회과 수업에서는 지역사회, 국가, 세계의 여러 사회에서 나타나는 사회적 현상을 파악하고 사회에서 일어나는 다양한 문제들(예, 기후변화, 불평등, 인권, 환경 문제 등)을 깊이 있게 탐구하고 주도적으로 해결 방안을 모색할 수 있도록 한다. 이 학습과정에서 다양한 자료들을 활용하여 객관성, 신뢰성, 타당성을 토대로 자료를 활용할 수 있는 능력을 키우고 토의, 토론 과정을 통해서 합리적 의사결정을 할 수 있도록 진행한다. 이러한 수업 진행 방식을 적용했을 때 수업은 교사와 학생이 함께 만들어가는 수업이 될 수 있다. 교육과정을 토대로 하면서도 사회 잇슈들을 교실 수업의 내용에 포함할 수 있으며, 정해진 교과서 이외에 관련 자료를 수집하고 정리하는 과정이 더 적극적으로 포함된다. 그래서 교사에게는 더 적극적인 수업 준비가 필요하며 학생들에게는 더 능동적인 학습 참여가 요청된다. 즉 학습에서의 경험을 통한 학습을 하게 된다. 또한, 나 교사는 평가 방식에도 관심을 기울인다. 교사 주도의 설명식 수업에서는 교사의 설명 내용에 대한 이해를 중심으로 결과 중심 평가를 주로 하지만 학생 주도 수업에서는 학생들의 학습 과정에 대한 평가를 중요하게 포함할 필요가 있다고 생각한다. 그래서 나 교사는 과정 중심 평가, 수행 평가를 주로 실시한다.

③ 교사 3(범 교사)

범 선생님은 고등학교에서 지리를 가르친다. 범 선생님은 지리수업에서는 지리학문의 내용을 배우게 하는 것이 중요하다고 생각한다. 지리의 핵심 개념 지식과 지리적 탐구 방법 등을 주요 학습 내용에 포함하려고 한다. 그래서 궁극적으로 지리적 감각을 키우고 지리적 시각으로 세상 보기를 즐겨할 수 있고 좋아하게 하는데 지리 수업이 목표를 두고 있다. 지리학문의 개념 지식은 지리학에서 다루는 핵심 개념, 이론, 정의, 법칙 등을 망라하는 것이며 지리학의 개념 지식을 활용하여 사회 현상, 사회적 잇슈, 사회 문제 등을 지리적 시각에서 보고 해결하는데 토대가 된다. 더 살기 좋은 장소 만들기, 사회적 불평등 문제 해결, 기후변화 분석과 정의적 접근, 문화 다양성 이해, 국제 분쟁에 대한 지정학적 해석, 글로벌 경제 현상과 문제에 대한 지경학적 해석과 접근, 국제 협력 방안 모색 등에서 지리적 지식과 시각은 중요한 역할을 할 수 있다. 학문의 개념 지식과 탐구 방법에 대한 지식 중심의 수업은 사회과 수업에도 적용될 수 있다. 사회과학 연구자의 연구 방

> 법을 모델로 삼아 결과로서의 지식을 발견하기 위해서 탐구방법을 적용하는 것이다. 자료를 수집하고 수집한 자료의 신뢰성, 타당성, 객관성을 분석하여 가설을 설정하고 가설을 검증하는 일련의 탐구 과정을 수행하면서 탐구 방법에 대한 지식과 탐구 결과로 얻은 지식을 획득하게 한다.

교사	교사의 지향점	학습적 측면의 기대효과	사회과교육의 유형과 연계
1			
2			
3			

5. 아래 읽기 자료를 읽고 바, 바스, 셔미스(R. Barr, J. Barth & S. Shermis)가 분류한 사회과교육의 세 유형 중 가장 많이 반영될 수 있는 유형은 무엇인지 말해 보자.

> 예비교사 1: 3~4학년 사회 교육과정의 (9) 지역문제를 해결하고 지역을 알리는 노력 단원의 수업을 진행해 보려고 합니다.
>
> 예비교사 2: 그렇군요. (9)단원의 성취기준 '생활 주변에서 찾을 수 있는 여러 가지 문제를 파악하고 그 문제를 합리적으로 해결하려는 능력을 기른다'의 내용을 토대로 수업안을 작성해 보면 어떨까요?
>
> 예비교사 1: 수업에서는 생활 속 문제들을 파악하고 해결의 필요성 인식에 중점을 두고 수업안을 만들어 봅시다.
>
> 예비교사 2: 학생들이 직접 지역의 여러 문제들을 찾을 수 있도록 하고 그 문제의 원인을 파악할 수 있도록 학습지를 만들어 보면 좋을 것 같습니다.

예비교사 1: 학생들이 자신들의 경험을 활용하여 생활에서 겪었던 문제와 지역사회에 대한 조사 학습을 활용하여 문제를 찾고 이러한 문제가 지역사회 주민들과 나의 삶에 어떤 영향을 미치는지 파악하도록 하는 방향으로 수업안을 작성해 봅시다.

6. 다음 자료를 읽고 물음에 대해 여러분의 생각을 제시해 보자.

- 예비교사 1은 사회의 기존 관습과 가치, 전통문화와 역사, 그리고 환경에 대한 전수가 사회과교육에서 중요하다고 생각한다. 이는 사회의 유지와 지속성을 위해서 필요하다고 보기 때문이다. 특히, 바람직한 방향으로 사회의 변화를 추구하고 사회의 모든 사람들이 잘 살아가기 위해서는 사회와 자연환경에 대한 이해가 필요하기 때문이다. 이에 대한 교육은 사회과교육에서 중요하다고 생각하고 있다. 이에 대한 사회과 수업안을 구상해 보려고 한다.
- 예비교사 2는 생활에서 경험한 내용을 토대로 학습주제에 접근할 수 있는 방법을 지향한다. 교육은 학습자의 경험을 성장시키는데 중점을 두어야 한다는 자신의 생각을 토대로 늘 학습자의 경험과 사회과교육의 내용을 연계하려는 시도를 하고 있다. 사회의 쟁점이나 문제 상황을 인식하고, 이와 관련하여 비판적 분석, 대안 탐색, 합리적 의사결정 등 사회의 여러 가치와 관련 지식을 탐색하는 등 학습자의 경험, 학습자 주도의 탐구, 사회적 참여 등의 활동을 중요하게 여긴다.
- 예비교사 3은 교육과정에서 제시한 핵심 개념에 대한 이해가 수업에서 중요하다고 여긴다. 개념에 대한 이해 그리고 개념 지식의 획득은 사회를 볼 수 있는 시각을 형성하는데 중요하다고 생각하기 때문이다. 그래서 교육과정의 성취기준을 분석하여 핵심 개념을 추출하고 추출한 개념에 대한 이해를 토대로 일반화 지식을 탐구할 수 있도록 하는데 중점을 둔다. 또한, 지식을 토대로 지역사회 등 사회에 대한 시각을 키우려고 한다.

1) 예비교사 1의 사회과 수업 구상안을 상상해 보자.

2) 예비교사 2의 관점에서 예비교사 1의 수업을 비평해 보자.

3) 예비교사 3의 관점에서 예비교사 2의 수업을 비평해 보자.

♣ 아래 읽기 자료를 참고하여 사회과교육의 전통적 시민성 전수 교육을 생각해 보자.

읽기 자료

민족은 상상의 공동체인가?

- 베네딕트 앤더슨, 2002, 『상상의 공동체: 민족주의의 기원과 전파에 대한 성찰』 (*Imagined Communities: Reflections on the Orgin and Spread of Nationalism*), 윤형숙 옮김, 나남 -

베네딕트 앤더슨은 1983년, 『상상의 공동체: 민족주의의 기원과 전파에 대한 성찰』 초판을 통해 당시 민족, 민족주의, 민족의식에 대해 관심을 가진 역사학자, 사회학자, 정치학자, 인류학자 등 다양한 학문 분야의 학자들에게 큰 관심을 받았다. 이후 1991년 개정증보판에서 저자는 초판 발행 이후 전개된 학문적·현실적 변화와 발전을 일부 수용하면서 동시에 '센서스, 지도, 박물관' 을 새롭게 추가하여 민족주의에 대한 이론적 결점을 실증 연구를 통해 보완하였다.

저자인 베네딕트 앤더슨은 중국의 윈난성에서 태어나 영국의 캠브리지 대학에서 그리스-라틴 고전을 공부하고, 코넬 대학에서 인도네시아 역사 연구로 박사학위를 받고, 현재 코넬 대학에서 아시아학을 가르치고 있다. 아시아학 연구자인 저자는 『상상의 공동체: 민족주의의 기원과 전파에 대한 성찰』에서 '민족'은 근대 이후 정치적 필요에 의해 만들어진 '상상의 공동체'라고 주장한다. 이러한 주장은 "민족을 공동의 언어, 혈연, 문화공동체라는 객관적 요소에 민족의식이라는 주관적 요소가 더해져 공고해진 실재(實在)의 공동체"라고 주장(「민족의 사회학적 설명과 '상상의 공동체론' 비판」, 『한국사회학』, p. 32)하는 당시의 학계에 상당한 영향을 미쳤다. 앤더슨이 주장하는 '민족'은 '상상의 공동체'로서 기존의 민족 개념과는 근본적으로 다른 방식이었기 때문이다.

또한, 저자는 1983년 초판 책의 서상에서 민족은 근대사회에서 형성된 가장 자연스럽고 정당한 공동체의 모형이며, 사회주의 혁명으로 새로운 공동체가 창조되었을지라도 민족주의는 쇠퇴하지 않을 것이며 사회주의 국가 내 민족 간 분쟁은 계속될 것을 예상하였다. 실제로, 구소련과 동부 유럽 지역 사회주의 국가 간 또는 사회주의 국가 내에서 민족 간 분쟁의 발생은 저자의 생각을 뒷받침해 주었다.

오늘날 우리 사회는 세계화의 결과로 다문화·다민족 사회로 접어들고 있다는 주장들이 강력하게 제기되고 있다. 오랫동안 우리 사회를 지켜왔던 민족주의를 다른 민족과 어울려 살기 위해 버려야 하는지 그리고 다른 대안은 없는지에 대한 고민이 필요하다. 이러한 면에서 민족과 민족주의에 대한 앤더슨의 생각을 담은 『상상의 공동체: 민족주의의 기원과 전파에 대한 성찰』은 해외에서 뿐 아니라 우리나라에서도 더욱 주목을 받고 있다. 민족은 인종과는 달리 기본적으로 심오한 자기희생을 고취한다. "그렇다면 사람들이 민족을 위해 자신의 목숨을 기꺼이 희생하는 이유는 무엇일까?"에서 앤더슨은 자신의 민족 및 민족주의의 기원과 형성 논의를 시작한다. 이에 대해 앤더슨은 사람들이 민족을 위해 기꺼이 희생하는 것은 친족, 고향과 같이 숙명적으로 타고난 것으로 상상하기 때문이라고 생각한다. 민족을 정치적 의미보다는 문화적, 역사적 의미로 보는 것이다. '다문화 · 다민족 사회'로 접어들고 있다는 한국의 사회는 앤더슨이 말하는 '상상의 공동체'에서 해법을 찾을 수 있을까?

1. 앤더슨의 민족과 민족주의 기원 발달에의 접근 방식

앤더슨은 민족과 민족주의를 논의하기 위해 책의 내용을 크게 두 부분으로 나누어 서술하고 있다. 전체 11개의 장 중 1, 2, 3장에서는 민족의 형성 과정을, 나머지 장들에서는 아메리카 신대륙, 유럽, 러시아 그리고 식민제국주의에 의한 민족주의의 형성 과정을 다룬다. 다음에서는 1, 2, 3장에서 제시한 민족의 형성 과정과 나머지 장에서 제시하고 있는 민족주의 형성 과정을 중심으로 앤더슨의 민족과 민족주의 형성 이론을 살펴볼 것이다.

1) 민족의 형성

민족 혹은 민족주의에 대한 논쟁은 크게 민족을 고대로부터 혈연, 문화에 의해 공고해진 원초적인 실재로 보는가, 아니면 근대 자본주의 발전과정에서 생겨난 문화 · 역사적 구성물로 보는가로 나뉘어질 수 있다. 이런 면에서 볼 때, 앤더슨의 생각은 후자에 해당한다. 앤더슨은 민족을 "본래 제한되고 주권을 가진 것으로 상상되는 정치공동체"로 정의한다(p. 25). '상상되는'이라는 말은 민족의 성원들이 대부분 자기 동료들을 알지 못하고, 만나지 못하며, 심지어 그들에 관한 이야기를 듣지도 못하지만, 구성원 각자의 마음에 서로 친교(communiom)의 이미지가 살아 있기 때문으로 가능하다고 설명한다. 특히, 앤더슨은 르낭(Renan)이 말한 "민족의 핵심은 전 소속원들이 많은 것을 공유한다는 사실"을 인용하여 공동체에 대해 구성원들의 공유된 이미지를 강조한다. 또한, 겔너(Gellner)가 말한 "민족주의는 민족들이 자의식에 눈뜬 것이 아니다. 민족주의는 민족이 없는 곳에 민족을 발명해 낸다"라는 민족 개념을 인용하여 '발명해 낸다'라는 표현이 상상이나 창조보다는 허위날조와 거짓과 같은 개념으로 받아들이게 할 위험성을 지니고 있음을 지적한다. 공동체들은 거짓됨이나 참됨에 의해서가 아니라 그들이 상상되는 방식에 의해서 구별되어야 한다는 것이다.

'제한된'의 의미는 모든 인류는 하나의 민족이 될 수 없다는 것이다. 아무리 큰 공동체도 한정된 경계를 가지고 있어 그 너머에는 다른 민족이 살고 있다는 것이다. 이런 의미에서 민족은 단수가 아닌 복수의 개념임을 암시하기도 한다. 이는 원제의 Imagined Communities에서도 복수의 개념을 사용하고 있음을 찾아볼 수 있다.

'주권을 가진'의 의미는 특정 공동체를 형성하는 민족은 외부의 지배를 받지 않으며 동시에 민족 구성원들은 자유를 인정받는다는 것이다. 앤더슨은 이 개념이 계몽사상이 발달한 이후에 형성되었기 때문에 가능한 것이라고 하였다. 또한 인간의 역사 단계에서 민족들은 자유롭기를 꿈꾸며 만일 신의 지배를 받아야 한다면 직접 받기를 꿈꿀 것이라고 하였다.

마지막으로 '민족은 공동체이다'라는 것이다. 민족은 비록 실질적인 불평등과 수탈에도 불구하고 언제나 수평적 동료의식에 기반한 동료관계를 형성하는 집단이라는 것이다. 여기서 스스로 기꺼이 희생을 감수하는 '형제애'가 만들어진다고 하였다.

이러한 '형제애'를 유발하는 민족 공동체 형성의 기원은 무엇이었을까? 앤더슨은 이에 대한 답을 위해 문화적 기원에 대해 설명한다. 근대 이전 사회에서 이미 사람들을 하나로 묶는 기능을 하는 어떤 문화 체계가 있었다는 것이다. 이 문화 체계로 '종교 공동체'와 '왕조 국가'를 주목한다. 당시 종교 공동체는 작은 장소를 넘어서서 거대한 규모의 지역 스케일에서 형성되었는데 이러한 거대한 종교 공동체 형성에서 다음의 세 가지가 큰 역할을 하였을 것이라고 주장한다. 첫째, 성서를 통해 종교를 가깝게 느끼고 공감하게 한 교구 목사의 역할, 둘째는 교회의 여러 가지 상징적인 이미지들을 통한 종교의식 함양, 그리고 마지막으로 성지순례를 통해 일상적인 자신들의 삶을 성스러운 중심부로 향하게 하였다는 것이다.

그러나 종교적으로 상상된 공동체들의 장대함이나 큰 세력에도 불구하고 중세 말기 이후 비유럽 세계에 대한 탐험과 인쇄자본주의의 발달에 따라 사람들의 인식이 변화하였다는 것이다. 그간 종교의 눈으로 읽어왔던 것들을 더 이상 읽어낼 수 없는 비서구권의 문명들을 발견하게 되었고, 지방어들의 등장으로 라틴어로 형성되었던 종교 공동체의 힘이 크게 약화되었다는 것이다.

또한, 18세기 이전 유럽 세계에는 절대 왕정을 중심으로 하는 왕조 국가였다. 왕권의 정통성은 주민으로부터 나오는 것이 아니라 신으로부터 나온다고 믿었다. 이러한 면에서 볼 때 당시 왕조 국가는 주권이 인정되는 민족 공동체라기보다는 민족 공동체가 극복해야할 대상이었다. 또한, 혈통 면에 있어서도 지배계급과 피지배계급 간 다른 혈통으로 이루어져 있었기 때문에 절대 군주 국가체제에서 민족 공동체는 존재할 수 없었다고 볼 수 있다. 오히려 절대 왕정 국가가 붕괴되면서 민족이 형성되었을 것으로 보는 것이다.

민족 형성 과정에서 가장 주목받은 것은 인쇄자본주의(print-capitalism)이다. 앤더슨은 빠르게 늘어나는 사람들이 심오하게 새로운 방식으로 그들 자신에 대해 생각하고, 그들 자신을 다른 사람들에게 연결할 수 있게 해 준 것은 인쇄자본주의였다고 하였다. 민족을 상상하게 하는 데에 서적의 영향이 컸다는 것이다. 3장 〈민족 의식의 기원〉에서 이에 대해 아주 자세히 논의한다.

앤더슨에 의하면, 인쇄술의 발달은 동시성이라는 새로운 개념을 생성시키면서 '수평적이고 세속적이며 횡적인 시간' 형태의 공동체들을 가능하게 하였다는 것이다. 16세기 유럽의 호황기로 인해 출판업도 부유한 자본주의의 발달과 더불어 번성하게 되었다. 16세기 이전까지만 해도 일부 엘리트 특권 계층 중심으로 라틴어가 주요 사용 언어였다. 그러나 인쇄술의 발달은 엘리트 시장의 포화상태를 유발하면서 새로운 식자층을 겨냥하여 인쇄업자들은 지방어판 책을 만들어 내기 시작하였다. 라틴어가 아닌 다른 지방어를 매개로 한 성경, 신문, 소설의 대량 생산과 소비로 이어졌다. 이러한 언어를 매개로 한 서적의 발간은 일정의 독자층을 형성하게 되었고 나아가서 언어가 민족의 경계를 정하는 역할을 할 여지를 열게 되었다. 언어권 독자층이 형성되었고 이러한 독자 잡단이 민족 공동체 출현을 생각하게 한다는 것이다. 자본주의, 인쇄술, 인간 언어의 다양성 간의 우연적인 상호작용의 결과물로 볼 수 있다.

2) 민족주의의 기원

앤더슨은 종교적, 언어적, 문화적 동질성을 지닌 아메리카대륙의 백인 이주민들과 그 자손인 크리올[1]들이 유럽인들보다 훨씬 이전에 민족됨(nationness)을 자각하였다고 말한다. 민족의 형성은 유럽에서 인쇄자본주의의 영향으로 형성되었다고 볼 수 있지만, 민족주의의 기원은 아메리카에서 찾을 수 있다는 것이다. 그리하여 영국령 아메리카와 스페인령 아메리카에서 민족국가의 독립과정으로 민족주의의 기원을 설명한다. 여기에 지리적 요건, 식민지 정책, 인쇄 매체와 지역신문의 발달이 중요한 요인이었음을 제시한다.

스페인은 거대한 라틴 아메리카를 통치하기 위해 지리적 여건에 따라 몇 개의 행정 단위로 나누어 본국의 관리를 통해 통치하였다. 독립된 행정 단위들 내 크리올들은 서로 간 발달된 친교의식과 공동체 의식을 그곳에서 발행된 지역신문을 통해 갖게 되었다. 신문의 보급에 의해 지역 안에서 일어나는 여러 가지 사건들을 공유하고 그 과정에서 지역 공동체 안에의 소속감을 갖게 되었다는 것이다. 이 과정에서 아메리카의 토착민이었던 인디언 원주민들도 민족 공동체에 통합되어 아메리카 민족주의는 언어, 문화, 인종에 상관없이 특정 행정 구역 안에 거주하는 모든 사람들을 포용하는 '대중 민족주의'로 발달하게 되었다.

영국령 북아메리카도 같은 맥락으로 설명한다. 단지 북아메리카 초기 식민지역은 동북부 지역의 밀집지역에 한정하였기 때문에 지리적 여건상 근접 지역으로 인해 지역 신문 발행으로 동북부 지역의 구성원들은 하나의 공동체로 상상하는 것이 가능하였다는 것이다. 즉 아메리카에서의 민족주의 형성은 인쇄자본주의의 매체인 신문, 서적의 보급에 힘입어 언어 공동체로 형성되었으며, 이 언어 공동체가 민족주의 형성의 단초가 되었다는 것이다.

또한, 앤더슨은 민족주의의 또 다른 형태인 관 주도 민족주의 형성 과정을 제시한다. 관 주도 민족주의는 19세기 유럽의 왕조 국가 안에 있는 다양한 언어 공동체들이 관주도에 의해서 그리고 식민제국주의의 팽창 과정에서 형성되었다고 주장한다. 즉 지배집단이 행정적 통치를 위해서 특정의 지방 활자어(주로 지배계급의 언어)를 국어로 정착시키는 과정에서 형성되었다는 것이다. 이후 열강이 아니더라도 민족으로 상상된 공동체의 세계적 전개에 위협을 느낀 지배계층이나 지도인물이 있는 국가들도 관주도 민족주의 모형을 따르면서 민족주의가 형성되었다고 보았다.

일제 식민지시기에 일본이 일본어 사용을 강요하며 일본인화 동화정책을 실시했던 것도 그 예라고 할 수 있다. 또한 아프리카의 포르투갈령 모잠비크에서 포르투갈어가 사용되는 것도 그 예라고 할 수 있다. 관주도 민족주의는 제국주의 식민지 팽창과정에서 그들이 식민지 경영을 합리화하고 정당화하기 위한 수단으로서 '민족주의'를 활용하는 과정에서 형성되었다고 볼 수 있다.

앤더슨의 주장에 의하면, 민족주의는 아메리카에서는 국가를 형성하였고, 유럽에서는 대중적 민족주의를 형성했으며 식민제국주의 국가들은 제국주의 팽창 과정을 통해서 일부 지배층이 주도하는 관주도 민족주의의 유형으로 등장하였다는 것으로 정리해 볼 수 있다.

3) 센서스, 지도, 박물관과 민족주의

앤더슨은 센서스, 지도, 박물관이 식민국가의 정책과 식민지 민족주의 형성에 영향을 주었다고 주장한다. 식민행정가들은 식민지인들을 분류하는 방식으로 센서스를 활용하였다. 초기에는 종교, 출신지와 같은 변수를 주로 사용하였으나 점점 인종적 성격을 띤 분류 방식을 사용하여 계량화하고 일련번호를 매기는 센서스 방법을 활용하였다고 한다. 이는 사람들을 범주화하는데, 범주화된 영역 안에 있는 사람들은 자신들끼리 상상의 '정체성'을 공유하게 된다는 것이다. 즉 모든 사람들이 특정 영역 안에 들어 있고 모든 사람들은 오직 하나의 극히 명백한 영역의 위치에 있다는 것이다.

지도의 등장은 국가 영역에 대한 상상의 방식에 중요한 변화를 가져왔다. 경위도상에 그려진 새로운 지도는 이전의 우주에 대한 인식과 막연한 상상에 의거한 지도와는 달리 과학적이고 사실적인 국가 간 경계가 확실하게 표시되면서, 새로운 지도에서는 확실한 국경의 표시를 통해 영역과 주권을 표시하여 국가의 주권이 미치는 범위와 지도상 영토 안에 거주하는 사람들 간 같은 국가의 국민으로서의 '정체성'을 확실하게 심어 주었다는 것이다. 또한, 지도에 재현된 주권의 표시는 식민제국으로부터 자신들의 민족공동체의 영토적 경계를 상상하게 하였고, 식민지로부터 자신들의 영토를 되찾게 하는 데도 기여하였다. 예로, 인도네시아 민족주의자들은 네덜란드령 인도네시아에 통합된 서뉴기니를 자신들의 민족공동체에 속하는 것으로 상상하게 하였고, 이들에게 서뉴기니는 인도네시아 민족주의 투쟁의 장소로 여기게 하였다.

센서스와 지도 못지않게 식민지 민족주의 형성에 중요한 역할을 수행한 것은 박물관이었다. 식민지 통치자들은 고고학적 발굴물들을 박물관에 전시함으로써 식민지의 고고학적 발굴물들을 통해 식민지의 역사적 전통의 계승자이자 수호자임을 암암리에 상징화했다. 또한 식민지의 고대 역사에 대한 식민국의 관심과 역사에 대한 인정은 식민지인들의 호응을 이끌어내는 데 큰 역할을 하였다. 즉 같은 역사와 문화를 공유한 사람으로서의 동질감을 느끼게 하였다는 것이다. 이런 종류의 고고학은 근본적으로 매우 심층적인 수준으로 정치적이었다. 그런데 식민통치자들에 의해 재건된 고대 유물과 기념비는 이들로부터 신생 독립한 국가들에서도 그대로 계승되어, 신생국 지배자들이 민족국가의 계승자로 상징화하는 데 활용되었다.

앤더슨은 이렇게 식민국의 센서스, 지도, 박물관의 활용은 식민지 민족주의 형성을 공고히 하는 데 효과적이었음을 제시한다. 동시에 민족과 민족주의 형성은 오래 전부터 문화 · 역사적으로 공고화된 실재라기보다는 근대 이후 형성된 상상화된 정치 공동체임을 센서스, 지도, 박물관 사례를 활용하여 주장한다.

2. 세계화, 다문화 사회, 그리고 민족주의

세계화의 결과로 국가 간 교류와 인구 이동이 급증함에 따라 '함께 살기 위한 교육'의 중요성이 부각되고 있다. 즉 다른 나라의 문화와 역사에 대한 이해와 우리 사회 내 다른 문화에 대한 이해가 점차 중시되고 있다. 이는 다문화 사회가 불러올 수도 있는 문화 간 갈등, 다양한 인종들 간의 소통의 문제 등을 넘어서서 한국 고유문화와 정체성을 지켜나가기 위한 방법 차원에서 나타난 결과들로 볼 수 있다.

그런데 한국 사회는 과연 다민족 사회로 가고 있는가? 다민족 사회란 한 사회 안에서 여러 민족이 제각각 정체성을 유지하면서 살아가는 사회이다. 그런 면에서 볼 때, 아직 한국 사회에 와 있는 사람들의 대부분은 일시적으로 돈을 벌거나 공부하기 위해 온 사람들이기 때문에 아직은 상당히 먼 미래의 일일 수 있다(『민족주의, 이제는 버려야 하나』, p. 30).

그럼에도 불구하고 점증하는 다문화 사회는 국민의 정체성을 위협할 수 있는 것으로 받아들여지고 있다. 이에 대한 논의의 전제로 양승태 교수는 "정체성의 존재 자체를 부인하면서 모든 차이성의 공존을 주장하는 똘레랑스는 성립할 수 없다. 다문화주의 자체가 각 문화의 정체성을 전제로 하고, 민족이란 궁극적으로 문화적 정체성의 개념이므로 민족정체성은 그 존재가 부정될 수 있는 개념이 아닌 정치-사회 및 문화적 실체이다. 그러므로 똘레랑스는 민족정체성의 유지라는 의미에서 민족주의를 떠나서 생각할 수 없다"라고 주장(「똘레랑스, 차이성과 정체성, 민족정체성 그리고 21세기 한국의 민족주의」, 『민족주의, 평화, 중용』, p. 97)하면서 다문화주의와 똘레랑스의 위험성을 경고하기도 하였다.

그러나 역사학사 홉스봄과 일부 학자들은 역사적 과정에서 볼 때 민족주의의 중요성이 낮아지고 있음을 주장한다. 지구화 시대 민족주의의 공고화가 인류의 미래에 긍정적인 전망을 줄 수 있는지에 대해서는 희망적인 예견을 주지 않는다는 것이다. 민족, 민족 국가의 범위를 넘어서서 세계인이 새롭게 만들어 가는 공동체 구현이 필요한 시점이다.

한국 사회도 이제는 순혈주의의 굴레에서 벗어나야 하지 않을까? 이에 대해 많은 사람들이 공감하기도 한다. 그리고 우리는 처음부터 단일민족이 아니었다. 북방의 부여족과 남방의 한족이 결합돼 형성된 후 계속 이민족을 받아들여 외연을 확장해 왔다. 그 과정에서 역사와 언어, 문화를 중심으로 한민족 정체성이 유지되고 강화되어 왔다. 이런 면에서 볼 때, 점증하는 이주민을 포함한 앤더슨의 '상상의 공동체'로서 한민족 공동체 형성은 어떤가?

건국, 산업화, 민주화, 그리고 세계화를 거쳐 다문화 사회에 접어들고 있는 한국의 현재 상황에서 국민적 일체감을 이끌어 낼 민족주의는 여전히 중요한 부분이다. 앤더슨이 말한 상상의 공동체로서 민족은 한국 사회에서 유효한 개념이 될 수 있을 것인지 그리고 유효하게 활용할 수 있는 방법은 없는지 고민해 볼 필요가 있다. '열린 민족주의', '시민적 민족주의', '다층적 민족주의' 등의 개념들은 앤더슨이 말한 '상상의 공동체'와 다르지 않다고 생각한다. 사람은 살아가면서 자신의 정체성 확립을 중요하게 생각한다. 특히 유입 이주민들에게 정체성 확립은 더 중요하게 인식될 수도 있다. 앤더슨도 다층적 정체성을 지닌 상상의 공동체를 언급했다. 더 이상 고정된 국민적 · 민족적 공동체가 아닌 끊임없이 유동적이고 형성적인 공동체를 고민해 보아야 한다. 이는 세계화 · 다문화 사회화의 흐름에서 한국사회의 발전뿐 아니라 평화, 인권과 같은 인류의 보편적 가치 창출을 위해서도 필요한 일이다. 여기에 앤더슨이 주장하는 '상상의 공동체'로서의 민족 개념 활용은 유의미한 가치가 있을 것이다.

참/고/문/헌

신용하, 2006, 「민족의 사회학적 설명과 '상상의 공동체론' 비판」, 『한국사회학』 40(1), pp. 32-58.

양승태, 2007, 「똘레랑스, 차이성과 정체성, 민족정체성 그리고 21세기 한국의 민족주의」, 『민족주의, 평화, 중용』, 최상용 외, 까치.

이선민, 2008, 『민족주의, 이제는 버려야 하나』, 삼성경제연구소.

출처: 김다원, 2015.

1) 크리올(Creole)은 순수한 유럽 계통이지만 아메리카 대륙(나중에 확장된 뜻으로는 유럽 이외의 어느 곳)에서 출생한 사람들이다(p. 77).

참/고/문/헌

김다원, 2015, 「민족은 상상의 공동체인가?」, 가톨릭대학교 인간학연구소, 28, pp. 155-166.
베네딕트 앤더슨(윤형숙 역), 2002, 『상상의 공동체』, 나남.

Barr, R., Barth, J. L. & Shermis, S. S., 1978, *The nature of Social Studies*(최충옥, 전홍대, 조영제 역, 1993, 사회과교육의 이해, 서원).
Fenstermacher, G. D. & Solitis, J. F., 2009, *Approaches to teaching,* Columbia University (이지헌 역, 2011, 가르침이란 무엇인가?, 교육과학사).
한국교육과정평가원, 2012, 초등학교 교육과정 A. https://www.kice.re.kr/boardCnts/fileDown.do?fileSeq=5b8640d84de7b80650a4e488453df856
한국교육과정평가원, 2019, 초등학교 교육과정 A. https://www.kice.re.kr/boardCnts/fileDown.do?fileSeq=878d46b88a2a79e09a188a7f915487e4

[03] 사회과 교육과정 조직과 구성

교육과정은 교육의 목표를 달성하기 위해 학교 및 교육기관에서 학습내용과 경험을 체계적으로 설계한 계획이다. 학습자에게 필요한 지식, 기술, 태도 등을 단계적으로 교육하기 위한 기본 틀 역할을 한다. 교육과정은 교육목표, 교육내용, 교육방법, 교육평가의 요소들로 구성되어 있다.

사회과교육의 목표 달성을 위해서는 어떤 학습내용을 선정하여 어떻게 계열화하여 구성하고 가르칠 것인지를 결정해야 한다. 내용의 선정에서는 종적으로는 학교 수준별로 그리고 학년 수준별로 내용을 선정하는 것이고(Sequence), 횡적으로는 동일한 학령 단계 내에서 다룰 내용(개념과 주제 등)을 결정하는 것(Scope)이다. 이러한 교육과정 조직 원리는 학습의 내용을 효과적으로 배열하여 학생들의 학습이 점진적으로 깊고 넓게 이루어질 수 있도록 하는데 중점을 두는 기준 역할을 한다. 일반적으로 교육과정의 조직은 학생들의 발달 단계, 내용의 유용성, 사회적 필요성, 문화적 포괄성, 관점의 다양성 등을 고려한 관련 내용의 선정을 토대로 이루어진다. 교육과정 조직원리는 선정한 교육과정의 내용을 어떻게 배열할 것인가에 대한 원칙이다. 다음에서는 사회과 교육과정에 적용되고 있는 네 가지의 사회과 교육과정 조직 원리에 대해서 살펴본다.

1. 환경확대법 적용

환경확대법은 학생들의 공간 인지 발달에 맞추어 교육내용을 구성하는데 기초를 두며, 학습자의 경험 범위와 학습내용을 적극적으로 관련지어 구성하는 데 중점을 둔다. Piaget의 인지발달 이론에 의하면, 학습자의 공간 인지는 전조작기, 구체적 조작기, 형식적 조작기의 단계로 발달한다. 전조작기는 유아 단계에 해당하며 다양한 감각과 자극을 토대로 주변의 환경을 인지함에 따라 주변 지역을 직접 방문, 경험하는 활동이 중요하게 여겨진다. 구체적 조작기는 현재 초등 1~4학년 단계 수준으로 볼 수 있으며, 실생활과 관련된 구체적 사례 학습 등을 통해서 관련 내용에 대한 이해를 도모할 수 있다. 그래서 주로 학교, 마을, 고장 등의 장소에서의 직접 경험과 관련 자료를 활용한 학습이 중요하다. 형식적 조작기는 현재 초등학교의 고학년 수준에서 나타날 수 있으며 학습자의 공간 인지와 일반 인지가 완전히 가능한 단계로 직접 관찰, 묘사 이외의 추상적이고 복잡한 내용에 대한 학습도 가능하다고 본다.

그래서 교육에서는 저학년에서 고학년으로 올라가면서 학습자 경험 범위의 확대에 따라 학습의 내용 선정 범위를 확대한다. 즉 초등 1~2학년, 3~4학년, 5~6학년 단계로 올라가면서 학습자의 구체적인 경험이 주로 이루어진 가까운 동네, 고장 등의 지역 수준에서 더 멀리 그리고 더 넓은 국가 전체, 그리고 세계로 범위를 확장하여 학습 내용을 구성한다. 현재 2022 개정 교육과정에서는 1~2학년에서는 마을(동네), 3~4학년에서는 지역사회, 5~6학년에서는 국가, 세계로 학습의 범위를 확장하고 있다.

이러한 환경확대법은 주로 초등학교 사회과 교육과정에 적용되고 있으며, 1946년 교수요목기에서부터 현재까지 사회과 교육과정에 적용되고 있다. 동심원 확대법(Concentric Concepts), 지평확대법(Widening Horizons), 흥미확대법(Expanding Interests)이라고도 한다. 환경확대법 적용의 교육적 효과로는 학생의 경험과 연계한 학습, 학습자 수준에 맞는 학습, 사회적 맥락의 이해와 시민성 함양의 학습에 긍정적 영향을 줄 수 있는 것으로 기대하고 있다. 그럼에도 불구하고 물리적 거리에 기반한 학습자의 경험, 관심과 연계한 환경확대법의 적용은 오늘날의 전 세계의 여러 지역과 교류, 소통이 활발하게 이뤄지고 있는 디지털 시대에 단순히 가까운 주변에서 먼 곳으로 확장하는 방식의 교육과정 내용 조직은 한계가 있을 수 있다는 비판이 제기되고 있다. 이에 현재 사회과 교육과정에서는 탄력적 환경확대법으로 환경확대법의 한계를 보완하고 있다. 즉, 학생의 관심, 학습주제의 성격, 사회적 맥락에 따라 학습 내용을 유연하게 조정할 수 있도록 하고 있다.

역환경확대법(Reverse Expanding Environments Approach)은 전통적인 환경확대법과 반대로 멀고 넓은 범위에서 시작하여 가깝고 좁은 범위로 학습을 진행하는 방식이다. 환경확대법에서 학습의 범위를 마을→고장→지역→우리나라→세계로 확장한 반면, 역환경확대법에서는 세계→국가→지역→고장으로 학습의 범위를 좁혀서 세계 및 다른 지역과 연결하여 장소와 지역사회를 고찰할 수 있도록 구성하는 방식이다. 이러한 조직원리는 디지털 시대에 세계와 연결된 개인과 사회 환경의 반영, 세계적 맥락에서 지역의 사회현상과 문제에의 접근 필요, 글로벌 차원에서의 여러 주제 학습의 필요 등을 반영하고 있다. 다만, 모든 학생들에게 동시에 이러한 역환경확대법의 적용은 어렵거나 추상적일 수 있고, 지역사회와 연계의 어려움, 학습자의 경험 중심 학습의 한계 등의 문제가 발생할 가능성이 있다. 그럼에도 불구하고 역환경확대법은 오늘날 사회과교육에서 세계화시대의 글로벌 시각을 형성하고 기후변화에 따른 사회·환경의 문제들을 효과적으로 해결하는데 필요한 융합적 사고력 함양 등의 면에서 고려해볼 필요는 있다.

생각넓히기

1. 다음의 교육의 본질적 의미와 최근 사회변화를 토대로 환경확대법의 적용이 가져올 수 있는 긍정적 학습효과와 제한점을 토의해 보자.

교육educare의 어원적 의미에는 인간의 내면의 잠재력을 '이끌어 내어 주다'의 뜻이 있다. 아이를 보호하고 내면의 능력이 성장할 수 있도록 돕는 일련의 활동이라고 할 수 있다. 코메니우스(이원호 역, 1998)는 '교육활동에서 가장 기본이 되는 것은 감각적 사물이 감각에 올바로 제시되어져야 한다.'고 하였다. 사람에게 감각은 세상을 인식하고 소통하는데 우선적으로 사용되는 것으로 경험과 지식으로 연결될 수 있다. 그래서 이것은 모든 학습활동의 토대가 된다고 할 수 있다. 이를 위해 교육에서는 사회의 주요 사물과 생물을 오감으로 감지할 수 있게 일상생활 장소에서 직접 경험할 수 있게 하거나 그림으로 시각화하여 대상을 인지할 수 있도록 하는 것은 경험의 성장과 학습적 효과를 위해서 적극적으로 활용할 가치가 있다. 그리고 관찰한 것을 가시적으로 표현하고 관찰한 대상의 각 부분들을 구체적으로 설명하는 것은 중요한 활용 가치로 여겨지고 있다.

루소(정영하 역, 2015, p. 132)는 '누군가의 글을 통해 대상을 살펴보게 하는 것은 우리에게 많은 것을 믿게 할 수는 있으나 뭔가 하도록 가르치는 것은 아무것도 없다.'고 하였다. 현장에서 직접 관찰과 감각을 통한 학습 활동은 자신의 감각으로 대상을 이해하는 방식이며 자신의 경험을 확장할 수 있는 기회이다. 이러한 활동의 지속성으로 개인 경험을 다양화하고 창의적 아이디어를 생성할 수 있을 뿐 아니라 구체적 관찰과 내용 학습에 기반하여 추상적 개념을 쉽게 이해할 수 있도록 도울 수 있다.

최근 교육에서는 생태전환교육을 강조한다. 인간과 자연환경과의 관계성을 파악하고 인간과 자연환경 간 공존적 세상을 만들어가는 것의 필요성 인식, 가치, 태도 등의 능력 함양을 중요한 교육의 역할로 보고 있다. 인간과 자연환경 간의 관계성을 파악하고, 공존의 방법을 탐색하기 위해서는 인간에 대한 이해 뿐 아니라 자연환경에 대한 이해가 이루어져야 한다. 그런데 자연환경에 대한 이해를 위해서는 자연환경 안에서 자연환경과 교감, 상호작용의 과정이 필요하다. 개인의 마음 속에서 자연환경을 느낄 수 있을 때 관계성과 공존의 방법을 더 잘 그리고 더 적극적으로 찾아갈 수 있을 것이다.

최근 지역화 교육과정이 강조되고 있다. 이는 학습자 자신이 살고 있는 지역사회의 자연환경, 역사, 사회문화적 환경에 대한 학습을 토대로 지역사회에 대한 이해와 관심을 키우는 교육의 필요성 증가와 관련되어 있다. 더불어서 지역사회의 다양한 교육 자원의 활용 가능성, 실생활과 연계한 학습 기회 제공, 지역사회 시민으로서의 역할 인식과 참여 기회 확대를 통한 시민성 함양 등의 긍정적 효과를 기대한다. 특히, 개인의 웰빙적 삶의 측면에서 지역사회의 환경 개선에 직접 참여할 수 있는 능력을 키워준다는 면에서도 의의가 크다고 하겠다.

페스탈로치(김정환 역, 2000, p. 7)는 '어린이의 정신을 일상생활의 사물에 대한 사실적인 지식을 통해 진리와 지혜로 이끌도록 할지어다.'라고 하였다. 일상생활에서 오감 활용 관찰과 직접적 경험의 중요성을 언급한 것이라고 할 수 있다. 최근 지역화 교육과정을 강조하면서도 글로컬 교육에 주목하고 있다. 이러한 교육의 지향은 사회변화에 따른 교육의 변화 필요성을 인식하면서도 교육의 본질적 의미를 찾아가야한다는 과제를 주고 있다.

2. 환경확대법, 역환경확대법의 의미를 파악하고, 오늘날 그리고 미래에 사회과 교육과정에 적용의 측면에서 적정성과 방향을 논의해 보자.

구분	내용 구성 방식	학습적 측면의 긍정적 효과	비판적 평가
환경 확대법			
역환경 확대법			

2. 개념 중심 나선형 조직

나선형 조직 구성은 미국의 교육학자인 제롬 브루너(Jerome Bruner)의 교육 이론에 기초한 것으로 핵심 개념을 지속적으로 심화 확장하는 방식으로 내용을 구성하여 궁극적으로 개념에 대한 지식과 사고력을 획득하도록 하는 데 중점을 둔다. 학습자는 개념의 내용을 점점 더 깊고 넓게 학습하여 개념에 대한 이해, 적용, 확장을 도모한다. 같은 개념을 점진적으로 더 높은 수준에서 내용을 반복하고 더 깊이 있게 확장하여 교육할 때 어린이의 개념 이해와 사고력은 발전할 수 있다고 보았다. 즉 개념을 학습자 수준에 적합하게 난이도를 고려하여 학습내용을 구성하고 학습자 수준에 맞춘 학습 수행과 이에 따른 학습효과를 기대할 수 있으며 개념에 대해 이해의 깊이와 사고력을 증신하는 데 도움을 준다고 본다.

Bruner(이홍우 역, 1960)는 "교과의 구조를 파악하는 것은 한 가지 현상을 여러 가지 현상과 관련지어 이해할 수 있게 된다는 것을 의미하며 구조를 학습하는 것은 사물이나 현상이 어떻게 관련되어 있는가를 학습하는 것이다"라고 하였다. 학생들이 각자의 지적 능력을 키우고 사회에서 활용할 수 있다면 복잡한 그리고 변화하는 사회의 여러 가지 문제와 현상의 파악 그리고 문제 해결의 아이디어를 창출하여 더 나은 사회를 만들어 가는데 유익성을 지니고 있다는 것을 의미한다.

나선형 교육과정 조직에서는 자연환경 및 사회현상 이해에 필요한 기본개념 및 원리, 즉 사회과학의 제 개념 및 원리를 중심으로 교육과정을 구성하며, 학년이 올라갈수록 개념을 반복하면서도 수준을 높여 학습할 수 있도록 내용을 구성한다. 단순한 내용에서 더 복잡한 내용으로, 구체적인 사례 중심의 학습에서 더 추상적인 사고에 기반한 내용으로, 쉬운 내용에서 더 어려운 내용으로 학습 내용을 구성하되 내용의 부분적 반복과 학습의 점진적 심화, 그리고 이전 학습과 새로운 학습 간의 연계성이 형성될 수 있도록 구성하는 방식이다. 예를 들어, 아래 현행 교육과정에서 보는 바와 같이 '장소'에 대한 개념 학습에서, 초등학교 3~4학년에서는 주변의 장소 인식과 장소감 학습을, 5~6학년과 중학교에서는 우리나라와 세계의 여러 장소 인식 및 장소성 학습으로 확장하여 '장소' 개념에 대한 학습을 더 폭넓게, 더 깊이 있게 연속적으로 학습하도록 구성하여 궁극적으로 '장소' 개념을 이해할 수 있도록 내용을 구성하는 방식이다(〈표 1-1〉).

〈표 I-1〉 사회과 교육과정의 (1) 지리인식 내용 체계

<table>
<tr><th colspan="2" rowspan="3">범주</th><th colspan="3">내용 요소</th></tr>
<tr><th colspan="2">초등학교</th><th>중학교</th></tr>
<tr><th>3~4학년</th><th>5~6학년</th><th>1~3학년</th></tr>
<tr><td rowspan="2">지식
·
이해</td><td>위치와 영역</td><td>• 우리 지역의 위치
• 우리나라 행정구역</td><td>• 우리나라의 위치와 영토
• 세계 여러 국가의 위치와 영토</td><td>• 우리나라 행정구역과 주요 도시의 위치
• 세계 속 우리나라의 위치와 영역
• 세계 각 지역의 국가와 주요 도시의 위치</td></tr>
<tr><td>장소와 지역</td><td>• 장소 경험과 장소감
• 생활 주변의 주요 장소
• 우리 지역의 지리 정보</td><td>• 독도의 지리적 특성
• 세계 대륙과 대양</td><td>• 장소감과 장소성
• 지역의 문제와 발전 전망
• 세계(아시아, 유럽, 아프리카, 아메리카, 오세아니아. 극지방)
• 우리나라(중부 지역, 남부 지역, 북부 지역)</td></tr>
</table>

출처: 교육부, 2022, 7.

나선형 교육과정 조직 방식은 학습자의 일상적인 내용 중심의 학습보다는 제반 사회과학의 개념이나 원리에 대한 학습을 중시한다. 브루너는 "어떤 지식이든 지적으로 정직한 형태이면 어떤 발달단계에 있는 아동에게도 효과적으로 가르칠 수 있다"는 명제를 제시하면서, 학생의 발달 여하에 관계 없이 가르쳐지는 내용은 동일할 수 있으며, 다만 단계가 높아질수록 그 내용이 점점 폭넓고 깊이 있게 되풀이되어 가르쳐질 수 있음을 암시하였다(Bruner(이홍우 역), 1960, p.26). 개념의 복잡성이 학년별 내용 수준을 구분하는 기준이 된다고 할 수 있다. 학습내용 조직의 계열성, 학습자 성장 단계와 학습내용 연계, 학문의 구조와 방법 이해에 대한 효과를 기대한다. 그래서 실제로 교수요목기에서부터 현재의 교육과정에 이르기까지 강약의 정도 차이는 있지만 전반적으로 사회과 교육과정의 구성원리

로 적용되고 있다.

나선형 교육과정 내용 조직은 다음의 면에서 긍정적 효과를 기대한다. 첫째, 반복적, 점진적 접근을 통해서 학생들은 개념을 깊고 넓게 이해할 수 있다. 많은 국가에서 핵심 개념 중심의 나선형 내용 조직 방식을 적용하고 있는 이유이다. 다만, 어떤 개념을 주요 개념으로 선정할 것인가에 대한 숙고가 필요하다. 둘째, 내용 간 연관성을 강화하면서 학생들은 여러 가지 개념을 종합적으로 이해할 수 있다. 주요 개념을 토대로 상위개념과 하위개념 간의 연관성, 다른 개념과도 연관성을 찾아 여러 개념들을 연계지어 교과 내용에 대한 종합적 이해를 도모한다. 셋째, 학습자의 인지 수준에 맞춰 단계적으로 개념의 난도를 적용함에 따라 학습자의 입장에서는 어려운 개념에 도전할 수 있게 할 수 있다. 예를 들어, 사회과수업에서 '장소' 개념 학습을 위해 초기에는 학습자 자신의 경험에 기반한 장소감 학습으로 시작해서 여러 장소에 대한 장소감으로 확장하고 이어서 장소성으로 심화 확장하여 궁극적으로 장소에 대한 심화된 개념 지식을 획득하도록 하는 방식이다. 넷째, 학습자의 자기주도성 성장에 도움을 준다. 개념에 대해 단계적 학습을 지원하여 학습자가 주도적으로 개념지식의 확장을 위한 동기와 흥미를 느낄 수 있다. 그리고 학습자의 학습력 향상에도 중요한 역할을 할 수 있다.

다만, 나선형 조직 원리는 과도한 반복의 발생 가능성, 이전 학습 내용과의 연계성 부족의 가능성, 학습자 수준에 맞는 학습 내용 선정의 어려움 등의 문제가 발생하지 않도록 세심한 보완이 필요하다.

생각넓히기

1. 아래 자료를 활용하여, 나선형 교육과정 조직원리 적용으로 얻을 수 있는 긍정적 효과와 제한점을 평가해 보자.

> 브루너(Jerome Bruner)는 『교육의 과정(The Process of Education)』(1960)에서 학습자가 단순히 지식의 암기에 중점을 둔 학습이어서는 안되고, 학문의 핵심 개념을 이해하고 탐구하는 과정이 중요하다고 강조하였다. 즉, 교육과정은 학문의 기본 개념과 원리를 중심으로 구성하여 개념 간의 관계와 체계를 이해하도록 하는 것의 중요성을 말한다. 여기에서는 개념 지식의 획득을 위해서 동일한 개념을 반복적으로 학습하면서 더 깊고 넓게 학습할 수 있도록 점점 더 심화된 수준으로 구성하는 나선형 교육과정의 유용성과 학생이 스스로 관련 개념 탐구를 하면서 개념 지식을 이해하도록 하는 것을 기대한다. 특히 학습자 주도의 탐구는 정보와 지식의 전달받음보다 핵심 개념과 원리를 파악하고 이해하는 데 효과성을 지니고 있다. 탐구의 과정에서 학문의 기본 개념을 토대로 학습 내용들이 연계되어 개념에 대한 이해의 폭을 확장하고 학습의 전이 효과를 기대할 수 있다. 개념과 관련 맺지 않은 단순한 정보와 기술은 지식으로 형성되지 않을 수도 있다는 것을 의미한다. 그리고 개념은 학문의 일반화 지식 형성하는 데 필요한 지식이다. 개념들이 연결되어 보편적인 원리, 법칙 그리고 일반화가 도출될 수 있다.
>
> 나선형 교육과정이 매우 혁신적인 그리고 효과적으로 학문의 개념을 학습하도록 한다는 교육적 접근법이라는 면에서 긍정적 호응을 얻고 있지만, 여러 가지 적용에서 고려할 사항들이 있다. 학습자들 지식의 수준 차이, 핵심 개념의 추출, 개념의 수준 설정 등의 문제를 해결할 수 있는 전문적 연구와 계획이 필요하다.

2. 현행 사회과 교육과정을 활용하여, 사회과 교육과정에서 제시한 '개념'을 찾아 적어 보자. 그리고 각 개념들의 내용 체계를 적고, 이를 나선형 내용 조직 원리와 연계하여 설명해 보자.

> 2022 개정 사회과 교육과정의 핵심 개념

개념		내용 요소	
		초등학교	
		3~4학년	5~6학년
지식·이해	장소(예시)	• 장소 경험 • 장소 경험과 장소간 • 생활 주변 장소의 장소감	• 다른 장소들의 장소감 • 장소들의 장소성 • 장소와 인간 생활과의 관계
	( ) 예시		

3. 현재 그리고 미래사회에서 필요하다고 생각하는 사회과 교육과정의 핵심 개념을 생각하여 제시해보자.

3. 사회과학의 통합교육과정 구성

1) 통합교육과정 구성의 의미와 가치

사회과교육은 '훌륭한 시민의 자질 함양'을 중요한 목적으로 제시하면서 등장하였다. 이러한 시민성 함양에 필요한 지식, 기능, 가치와 태도 함양을 위해 지리, 역사, 정치, 경제, 사회문화 등 사회과학의 내용을 유기적으로 융합하여 하나의 통합된 교육과정 구성을 지향하였다. 이러한 통합교과로서 사회과교육의 발달은 미국을 중심으로 발달해 왔다. 우리나라의 경우 '사회과' 교과는 교수요목기에 '사회생활과' 교과명으로 시작되었다.

사회과 통합교육과정은 다음의 면에서 긍정적 효과를 기대한다. 첫째, 내용의 연계성을 추구할 수 있다. 사회과교육에서 지리, 역사, 정치, 경제 등 다양한 사회과학 분야의 내용들 간 연계성을 높여 학습자가 주제를 깊이 이해할 수 있도록 한다. 예를 들어, 지역의 사회적 문제, 지리적 문제, 역사적 문제, 환경적 문제를 통합적으로 파악하여 더 살기 좋은 지역 만들기의 방안을 탐색할 수 있다. 둘째, 주제 중심 접근 교육을 가능하게 한다. 특정 주제를 중심으로 구성하여 여러 사회과학의 학문에서 접근하여 통합적으로 주제를 이해할 수 있다. 예를 들어, 지역사회의 환경문제를 역사적 배경, 경제적 영향, 지리적 환경, 정치적 제도 등을 연계하여 해결 방안을 탐색할 수 있다. 셋째, 학습자 경험의 통합을 추구할 수 있다. 학습자의 다양한 분야의 경험들을 활용하여 주제에 대한 접근 기회를 제공하여 경험의 성장 효과를 기대할 수 있다. 넷째, 문제해결학습을 효과적으로 실행할 수 있다. 오늘날 대부분의 문제는 복합성을 지니고 있고 이러한 복합적 관계성을 토대로 접근했을 때 효과적 문제 해결 결과를 기대할 수 있다. 더불어 학습자에게는 문제해결능력 함양뿐 아니라 복합적 사고와 분석력, 시스템 사고력을 키울 수 있다. 다섯째, 궁극적으로 시민성 함양에서 효과를 기대할 수 있다. 다양성에 대한 이해, 글로벌 차원에서 접근 등을 통해서 지역사회, 국가, 세계에 대한 통찰력과 오늘날 강조되고 있는 지속가능성을 파악하는 데 도움을 얻을 수 있다.

사회과의 통합교육은 초기부터 다음의 두 가지 면에서 당위성에 기반해서 진행되어 왔다(박선미, 2009, pp. 221-222). 첫째는 사회과교육에서 지향하는 시민적 자질 함양과 학문의 지식 탐구를 위해서는 학문의 내용과 지역사회, 국가, 세계에 대한 이해 그리고 학습자의 경험을 통합적으로 접근할 필요가 있다. 학습자의 시민성 함양을 위해서는 학습자의 경험과 실생활과의 연계 그리고 학문의 내용 지식과 탐구방법에 대한 지식 획득 등이 필요하다. 통합은 다양한 학문적 지식을 학생의 생활과 연계하여 지식의 획득뿐 아니라 지식의 적용에도 긍정적이라고 할 수 있다. 둘째, 사회변화에 따른 사회현상에 대한 이해 및 사회적 문제해결의 필요성 등보다 현실적이고 실제적인 요구가 있다. 특히, 오늘날 사회현상과 사회문제의 복잡성은 통합교육의 필요성을 제고하고 있다. 그럼에도 불구하고 사회과학 제 학문의 지식과 방법, 기술에 대한 학습의 부족 가능성, 교사의 전문성 필요, 적정 평가의 어려움 그리고 교과 간 비중의 불균형 가능성 등의 면에서 비판이 제기되고 있다.

2) 사회과 교육과정의 통합 유형

사회과 교육과정의 통합 유형은 다음과 같은 형태로 구분해 볼 수 있다. 첫째, 다학문적 통합(Multidisciplinary Integration) 방식이 있다. 사회과 안에서 여러 사회과학의 내용을 통합하는 방식이다. 여러 학문 분야의 내용을 대주제를 중심으로 병렬적으로 학습하도록 하는 방식이다. 예를 들어, 우리나라에 대한 학습에서 지리에서는 지리적 위치와 환경, 역사에서는 과거의 모습과 변화, 사회에서는 우리나라의 사회변화 등을 연결하여 우리나라의 환경과 사회를 이해할 수 있게 구성하는 방식이다. 이 통합 유형은 재료들이 각각 구별되어 있고 독립적으로 혼합되어 혼합 샐러드를 만드는 것과 같다고 할 수 있다. 학문의 경계 안에서 학문의 특성을 유지하면서 주제에 대해서는 학문적 관점을 적용할 수 있다는 특성을 지닌다. 통합의 정도 면에서 볼 때 낮은 수준의 통합이라고 할 수 있지만 개별 학문의 내용 지식과 방법의 학습 효과를 기대할 수 있다.

간 학문적 통합(Interdisciplinary Integration)은 두 개 이상의 학문을 상호결합하여 새로운 학습주제와 내용을 구성하는 방식이다. 예를 들어, 지리의 지리적 환경과 경제의 경제성장, 정치의 환경 정책, 사회학의 소비자 행동 내용을 연계하여 '지역의 지속가능한 환경을 위한 전략 기획' 탐구학습을 해볼 수 있다. 또한, 지리의 지리적 환경, 역사의 이민의 역사, 사회학의 다문화주의, 인권, 정치학의 국제협력 등을 토대로 '우리 지역의 다문화 사회 특성 탐구' 주제 학습을 계획해 볼 수 있다. 이 통합 유형에서는 학문 간의 경계를 넘나들며 주제를 종합적으로 이해하게 하는 데 초점을 두며, 이를 토대로 새로운 주제를 만들어서 통합적 이해와 사고력 함양을 기대한다.

초학문적 통합(Transdisciplinary Integration)은 특정 주제나 문제를 중심으로 여러 교과목을 통합하여 가르치는 방식이며, 주제를 중심으로 지리, 역사, 정치, 경제, 사회문화 등 다양한 사회과학의 학문 영역을 연결하여 주제 중심의 통합적 사고 경험을 할 수 있게 한다. 현실적인 문제나 특정 주제 탐구 중심의 학습에 주로 적용한다. 주제의 다양한 측면을 분석하여 탐구를 위해서 필요한 학문의 내용, 이론, 법칙, 방법, 관점 등을 활용한다. 통합의 정도 면에서는 가장 적극적 통합의 유형이라고 할 수 있다. 전문적인 개별 학문의 지식, 관점 등을 활용하기도 하지만 초등학교 저학년 수준에서 프로젝트 주제에 대한 학습에서 학문적 특성을 고려하지 않고 주제 학습에 필요한 개별 학문의 영역을 활용할 수도 있다. 예를 들어, '더 살기 좋은 우리 지역 만들기' 주제 학습의 경우 학습에 필요한 지리적 환경과 지속가능발전, 과거 조상들의 지혜와 유산, 오늘날 사회변화, 경제활동 등을 활용하여 주제에 대해 통합적 분석과 재구성을 통하여 더 살기 좋은 지속가능한 우리 지역의 미래 모습을 탐색할 수 있다. IBO(국제바칼로레아 기구, International Baccalaureate Organization)에서는 나, 우리, 공간, 시간, 세계, 지구 등을 중심으로 하여 '우리는 누구인가', '우리 자신을 조직하는 방식', '우리 모두의 지구', '우리가 속한 공간과 시간', '우리 자신을 표현하는 방법', '세계가 작동하는 방식' 등의 초학문적 주제 중심의 교육 프로그램을 제시하였다(IBO, 2018; 백선영, 2024, p. 66).

〈표 I-2〉 초학문적 주제 중심 교육(예시)

구분	내용
초학문적 주제 중심 교육의 특성	• 주제 중심 통합적 접근 • 실제 사회 현상, 사회 문제 중심 탐구 • 학생 주도적 탐구 • 융합적 사고력, 시스템 사고력 함양
사회과 교육에서 초학문적 주제 (예시)	1. 기후변화 • 지리 - 기후변화 원인과 영향, 현황 - 기후변화에의 대응: 사회적 변화, 개인의 생활방식 변화 등 - 기후변화가 인간 생활에 미치는 영향, 기후변화의 지리적 불균등 현상 등 • 역사 - 과거 조상들의 환경과 상호작용을 위한 지식, 지혜 등 • 경제 - 기후 변화와 관련한 경제활동 - 기후 변화 대응을 위한 경제활동 등 • 정치 - 기후 변화 대응을 위한 국제 협력, 제도 마련 등 2. 건강한 삶 • 지리 - 자연환경에 대한 이해 - 지역사회에 대한 이해 - 건강한 의, 식, 주생활 - 자연환경과 조화로운 관계 • 역사지리 - 선조들의 건강한 삶을 위한 지혜 • 사회 - 사회적 불평등 문제 해결 - 포용, 공감, 배려의 사회 생활 방식과 공동체 의식 • 경제 - 건강한 삶을 위한 경제활동 • 문화 - 문화적 정체성과 향유 - 사회문화의 이해와 적응 - 건강한 생활 문화 형성 3. 디지털 사회 • 지리 - GIS, 디지털영상지도 활용 - 디지털 사회의 장소성 등

구분	내용
	• 사회문화 - 디지털 사회의 특성 • 정치와 법 - 디지털 기술 관련 제도와 규범 - 디지털 사회에 필요한 규범과 제도 • 경제 - 디지털 시대 경제활동의 변화 • 컴퓨터 - 인공지능 기술, 컴퓨터 활용 기술 등

생각넓히기

1. 현행 사회과 교육과정을 통합교육과정의 시각에서 분석하고 통합적 성격을 설명해 보자.

2. 사회과 교육과정의 통합적 조직에 대해 토의하고 개선 사항을 제시해 보자.

3. 최근 사회변화와 특성을 파악하고, 이를 토대로 사회과교육에 적용할 수 있는 초학문적 주제를 설정해 보자. 그리고 주제학습을 위한 교육 내용을 조직해 보자.

4. 읽기 자료를 활용하여 다음 질문에 대답해 보자.

   1) 예비교사 1의 통합 주제 설정 방식의 장점을 말해 보자.
   2) 예비교사 2의 언급을 토대로 통합 주제 실행에서 나타날 수 있는 어려움을 말해 보자.
   3) 2022 개정 교육과정의 평가방안을 활용하여 예비 교사 3과 예비 교사 4의 의견을 평가해 보자.

발표팀장: 사회과 수업 설계 과제에서 우리팀에서는 '더 살기 좋은 지역사회 만들기' 통합 주제를 설정하고 이의 수업안을 작성하여 발표해 보려고 합니다. 자유롭게 의견을 제시해 주세요.

예비 교사 1: 저는 통합 주제를 중심으로 세부 주제 설정에 대하여 말씀드리겠습니다. 교과 교육과정을 분석하여 '지속가능성'이라는 개념을 추출해서 교과별 교육의 내용을 추출했으면 합니다. 학생들은 '지속가능성'의 개념을 토대로 관련 내용을 심층적으로 이해할 수 있을 것이라고 생각합니다. 그리고 여러 교과들에서 관련 내용을 추출할 수 있을 것입니다.

예비 교사 2: '지속가능성'이라는 핵심 개념을 중심으로 '더 살기 좋은 지역사회 만들기' 통합 주제를 설정하여 여러 교과들을 연계하여 수업을 실행하는 것은 쉽지 않을 수도 있을 것 같습니다. 우선 모든 교과의 교육과정을 구체적으로 분석해서 관련 내용을 추출해야 하고, 교과별 시간을 적정하게 분배하는 일은 쉬운 일이 아닐 것 같아서 더 세심한 계획이 만들어져야 할 것 같습니다.

예비 교사 3: 저는 학생들의 학습 결과물에 대한 평가에 대해 의견을 드리고 싶습니다. 학생들의 학습활동의 결과물은 포트폴리오로 만들어질 수 있을 것 같습니다. 매시간 수업에서 행하게 될 활동과제들을 중심으로 학생들이 학습내용을 기록하게 하여 포트폴리오로 만들면 좋을 것 같습니다. 그리고 통합 주제학습이 끝나면 포트폴리오를 중심으로 평가를 해야 할 것 같습니다. 그런데 평가를 어떻게 해야할 것인지에 대해서는 저도 뚜렷한 방법을 갖고 있지 않습니다. 좋은 방법을 여기에서 논의해 보았으면 합니다.

예비 교사 4: 저는 통합 주제 학습에서 학생들에 대한 학습 평가는 '더 살기 좋은 지역사회 만들기'에 필요한 지식, 가치와 태도, 실천력의 측면에서 평가할 수 있었으면 합니다. 지식에서는 '지속가능성'에 대한 개념 이해가 포함될 수 있을 것 같습니다. 가치와 태도 면에서는 '지역사회의 지속가능한 환경 마련의 중요성을 알고 관심을 갖는 것', 그리고 실천력 면에서는 '지속가능한 환경을 위해서 실천할 수 있는 방법 제시하기, 이외 세부적인 실천 방법으로 재활용품 분리하기, 일회용품 줄이기, 물품 절약하기 등과 같은 행동 실천이 더 살기 좋은 지역사회 만들기와 관련이 있다'는 점을 알고 실천하는 것으로 설정해 볼 수 있다고 생각합니다. 이러한 측면에서 학생 평가는 내용에 대한 이해, 가치와 태도, 실천력 함양의 측면에서 학생들의 시민성 함양에 기여할 수 있다고 생각합니다.

발표팀장: 오늘 '더 살기 좋은 지역사회 만들기' 통합 주제에 대한 계획에 대해 의견을 주셨는데요, 다음 준비 모임에서는 통합 주제를 구체적으로 실행하기 위한 실행 방안에 대해 이야기를 나누고 수업을 설계해 보겠습니다.

3. 평가

가. 평가는 학생 개개인의 교육목표 도달 정도를 확인하고, 학습의 부족한 부분을 보충하며, 교수・학습의 질을 개선하는 데 주안점을 둔다.

1) 학교는 학생에게 평가 결과에 대한 적절한 정보를 제공하고 추수 지도를 실시하여 학생이 자신의 학습을 지속적으로 성찰하고 개선할 수 있도록 한다.

2) 학교와 교사는 학생 평가 결과를 활용하여 수업의 질을 지속적으로 개선한다.

나. 학교와 교사는 성취기준에 근거하여 교수・학습과 평가 활동이 일관성 있게 이루어지도록 한다.

1) 학습의 결과만이 아니라 결과에 이르기까지의 학습 과정을 확인하고 환류하여, 학습자의 성공적인 학습과 사고능력 함양을 지원한다.

2) 학교는 학생의 인지적・정의적 측면에 대한 평가가 균형 있게 이루어질 수 있도록 하며, 학생이 자신의 학습 과정과 결과를 스스로 평가할 수 있는 기회를 제공한다.

3) 학교는 교과목별 성취기준과 평가기준에 따라 성취 수준을 설정하여 교수・학습 및 평가 계획에 반영한다.

4) 학생에게 배울 기회를 주지 않은 내용과 기능은 평가하지 않는다.

다. 학교는 교과목의 성격과 학습자 특성을 고려하여 적합한 평가 방법을 활용한다.

1) 수행평가를 내실화하고 서술형과 논술형 평가의 비중을 확대한다.

2) 정의적, 기능적 측면이나 실험・실습이 중시되는 평가에서는 교과목의 성격을 고려하여 타당하고 합리적인 기준과 척도를 마련하여 평가를 실시한다.

3) 학교의 여건과 교육활동의 특성을 고려하여 다양한 지능정보기술을 활용함으로써 학생 맞춤형 평가를 활성화한다.

4) 개별 학생의 발달 수준 및 특성을 고려하여 평가 계획을 조정할 수 있으며, 특수학급 및 일반학급에 재학하고 있는 특수교육 대상 학생을 위해 필요한 경우 평가 방법을 조정할 수 있다.

5) 창의적 체험활동은 내용과 특성을 고려하여 평가의 주안점을 학교에서 결정하여 평가한다.

출처: 교육부, 2022.

4. 지역화 교육과정 적용

1) 지역화 교육

지역은 지리교육에서 오랫동안 아주 중요한 개념이었다. '지역'은 자연, 경제, 문화 환경의 유기적 관계로 구성된 지리 공간으로 지역별로 지역성을 지닌다. 인접한 생활공간과 구분되는 외형적 특징을 지니면서 내적 현상 간의 결합에 의하여 통합이 이뤄지는 동질적인 생활공간이다. 또한, 지역은 내적 현상들 간 그리고 내·외적 현상들 간 상호작용에 의하여 지속적으로 형성, 재형성의 과정에 있다. 그래서 지역은 존재(being)라기보다는 생성(becoming)으로 인식한다. 즉 지역은 미리 주어진 실체라기보다는 상호작용의 결과이자 표상이라고 할 수 있다. 지역사회는 공동체로 형성된 집단으로 지역이 지역사회가 될 수 있다. 지역사회는 지역의 특성을 토대로 형성되며 지역에서 살아가는 다양한 사람들의 상호작용과 공동체적 관계성에 의해 형성된다.

지역화 교육은 학생들이 자신이 속한 지역사회의 문제를 더 깊이 있게 이해하고 지역사회 문제 해결에 참여할 수 있도록 돕는 교육이다. 학습자가 살고 있는 지역사회의 맥락에서 사회현상을 파악하고 지역사회 구성원으로서 역할을 할 수 있는 지역시민성 함양을 강조한다.

지역화 교육에서는 지역사회의 여러 가지 자연환경과 인문환경, 역사, 사회변화 그리고 문제와 이슈 등을 학습하고, 이를 통해 학생들은 자신이 살고 있는 지역사회를 더 깊고 넓게 파악하고 지역사회의 현안 과제들을 살펴볼 수 있다. 또한, 학생들은 지역사회의 문제 해결에 참여하면서 시민성의 실천을 경험하고 키워가게 된다. 그리고 학습자 자신이 살고 있고 늘 경험해볼 수 있는 장소와 사회를 학습하면서 실생활과 연계성을 높일 수 있고 흥미와 동기부여 효과를 기대할 수 있다. 다만, 지역 중심의 교육에 너무 치중하다 보면 글로벌 시각 형성 기회가 줄어들 수 있고 지역사회의 한정된 자원을 활용하는 과정에서 교육의 질 저하의 우려가 있을 수 있다는 비판도 있다.

그럼에도 불구하고, 최근 지역화 교육의 필요성과 중요성은 증가하고 있다. 학생들의 수준, 흥미, 문화와 연계한 학습 기회의 제공을 통해 학습자를 위한 교육을 실천할 수 있다는 측면, 학습자 자신의 삶의 환경에 관심과 역할을 인식하면서 자신의 웰빙적 삶의 추구 뿐 아니라 지역사회의 시민으로서 역할 인식과 능력을 함양할 수 있다는 긍정적 효과를 기대하기 때문이다.

최근 사회적으로 주목받고 있는 '글로컬교육(Glocal Education)'은 지역에 대한 인식을 토대로 세계적 관점을 키워가는 교육으로서 세계시민의식의 함양과 지역사회 시민성 함양을 통합적으로 추구하는 데 목적을 둔다. 지역사회의 여러 가지 현상과 문제를 글로벌 사회와 연계하여 파악하고 다양한 문화권 사람들과 공존적 삶을 실천하면서 세계와 지역을 연결하여 지속가능한 지역사회 환경을 구축하는데 필요한 교육으로 인식되고 있다.

2) 사회과교육에서 지역화 교육의 의미

사회과교육에서 지역화는 3가지 의미를 지니고 있다. **첫째는 사회과 교육과정의 지역화**이다. 이는 국가 중심 교육과정이 지닌 한계를 극복하고 지역의 다양성과 학습자의 필요와 수준, 상황에 맞는 교육을 실행하기 위해 국가교육과정을 토대로 지역 차원에서 교육과정을 설계, 운영하는 것이다. 지역 교육청 단위에서의 교육과정 설계와 운영이 그 예라고 할 수 있다. 최근 2022 개정 교육과정에서는 교육과정의 개정 배경에서 '학생 개개인의 특성과 진로에 맞는 학습 지원', 이에 따른 교육과정 구성 중점에서 '교육과정 자율화, 분권화 기반으로 학교, 교사, 학부모, 교육청, 교육부 등 교육 주체들 간의 협조 체제를 구축하여 학습자의 특성과 학교 여건에 적합한 학습 지원' 등을 포함하여 교육과정의 지역화 필요성과 실시 환경을 적극적으로 제시하고 있다(교육부, 2022).

사회과 교육과정의 지역화를 공식적으로 제시한 것은 제5차 교육과정에서부터이다. 이후 제6차 교육과정에서는 초등학교 3학년과 4학년의 사회과에서 지역교과서를 발행하여 사회교과서와 함께 사용하도록 하였는데, 이는 이러한 교육과정의 지역화에서 나온 결과이다. 오늘날 국가교육과정의 '대강화' 방향의 실행도 이러한 교육과정의 지역화 취지와 관련지어 생각해 볼 수 있다.

둘째, 사회과교육 내용의 지역화이다. 이는 국가 수준 교육과정의 교육내용을 학습자가 살고 있는 지역의 특성에 맞게 재구성하여 학습자의 경험, 생활, 관심 등과 관련지어 학습하도록 교육내용을 구성하는 방식이다. 지역의 자연환경, 인문환경, 인구와 산업, 지역의 역사적 사건과 인물, 지역의 사회현상, 사회문제, 지역의 전통문화와 생활모습 등 지역의 지리, 역사, 문화, 경제 등의 내용 학습을 통해서 지역에 대한 이해와 관심을 깊게 하고 사랑하는 마음을 키우고, 고장과 지역의 문제 해결에 참여할 수 있는 능력을 키우는 데 중점을 둔다. 더불어서 학생들에게 자신의 경험, 삶과 밀접한 관련지어 내용을 학습하게 하여 학습 동기와 흥미 유발의 효과를 기대한다. 현재 초등학교 3학년에서는 우리가 사는 곳(우리 고장 수준의 범위), 4학년에서는 우리 지역의 자연환경, 인문환경, 사회변화, 역사 등의 내용을 학습한다. 이를 위해 지역교육청에서는 3학년과 4학년에서 학생용 지역화 교재를 개발하여 수업에 활용할 수 있도록 하고 있다.

셋째, 사회과교육 방법의 지역화이다. 이는 국가 수준 교육과정의 내용을 가르치는 방식에서 지역의 내용을 활용, 지역사회와 직접적으로 연결되는 활동을 통하여 학습자의 교과 내용에 대한 이해를 도모하고 학습한 내용을 지역사회에 적용하고 실천하는 데 중점을 준다. 이는 루소, 페스탈로치 교육에서 보았듯이 학습자는 자신에게 익숙한 환경, 살고 있는 환경을 대상으로 학습할 때 구체적 경험과 학습에의 호기심, 전이 효과 등을 이끌어 낼 수 있다는 경험 중심 교육의 효과를 기대하는 면이 있다. 교과 내용 학습에서 지역의 자원 활용, 지역의 현장 활용 등은 방법의 지역화를 실천하는 방법이다.

지역화 교육은 이러한 세 가지 방법의 적용을 통해서 학습자의 사회과 내용에 대한 이해와 관심 제고, 그리고 사회과교육에서 지향하는 시민성 함양을 도모한다. 이는 사회과교육의 목표 구현과 관련된 교육이다. 사회과교육에서 지역화 교육 실천은 당위성을 지니고 있다고 하겠다.

3) 사회과교육의 지역화 교육 가치

(1) 사회과교육 목표 구현

사회과교육에서는 꾸준히 인간과 환경과의 관계 및 상호작용에 대한 이해를 토대로 사회발전에 기여하고 자신의 삶을 주도적으로 이끌어 갈 수 있는 능력, 즉 시민성 함양에 교육의 목표를 두고 있다. 2022 개정 사회과 교육과정에서도 아래와 같이 사회과교육의 목표를 제시하였다(교육부, 2022).

> 사회과는 학생들이 시민으로서의 자질을 함양할 수 있도록 사회현상에 관한 기초적 지식을 습득함은 물론, 지리, 역사, 제 사회과학의 기본개념과 원리를 발견하고 탐구하는 능력을 익혀 우리 사회의 특징과 세계의 여러 모습을 종합적으로 이해하게 한다. 또한 사회과는 다양한 정보를 활용하여 현대사회의 문제를 창의적, 합리적으로 해결하는 데 적극적으로 참여하는 능력과 태도를 기르는 것을 목표로 한다. 이를 통해 사회과는 개인의 성장은 물론, 지역사회・국가・세계의 발전에 기여할 수 있는 책임 있는 시민으로 기른다.

사회과에서는 사회현상에 대한 기초 지식을 기르고 사회과학의 기본개념과 원리를 탐구하며, 다양한 정보활용능력을 키우고, 사회적 문제에 적극적으로 참여하는 책임 있는 시민을 기르는 데 목적을 두고 있다. 그리고 '사회과는 학습자의 성장 발달 정도와 사회・문화적 경험을 고려하여 학교급별로 주안점을 달리한다. 초등학교에서는 학생들이 주변의 사회현상에 관심과 흥미를 가지며, 생활과 관련된 기본적 지식과 능력을 습득하고, 이를 자신의 주변 환경이나 문제에 적용할 수 있는 적극적인 태도를 길러야 한다'라고 제시하여(교육부, 2022), 초등 사회과교육 전반에서 학습자의 삶의 터전 및 주변 환경과의 연계 학습의 필요성과 이에 의거한 자질 함양을 강조하고 있다. 또한, 특별히 3~4학년 군 교육과정에서는 〈우리가 사는 곳〉, 〈우리 지역〉 대주제의 성취기준에서 '우리 고장' '우리 지역'을 대상으로 주제 학습이 이뤄지도록 하고 있다. 지역사회를 사회이해의 장소이자 실천의 현장으로 활용하여 학습자의 삶의 환경과 삶의 터전을 사회과교육과 연계함으로써 학습자의 시민적 자질을 함양하는 데서 지역화 교육의 효과를 추구하고 있다.

(2) 학습자 중심의 교육 실천

듀이는 교육은 학습자 경험의 성장을 돕는 수단이어야 한다(Dewey(이홍우 역), 1916)고 하였다. 그리고 학습자 경험의 성장을 도울 수 있는 경험이야말로 교육적 경험이며, 교육적 경험은 학습자의 내적 경험 및 지식과 외적 환경과의 상호작용을 통하여 발생한다고 하였다. 동시에 현재의 교육적 경험은 지속적으로 이후의 경험 성장에도 도움을 주어야 한다고 하였다. 지역화 교육은 학습자의 삶의 환경에 기반하여 생활경험과 지식을 토대로 사회현상, 자연환경, 장소 등을 경험하게 함으로써 사회과 학습의 기초능력을 함양할 수 있게 한다. 그리고 지역화 교육은 학습자 자신과 지역사회와의 적극적인 상호작용을 통해 학습자의 수동적 학습에서 능동적 학습으로 바꿔놓을 수 있는 좋은 방법이다(박선희, 2003). 능동적 학습은 지식, 기능, 가치, 태도의 내면화에 긍정적 영향을 미치기 때문에 학습에서 중요한 의미를 지닌다. 그런데 능동적 학습은 '지금', '여기', '이것'과 같은 현재성, 장소성, 사실성에 기반한 학습활동과 밀접히 연계된다(남상준, 2003). 이는 학습자 자신 삶의 환경에 기반한 학습활동을 의미하며, 이는 학습자 자신의 삶과 경험, 지식을 활용하여 학습 내용의 자기화에 효과적이라는 것이다. 학습자 자신 삶의 환경은 체험의 영역에 해당하며, 체험은 추상적 지식 이해를 위한 해석적 틀을 제공하며, 맥락과 상황을 통하여 추상적인 지식을 이해하게 하는 원천이 된다(고진호, 1993). 그리고 학생들은 자신의 주변 환경에서 보고 느끼고 체감할 수 있는 사물과 현상에 대해서 더 적극적인 관심을 나타내게 되고, 자신의 직접 경험에 기반한 학습 내용에 대해 기억을 더 지속화할 수 있다는 것이다(남상준, 2003). 또한, 체험은 학습 대상으로부터 의미화를 이끌어 낼 수 있다는 면에서 볼 때(고진호, 1993), 지역화 교육은 학습자에게 능동적 학습 태도를 기를 수 있는 기회가 될 수 있다. 즉 학습자 삶의 환경을 기반으로 생활경험을 토대로 지속적으로 교육내용이 해석되고 이해될 수 있는 학습으로의 접근을 위한 토대이다. 구체적이고 확인 가능하고 직접적으로 조작하는 학습을 토대로 추상적이고 간접적인 영역의 학습으로의 이행이 필요한 초등학생들에게 더 요구되는 교육이라 하겠다.

(3) 글로컬 사회에서 지역주의 교육의 실천

21세기 사회는 글로컬리즘(glocalism)에 기반한 사회로의 변화 양상을 나타낸다. 1980년대 인터넷의 등장으로 급속히 진전되었던 세계화는 초기에는 세계적인 보편적 현상을 일으키는 동인으로 작용한 것이 사실이지만 '가장 세계적인 것은 가장 지역적인 것이다'라는 말처럼 세계적인 것은 로컬적인 특성을 지닌 것이기에 지역주의에 대한 관심을 불러일으켰다. 지역주의는 지역사회의 환경과 문화, 지역사회의 여러 가지 자원을 활용하여 지역의 특성에 맞게 지역의 문화를 유지하고 지역 주민들의 삶의 질을 개선하는데 중점을 둔 생각이며, 지역경제 부흥과 지역문화의 유지, 발전을 통해 지역발전을 추구하고 궁극적으로 지역의 역량을 강화하여 지역적 특성을 살려 나가는 적극적 방안이다. 글로컬리즘은 이러한 사회현상을 추진, 지지하는 이데올로기이며, 세계화와 지역화 간의 역동적인 상호의존관계를 설명하는 용어라고 할 수 있으며, 세계와 지역 간 연대와 공존을 통한 새로운 공동체로서 로컬적 특성을 만들어 갈 필요성을 담고 있다. 세계화와 지역화는 상호보완적인 것으로 지역화에 기반한 세계화를 통해서만이 지역에 뿌리를 내리고 살아가는 지역민들에게 더 인간적인 삶을 보장해 줄 수 있다. 그렇지 못한 경우 세계화가 될수록 지역의 고유성이 퇴색될 가능성이 높다. 지역사회 고유의 지리적 환경에 기반하여 고유의 문화와 경제활동을 유지, 발전시키는 것은 세계화의 흐름에서 지역사회 주민의 정체성을 키우고 경제기반을 형성하는 길이다. 그리하여 최근 '새로운 지역지리학'을 전제로 지리교육에서는 보다 거시적인 글로벌 환경에서 역동적으로 형성되고 재형성되어 가는 지역사회에 대한 조망과 인간의 삶의 참된 터전으로서 지역사회 학습에의 접근의 중요성이 강조되고 있다(손명철, 2017). 지역사회에 기반하여 로컬환경을 더 적시적으로 살피고, 글로벌 환경과 연계하여 로컬의 문제를 비판적으로 분석하여 개인의 일상생활에의 영향을 파악하고 대안을 탐색하는 방향의 접근을 말한다. 학습자는 자신의 로컬 환경과 글로벌 환경을 상호연계적으로 살피고 지역사회의 특성을 파악하며 동시에 학습자 자신의 문화적, 사회적, 지리적 정체성을 성찰할 수 있으며 지역사회가 지닌 문화, 생활양식, 그리고 경제적 기반을 유지, 발전시킬 수 있는 기초능력을 함양한다. 더불어 우리 고장, 우리 지역을 중심으로 세계를 볼 수 있는 시각을 형성할 수 있어서 지역주의 교육의 시발점이자 활성화의 장이 될 수 있다.

(4) 지역시민성 함양

세계화, 정보화는 삶의 활동 무대를 확장했으며 고장에 대한 애착과 관심의 정도를 약하게 하였다. 그래서 지역사회에 대한 관심과 애착이 약해지고 있으며 지역의 전통과 문화, 그리고 지역사회 주민들 간 공동체 의식마저도 많이 약해지고 있다. 또한, 지역사회에의 관심과 공동체 의식의 약화는 지역사회문제에의 무관심과 지역사회 발전에의 낮은 관심도까지도 걱정하게 되었다. 이러한 시점에서 지역사회 시민으로서 역할과 책무수행은 매우 필요한 일이다. 이는 글로벌 시각과 동시에 지역적 사고를 필요로 한다. 지역적 사고를 위해서는 다음의 2가지가 수반되어야 한다. 첫째는 지역에 대한 이해이다. 지역에는 자연환경, 역사, 그리고 사람들 간의 상호작용, 지역 간 상호작용 등 다양한 그리고 역동적인 사회현상들이 있다. 자연환경과 역사, 다양한 사회현상들은 상호유기적인 연계를 형성하면서 지역에 적재되면서 독특한 지역성을 자아내게 되었다. 그래서 지표상의 지역들은 부분적으로 공통점을 지니기도 하지만 지역마다 다른 특성을 지니게 되었고, 지역마다 독자성과 개별성을 추구하게 되었다. 그러므로 독특함을 지닌 지역에 대한 학습은 지역적 특성을 파악하고, 나아가서 글로벌 차원에서 다른 지역 및 다른 사람들과 긍정적 상호작용을 할 수 있는 공간으로 발전시켜 가는 데 필수요소가 된다(유네스코 21세기 세계교육위원회 편, 1997)고 하겠다. 둘째는 고장, 지역에의 관심과 실천이다. 고장, 지역에 대한 지식과 이해와 더불어 삶의 환경으로서 고장, 지역에의 관심과 문제해결에의 적극적 참여와 실천이 요구된다.

이는 지역화 교육의 궁극적 목적이다. 고장, 지역에의 관심과 구체적인 실천역량의 함양은 고장, 지역의 발전에 기여하는 것과 더불어 다른 지역에의 관심과 개선에의 참여를 이끌어 낼 수 있는 동력이 된다. 사회과교육에서 기대하는 바이기도 하다. 이를 위해서는 학습자들이 자주 만나게 되는 문제들에 접하게 하여 자연스럽게 문제 사태에 직면하고 관련 해결 활동에 참여할 수 있도록 연계하는 지역화 교육이어야 한다.

(5) 사회과교육의 기초능력 함양

사회과교육은 사회과학의 기본개념, 연구방법, 일반화 원리와 법칙 등을 학습자의 수준에 맞게 내용을 선정, 조직화하여 가르침으로서 학생들로 하여금 지식과 기술, 그리고 통찰력을 지니게 하는 데 목적을 둔다. 지리적 현상을 체계적으로 이해하고, 이를 바탕으로 사회현상 및 사회문제들에 대해 합리적인 의사결정 능력을 갖춰서 장차 민주시민으로 성장하게 하는 데 사회과교육의 목적이 있다. 지역사회 학습에서는 학습자 자신 삶의 터전인 지역사회에 대한 이해를 중요한 학습활동으로 삼고 있다. 그리하여 학습자는 능동적으로 지역사회를 조사하고 특성을 파악하며, 의미를 부여하는 경험을 하게 되는데, 이는 지리적 환경, 사회현상, 사회문제, 그리고 장소나 지역 인식에 중요한 역할을 하며(조성욱, 2002), 기능을 익힐 수 있는 시간이 된다. 또한, 지역을 구성하는 자연적, 사회적, 문화적, 경제적, 인적 구성 그리고 이 현상들 간 상호작용 등의 양상을 파악하여 지역성 파악의 안목을 형성하는 데 기여할 수 있다. 학습자들에게 고장, 지역사회는 구체적인 사회체험의 현장이기 때문에 자신이 생활하고 있는 작은 규모의 사회 안에서 사회의 구성요소들과 역동적인 상호작용, 구체적인 사회현상들을 체험해 볼 수 있고 자신의 경험에 비추어 이해하는 데 도움이 된다. 그리고 다른 지역과 비교, 대조를 통해 지역성을 파악하게 되고 지역마다 개별성과 상황성 그리고 그러한 결과의 원인을 탐색하는 데 유익함을 지닌다. 또한, 향후 더 큰 지역, 국가, 세계라는 지역을 이해하는 기초 지식을 갖추게 하는 데도 유익함을 지닌다. 학습자 자신 삶의 환경에서 체험적 지식은 객관적 지식의 원천역할을 한다는 것이다.

학습자를 자신의 삶의 터전으로 안내하여 사람, 환경에 대해 호기심을 자극하는 것은 사회과교육의 중요한 가치에 해당한다(Standish, 2017).

위에서 살펴본 지역화교육의 가치를 토대로 볼 때, 사회과교육에서 지역화 교육은 국가교육과정에 기반한 획일적인 교육활동을 지양하고, 지역사회의 특성을 고려하여 학습자 중심의 교육을 실현하고, 글로컬리즘에 기반한 교육으로 지역주의를 실천하고 지역시민성을 함양하며, 사회과교육의 기초능력을 함양하는 데 기여할 수 있다. 이는 사회과교육의 시대적 적합성을 추구하는 것이다. 이와 관련하여 지역화 교육을 구현해 내기 위해 제작, 활용하고 있는 지역교과서 내용구성과 구성체제 등 지역교과서의 질적 수준에 대한 논의가 필요하다 하겠다.

생각넓히기

1. 사회과 교육에서 ‘지역화 교육’이란 무엇인지 설명하고, 이를 통해 기대할 수 있는 교육적 효과를 2가지 이상 설명해 보자.

2. A 초등학교의 5학년 교사는 ‘산업의 변화’를 주제로 수업을 계획하고 있다. 이 과정에서 ‘내용의 지역화’와 ‘방법의 지역화’를 적용할 수 있는 방안을 각각 제시해 보자.

3. 현재 학교에서 사용하고 있는 사회교과서와 지역사회 교재의 단원별 내용 구성 체제를 비교해 보자. 개선점은 무엇인가?

4. 사회 3학년과 4학년의 지역사회 학습에 적용할 수 있는 지역화 교재의 한 단원을 작성해 보자.

▣ 대주제:

□ 중주제

- 본문글
- 관련 자료

5. 아래 읽기 자료를 읽고, 물음에 대해 여러분의 생각을 말해보자.

예비 교사 1: 최근 지역과 학교 중심 교육과정 편성 및 운영의 필요성이 강조되고 있다고 합니다. 그런데 저는 국가 교육과정에 기반하여 만들어진 교과서의 내용을 충실하게 수업에서 다루어주는 것이 중요하다고 생각합니다. 교과서 중심의 학습은 교육과정의 성취기준에서 제시한 내용에 대한 이해에 도움을 줄 수 있다고 생각합니다. 그리고 (㉠).

예비교사 2: 글로컬 교육은 지역화 교육과정을 토대로 학습자의 삶의 경험을 충분히 활용하면서 지역사회에 대한 이해와 이를 토대로 세계에 대한 인식과 감각을 형성하여 지역사회의 시각에서 세계를 살펴보고, 세계적 시각에서 지역사회를 살펴볼 수 있는 능력의 함양을 기대할 수 있다고 생각합니다. 특히, 최근 다문화 사회화에 따른 사회현상과 문제 이해, 기후변화에 따른 대응 방안 탐색 등은 글로컬 교육의 필요성을 더 크게 요청하고 있다고 봅니다. 그런데, 어떻게 실제 수업으로 연결할 것인가에 대해서는 많은 고민과 생각이 필요해 보입니다.

예비교사 3: 저는 국가나 지역 수준에서 개발된 교육과정과 연계하여 학교에서 주제 중심의 새로운 프로그램을 개발하여 운영하는 것이 필요하다고 생각합니다. 지역사회의 현상과 문제 등을 중심으로 주제를 설정하고 여러 교과 교육과정의 내용들을 연계하여 주제학습을 실행하도록 하는 방법을 제안하고 싶습니다. 그런데 구체적인 실행 방법에 대해서는 고민하고 있습니다.

예비교사 4: 국가 교육과정 중심의 성취기준에 기반한 학교 교육과정 운영, 국가 교육과정 연계 지역사회 특성 반영 학교 교육과정의 적극적 운영 모두 교육적 가치와 필요성이 있다고 생각합니다. 무엇보다도 교육과정 운영에서는 기초학습능력과 교과의 기본내용 학습 결손이 없도록 하는 것이 필요하다고 생각합니다. 이러한 부분을 고려하여 다음 모임회의에서는 구체적으로 주제학습 프로그램 구성에 대해 얘기 나누도록 하겠습니다.

1) ㉠에 들어갈 내용을 말해보자.

2) 예비교사 1, 2, 3의 교육과정 실행에 대한 의견을 비교해 보자.

3) 예비교사 2와 3이 제안한 방법을 활용하여 '주제'를 설정하고 세부 수업 주제를 만들어 보자.

참/고/문/헌

고진호, 1993, 아동의 생활세계와 학교교육과정 지식의 연관 탐색, 교육과정연구, 12, pp. 174-187.

교육부, 2022, 초 · 중등학교 교육과정 총론, 교육부 고시 제2022-33호(별책 1호).

김다원, 2018, 지역화교육을 위한 초등 사회과 지역교과서 내용구성 논의, 한국지역지리학회지, 24(4), pp. 557-573.

김왕근, 2009, 사회과통합 문제와 역사, 지리, 일반사회 관계, 통합교육과정연구, 3(1), pp. 20-35.

남상준, 2003, 학교교육과정의 지역적 적합성과 사회과교육과정 지역화의 상보적 관계, 사회과교육연구, 10(1), pp. 1-19.

남호엽, 2019, 근대교육사상에 비추어 본 환경확대법의 아이디어, 한국지리환경교육학회지, 27(1), pp. 1-13.

루소(정영하 역), 2015, 에밀, 연암사.

박선희, 2003, 지역지리교육에서 교육과정의 지역화가 갖는 교육적 함의, 교육과정평가연구, 6(1), pp. 165-179.

박영한, 1985, 문화와 지역주의(지방의 재발견, 최상철 외 편), 민음사, pp. 209-228.

백선영, 2024, 프레임워크로서 IB PYP가 2022 개정 사회과교육과정에 주는 시사점 탐색, 사회과교육, 63(1), pp. 63-82.

손명철, 2017, 한국지역지리학의 개념 정립과 발전 방향 모색, 한국지역지리학회지, 23(4), pp. 653-664.

유네스코 21세기 세계교육위원회 편(김용주, 김재웅, 정두용, 천세영 역), 1997, 21세기 교육을 위한 새로운 관점과 전망, 오름.

조성욱, 2002, 지리교육에서 주변지역학습의 교육적 의의, 한국지리환경교육학회지, 10(2), pp. 25-39.

페스탈로치(김정환 역), 2000, 페스탈로치의 숨은이의 저녁노을, 박영사.

코메니우스(이원호 역), 1998, 세계도회, 아름다운 세상.

한국교육과정평가원, 2020, 초등학교 교직 논술. https://www.kice.re.kr/boardCnts/fileDown.do?fileSeq=55d94e4d908579d5abac2827023e1adb

한국교육과정평가원, 2021, 초등학교 교직 논술. https://www.kice.re.kr/boardCnts/fileDown.do?fileSeq=ff1cab7f296cefc7592050093c392f27

한국교육과정평가원, 2023, 초등학교 교직 논술. https://www.kice.re.kr/boardCnts/fileDown.do?fileSeq=d77b91e07e4d1ad8d9784d507b8de696

Bruner, J., 1960, *The Process of Education*, New York: Vintage Books(이홍우 역, 2017, 브루너 교육의 과정, 배영사).

Dewey, J., 1916, 민주주의와 교육, 이홍우 역, 2007, 교육과학사.

IBO, 2018, *Learning and teaching*. Geneva, Switzerland: International Baccalaureate Organization.

Standish, A., 2017, Geography, In A. Standish & A. S. Cuthbert(Eds.), *What Should Schools Teach?*, London, UCL IOE Press.

Wintersteiner, W., Grobbauer, H., Diendorfer, G. & Reitmair-Juarez, S., 2015, *Global CitizenshipEducation*, The Austrian Commission for UNESCO.

[04] 사회과 교육과정의 변천

한국에서 사회과교육은 지리교육, 역사교육 등의 이름으로 개화기부터 시작되었으나 교육과정을 편성하여 사회과교육으로 실시한 것은 1946년 이후라고 할 수 있다. 1946년의 교수요목기에서부터 최근의 2022 개정 교육과정에 이르기까지 여러 차례 개정을 해 왔다. 다음에서는 교육의 목표와 단원 주제를 중심으로 사회과 교육과정의 변화 과정을 살펴본다.[1)]

1. 교수요목기(1946~1953)

1946년의 교수요목기는 미 군정청의 학무국에서 교수요목을 발표하였고 1955년 제1차 교육과정 개발이 이루어질 때까지 학교교육의 지침으로 사용되었다. 이때 이전의 지리, 역사, 공민을 포함한 미국의 사회과의 개념을 도입하여 '사회생활과'라는 교과명을 사용하였다. '사회생활과'는 지리, 역사, 공민의 통합교과로 기능하였다.

당시 사회생활과의 교육목표는 '社會生活科(social studies)는 사람과 自然環境 및 社會環境과의 關係를 밝게 認識시켜서 社會生活에 誠實, 有能한 國民이 되게 함을 目的으로 함(사회생활과는 사람과 자연환경 및 사회환경과의 관계를 밝게 인식시켜서 사회생활에 성실 유능한 국민이 되게 함을 목적으로 함)'으로 '유능한 국민' 양성에 주된 목적을 두었다. 다시 제시된 사회생활과의 교육목표는 위에서 제시한 한 문장으로 이루어져 있으며 교육내용에서는 '인간과 자연환경 및 사회환경과의 관계 파악'을 강조하고 있다. 이 목표는 2022 개정 교육과정에 이르기

1) 사회과 교육과정 변천은 한국교육과정평가원의 국가교육과정(https://ncic.re.kr/new/mobile.kri.org4.inventoryList.do)의 자료를 활용하였음.

까지 사회과교육에서 꾸준히 목표로 제시되어 왔다.

세부적인 교수방법에서는 단체생활에 필요한 태도, 우리나라의 역사, 민주주의적 생활방법에 관한 지식과 실천 등을 습득하게 하는 데 중점을 두고 있다. 교육내용에서는 지리, 역사, 정치, 경제 등을 통합하여 학년별 교육내용을 구성하였으며 저학년에서 고학년으로 가면서 가정과 학교, 고장, 여러 지방, 우리나라, 다른 나라의 내용을 구성하여 환경확대법을 적극적으로 적용하였다.

■ 社會生活科의 敎授 目的

社會生活科(social studies)는 사람과 自然環境 및 社會環境과의 關係를 밝게 認識시켜서 社會生活에 誠實, 有能한 國民이 되게 함을 目的으로 함(사회생활과는 사람과 자연환경 및 사회환경과의 관계를 밝게 인식시켜서 사회생활에 성실, 유능한 국민이 되게 함을 목적으로 함)

■ 社會生活科의 敎授方法

團體生活에 必要한 精神, 態度, 技術, 習慣을 養成함.
團體生活의 모든 關係를 理解하게 하며 責任感을 기름.
사람과 環境과의 關係를 理解하게 함.
우리나라의 歷史와 制度에 關한 知識을 얻게 함.
우리나라에 適宜한 民主主義的 生活方法에 關한 知識을 涵養함.
實踐을 通하여 勤勞精神을 體得케 함.

■ 사회과교육 내용

1학년: 가정과 학교
2학년: 고장의 생활
3학년: 여러 곳의 사회생활
- 우리지방/한대지방/ 열대지방/산간지방/해양도서지방
- 사람의 자연에 적응: 농업, 거주, 의복, 자연관찰 등
4학년: 우리나라의 생활
- 우리나라 지도, 자연환경, 자원과 산업, 교통, 도시와 촌락, 외국과의 관계 등

5학년: 다른 나라의 생활
- 지구, 고대 문명, 아시아, 유럽, 아프리카, 아메리카, 대양주, 우리나라와 세계 등

6학년: 우리나라의 발달
- 역사, 정치, 경제와 산업, 민족성 등

2. 제1차 교육과정(1954~1962)

제1차 교육과정에서도 사회생활과의 교과명을 사용하였다. 1949년부터 교육과정 개정에 대한 논의가 진행되었으나 1950년 한국전쟁이 발생하면서 교수요목기의 교육과정 개정작업은 전쟁 후 1954년에 당시 초등학교(당시 국민학교) 교육과정 총론이 제시되었다.

개정된 사회생활과의 목표를 보면, 사회생활과의 목표는 교수요목기에서는 하나의 문장으로 된 하나의 목표로 제시된 반면, 제1차 교육과정에서는 5개의 목표로 제시되었다. 첫째, 사회생활에 필요한 태도, 둘째, 사회의 여러 집단들에 대한 이해, 셋째, 생산, 소비, 교통, 통신, 문화, 국방 등 사회의 여러 가지 제도에 대한 이해, 넷째, 인간생활과 자연환경 간 관계 이해, 다섯째, 각종 제도와 문화유산 등에 대한 이해 등을 포함하였다. 사회생활과의 내용은 사회생활 전반에 대한 이해에 중점을 두었으며, 교수요목기에서 주요 목표로 제시했던 '인간생활과 자연환경 간 관계 이해'를 포함하였다.

세부적으로 학년별 교육내용을 살펴보면, 1학년에서는 우리집과 학교, 2학년에서는 이웃 생활, 3학년에서는 고장 생활, 4학년에서는 우리 생활의 내력, 5학년에서는 산업의 발달, 6학년에서는 우리나라의 발전과 세계의 내용으로 구성하였다. 환경확대법의 적용에 따라 우리집에서 세계에 이르기까지 학년이 올라가면서 점차적으로 지역의 범위를 확대하였으며 개인의 생활습관 뿐만 아니라 사회의 여러 모습들, 그리고 사회생활에 필요한 경제활동, 환경과의 상호작용, 국민으로서 역

할 등 국민으로 그리고 사회인으로 살아가는 데 필요한 내용을 이해하고 습득하는 데 중점을 두고 있다. 특히, 산업의 발달 내용은 당시 산업사회로 발전을 위한 사회적 노력의 필요성이 반영된 것이라고 볼 수 있다.

■ 사회생활과의 목표

1. 자기와 남의 개성과 권리를 존중할 것을 이해시키며 자주적(自主的)으로 사고하고 행동하는 태도를 기른다.
2. 각종의 집단생활(가정, 학교, 시, 읍, 면, 나라 등)에 관하여 그 성원간(成員間)의 관계, 집단의 의의(意義) 및 집단과 집단과의 관계를 이해시키며 그 안에 있어서의 가지의 올바른 입장을 깨닫게 하며, 그 입장에 따라 좋은 태도를 가지도록 한다.
3. 사회생활의 제 기능(諸機能) (생산, 소비, 교통, 통신, 생명, 재산의 보전, 후생, 위안, 교육, 문화, 정치, 국방, 도의 등)에 관하여 올바른 이해를 가지도록 하며, 사회적인 협동 활동에 적극적으로 참가하는 태도와 능력을 기른다.
4. 인간생활과 자연환경과의 관계를 이해시키며 이에 적응하고, 이를 통제 이용하여 인간생활을 향상시키려는 태도와 능력을 기른다.
5. 각종의 제도, 시설, 습관 및 문화유산이 우리 생활에 있어서 여하한 의의를 가지는가를 이해시켜 이를 이용하고 개선하는 능력을 기른다.

■ 학년별 단원 주제

1학년: 우리집, 우리학교

2학년: 이웃생활

3학년: 고장생활

4학년: 우리 생활의 내력

5학년 산업의 발달

6학년: 우리나라의 발전과 세계

3. 제2차 교육과정(1963~1973)

제2차 교육과정은 1963년에 고시되었다. 한국전쟁 후 남북 분단의 모습, 60년대 초의 민족주체성 함양의 필요, 경제개발 계획의 실행 등이 교육과정에 포함되었다. 사회생활과의 교과명은 '사회과'로 변경되었다. 사회과 목표는 1차 교육과정에서 제시했던 5개 이외에 2개가 추가되어 7개의 목표로 제시되었다. 추가된 2개의 목표에는 자유 민주 국가의 참된 사회생활에 대한 이해를 토대로 반공 사상 강화, 그리고 국토 통일과 산업 진흥을 위한 노력이 포함되었다. 목표의 내용 서술도 더 구체화 하였다.

학년별 내용에서는 1차 교육과정의 교육내용을 기반으로 하면서도 5학년에서는 기존의 산업 발달 외에 근로와 생활, 자원의 이용, 교통과 상업, 경제생활 등이 포함되었다. 이는 1960년대 산업화 사회의 양상과 사회변화에 따른 사회 변화에 대응을 반영한 것이라고 할 수 있다.

■ 사회과 목표

1. 민주적인 사회생활을 이룩하려면 자기와 남의 인격을 존중하며, 각자가 지닌 권리나 의무를 정당하게 행사함이 그 기본임을 이해시키고, 자주적이며 자율적으로 사고하고 행동하는 생활 태도를 기른다.
2. 가정이나 학교, 기타 각종의 사회집단에 있어서 집단의 의의, 집단 성원간의 관계, 집단과 개인, 집단과 집단과의 관계에 대하여 이해시키고, 그 집단에 있어서의 자기의 위치를 깨닫고 집단생활에 적응하며 사회 개선을 위하여 이바지하려는 태도와 능력을 기른다.
3. 사회생활의 중요한 제 기능과 그 상호 간의 관계에 대하여 올바른 이해를 가지게 하고, 사회적인 협력 활동에 적극적으로 참가하며 이를 개선해 나가려는 태도와 능력을 기른다.
4. 우리 인간생활이 자연환경과 긴밀한 관계를 가지고 영위되고 있음을 이해시키고, 일상생활에 있어서 자연에 적응하는 한편, 이를 궁리 활용하여 생활을 향상 발전시키고 지역사회 개선에 이바지하려는 태도와 능력을 기른다.

5. 우리나라의 사회적인 제도, 생활풍습, 고유문화 등에 대하여 그 변천 발전의 모습을 이해시킴으로써 올바른 민족적 자각을 가지고 민족의 발전을 위하여 이바지하려는 태도와 능력을 기른다.
6. 자유 민주 국가의 참된 사회생활에 대하여 이해시키는 한편, 우리나라가 민주 보루의 선봉임을 깨닫게 하여 반공 사상을 굳건히 함으로써 투철한 반공 생활을 영위하고, 국제연합 및 민주 우방과 협조하려는 태도를 기른다.
7. 국토 통일과 산업 진흥이 우리나라와 민족의 중대한 과제임을 이해시키고, 이 해결을 위하여 적극 협력하려는 태도와 능력을 기른다.

■ 학년별 주제

1학년: 학교/ 우리집
2학년: 우리마을
3학년: 우리 고장
4학년: 우리나라
5학년: 근로와 생활/ 자원이용/ 산업 발달/ 경제생활/ 교통과 상업/ 우리나라 산업의 발달
6학년: 우리나라의 역사/ 세계 여러 나라/ 우리나라와 국제연합

4. 제3차 교육과정(1973~1980)

3차 교육과정은 여러 가지 면에서 특성을 지니고 있다. 우선, 1960년대의 급격히 변화하는 산업사회로의 변화와 대응을 적극적으로 반영하였다고 볼 수 있다. 1962년부터 시행된 경제개발 5개년 계획의 실시로 우리나라는 그간의 1차 산업 중심 사회에서 2차와 3차 산업 중심의 사회로 변화하고 있었다. 도시화, 산업화, 이촌향도 현상 등이 당시 사회의 대표적인 모습이었다. 학교 교육과정은 이러한 사회변화를 반영할 필요가 있었다.

그리고 1960년대에는 미국을 중심으로 학교 교육에 학문 중심 교육과정이 강조되면서 우리나라 교육과정에서도 주목을 받았다. 사회과교육에서 학문 중심 교육과정은 시민적 자질 전수에 중점을 두었던 기존 교육과정과는 달리 사회과학의

내용과 탐구방법을 획득하도록 하는 데 중점을 두었다. 이는 산업화, 세계화 등의 사회변화와 여러 가지 새로운 사회문제의 발생에 따라 지적인 능력이 사회적으로 더 적극적으로 요구되었던 당시 사회적 배경과도 관련되어 있다. 이에 따라 사회과교육에서는 탐구학습, 문제해결학습 등이 강조되었다. 또한, 제3차 교육과정에서는 사회과에서 '국사'가 분리되어 교육되었고, '도덕'교과가 독립 교과로 등장하였다. 이는 당시 남북 분단의 상황에서 반공 사상 교육의 강화와 민족 정체성 함양 교육의 필요성 등이 반영되어 나타난 것이라고 할 수 있다.

다음에서는 당시 사회과의 목표와 학년별 단원 주제를 살펴본다. 사회과의 목표의 경우 2차 교육과정에서는 7개 목표였지만 3차 교육과정에서는 5개 목표로 설정되었다. 6번째의 반공 사상 함양과 7번째의 국토 통일이 빠졌다. 이는 도덕교과의 신설에 따른 결과라고도 볼 수 있다. 이외 목표의 내용에서도 변화가 있었다. 2차 교육과정의 목표 1과 2에서 제시했던 개인의 사회생활, 사회의 집단기능 내용 대신에 사회생활에 대한 이해, 사회의 여러 기능과 민주 사회생활 이해 등으로 바뀌었다. 또한, 목표 5에서는 사회적 사실 이해, 사회현상의 이해, 문제해결력 등을 포함하여 사회과학의 내용 지식과 방법, 문제해결력 함양 등이 목표에 포함되었다.

사회과 내용에서는 3학년에 '세계 여러 곳의 생활'이 포함되어 그간 환경확대법 적용에서 보지 못했던 변화가 있었다. 세계에 대한 학습이 강조되었으며 학습량도 상당하였다. 그리고 경제생활 대신 '우리나라 경제', 산업의 발달 대신 '산업과 경제', 세계 여러 나라 대신 '우리가 사는 세계' 등의 단원명 변화가 있었으며 교과 학문의 내용 지식과 탐구방법 획득을 강조하였다.

■ 사회과 목표

1. 사회생활에 대하여 올바른 이해를 가지게 하고 가정, 사회, 국가에 대한 애정을 길러, 국가 발전과 국민적 과제해결에 적극 참여하는 국민으로서의 자질을 기른다.

2. 사회의 여러 기능과 민주 사회생활의 특질을 이해시키고, 자타 인격의 존중과 상호협력으로 사회생활의 개선과 발전에 기여하려는 태도를 기른다.
3. 인간생활과 자연환경과의 관계, 자연 조건 활용의 중요성을 깨닫게 하고, 향토와 국토에 대한 애정을 길러, 국토개발, 국제협력의 필요성을 자각하게 한다.
4. 우리나라의 문화와 전통에 대하여 이해시키고, 문화 민족으로서의 자각을 굳게 하여, 민족 문화를 발전시키고 국민적 사명을 완수하려는 태도를 기른다.
5. 사회적 사실을 관찰하고 이해하며 여러 사회적 현상의 뜻을 바르게 사고하여, 올바른 판단력을 가지고 문제를 해결하는 능력을 기른다.

■ 사회과교육 내용

1학년: 학교생활/가정생활/이웃과 동네

2학년: 우리 고장

3학년: 자원의 이용/ 여러 고장 생활/ 세계 여러 곳 생활

4학년: 우리가 사는 시, 도/ 우리나라 각 지방 생활/국토 보전/ 우리 조상들의 내력

5학년: 국사/ 우리나라 경제/ 산업과 경제/ 우리가 사는 세계/

6학년: 국사/ 세계 안의 대한민국

5. 제4차 교육과정(1981~1987)

제5공화국의 출범 이후 민주, 복지, 문화창달의 국가적인 지표를 토대로 제4차 교육과정의 개정이 이뤄졌다(차경수, 모경환, 2017). 또한, 1970년대는 인구증가, 산업화, 세계화, 정보화 등 사회적 변화에 따라 그 어느 때 보다도 새로운 능력의 요구, 높은 경쟁력, 새로운 사회에의 적응 등의 여러 가지 어려움이 있었다. 이러한 사회변화의 반영과 이후 사회에 대비하기 위한 새로운 교육과정이 요구되었다. 이러한 상황에서 제4차 교육과정에서는 '인간중심 교육'을 중요하게 담았다. 또한, 당시 사회의 여러 가지 문제해결과 사회변화에 대응을 위해 창의적 사고력, 문제해결력 등의 능력 함양이 요구되었다. 이러한 사회적 변화 상황에서 1~2학년의 통합교육과정이 제시되었다. 도덕, 국어, 사회/ 산수, 자연/ 체육, 음악, 미

술을 교과군으로 묶어서 시간 배당을 하였다. 이러한 교과 간 통합은 이후 5차 교육과정에서 바른생활, 슬기로운 생활, 즐거운 생활 교과로 편제되었다.

사회과의 목표를 보면, 사회생활에 필요한 기초 지식 획득, 국민적 자질 함양에 중점을 두었다. 그리고 특히, 사회과의 목표에서 '인류 공영에 이바지하려는 태도' 내용이 포함되어 당시 세계화 사회의 반영을 살펴볼 수 있다. 그리고 사회생활의 기초 원리 이해, 인간 생활과 환경 간의 관계 이해, 사회적 사실과 현장의 탐구방법과 문제해결력 함양 등 내용과 방법에 대한 학습을 강조하였다.

사회과의 주요 학습 내용에서는 5학년에서 학문과 기술의 발달, 종교와 예술의 발달 등 학문과 기술 그리고 문화 내용이 사회과에 포함되었다. 이는 앞에서 제시한 민주, 복지, 문화 창달 중심의 교육과정 구성의 방향성을 담은 것으로 '문화'를 사회과교육의 주요 내용에 포함했다는 면에서 큰 변화라고 할 수 있다.

■ 사회과 목표

사회생활에 관한 기초적인 지식을 얻게 하고, 민주 국가 국민으로서의 자각을 가지게 하며, 사회와 국가의 발전에 기여할 수 있는 국민적 자질을 기른다.

1) 인간의 공동생활의 기초적 원리를 이해시키고, 민주생활의 특징을 파악하게 한다.
2) 인간생활과 자연환경과의 관계를 이해시키고, 여러 지역의 생활특색을 파악하게 한다.
3) 우리 민족의 발전과정을 이해시키고, 민족 문화의 특질을 파악하게 한다.
4) 사회적 사실과 현상에 관한 자료를 수집, 활용하고, 탐구의 절차를 익혀 사회생활에 관한 문제를 올바르게 해결하는 능력을 기른다.
5) 민주생활을 습관화하고, 활용하고, 국토와 민족에 대한 애정을 가지게 하며, 국가 발전, 민족 문화 창달 및 인류 공영에 이바지하려는 태도를 기른다.

■ 사회과 내용

1학년: 학교/가정/이웃

2학년: 우리 고장

3학년: 여러 고장

4학년: 시, 도, 지역의 생활/ 우리나라의 자연과 생활/ 우리나라 내력

5학년: 경제생활/ 우리가 사는 세계/ 우리나라 산업/ 우리나라 학문과 기술 발달/ 우리나라 종교와 예술의 발달
6학년: 우리나라 민주정치/ 우리나라 경제/ 세계와 우리나라 /국사

6. 제5차 교육과정(1987~1992)

제5차 교육과정은 1987년에 개정 논의를 시작하여 1990년에 적용되었다. 1980년대는 세계화, 정보화, 산업화에 따른 여러 사회현상과 사회문제들이 발생했던 시기로 이러한 사회변화에 대응하기 위한 교육적 노력이 교육과정 개정에 반영되었다고 할 수 있다. 당시 사회의 교육에서는 창의적 사고력, 문제해결력, 탐구력 등 고등의 사고력 함양을 강조하였고 학습자 개인의 사회에서의 주도적 역할과 개인의 특기와 적성을 충분히 키울 수 있는 방향의 교육을 강조하였다. 교육에서 민주주의, 정의, 복지, 문화 등의 강조로 인간주의 교육의 구현에 중점을 두면서 공동체 의식, 도덕성 함양 교육이 강조되었다. 이러한 교육에의 요구는 이미 제4차 교육과정에서 반영하고 있는 부분들이었으며 제5차 교육과정에서 더 강조되었다고 볼 수 있다.

제5차 교육과정에서 제시한 사회과 목표는 '민주 국가 국민으로서의 자질 함양'이었으며, 세부적으로는 경제생활의 원리 이해, 인간과 환경 간 관계 이해, 사회적 사실과 현상의 이해와 탐구 및 문제해결력 함양 등의 사회과학의 내용 지식과 탐구방법에 대한 지식 획득, 그리고 고등의 사고력 함양에 중점을 두었다. 또한, 국토애, 민족애와 더불어 인류 행복 증진에의 기여를 포함하여 세계화에 따른 세계시민성 함양을 포함하고 있다.

세부적인 교육내용을 보면, 1~2학년에서는 통합교과로 바뀌어서 3학년에서 사회과교육을 실시하게 되었다. 제4차 교육과정의 교육내용을 유지하면서 5학년의 우리들의 경제생활, 6학년의 우리 경제의 흐름 등을 포함하여 경제 영역의 내용을 적극적으로 포함하였다. 이는 당시 세계화, 산업화, 정보화에 따른 경제에 대한 이해의 필요성이 반영된 것이라고 하겠다.

한겨레신문
1995년 12월 24일·일요일

방학책 지역별 개성시대

국교 1·2학년용 각시도 특성반영 친근감 듬뿍…학부모·어린이 호평

김미경 기자

겨울방학을 맞아 나온 어린이 방학숙제 책자가 시·도별로 서로 다른 등 국민학교 방학숙제에도 지방화 바람이 불고 있다.

방학이면 으레 국민학생들의 손에 쥐어지던 방학숙제책 〈탐구생활〉이 지방화시대에 발맞춰 지역특성을 살리는 형태로 다양화해 어린이들과 학부모들의 반응이 좋다.

지난 여름방학때부터 첫 시작된 이런 움직임은 거의 전국으로 퍼져 지난 21일을 전후로 시작된 겨울방학에는 각 시도별로 국민학교 1~2학년생들이 각기 다른 방학숙제를 받았다.

서울특별시는 〈방학생활〉, 강원도는 〈즐거운 방학생활〉, 충청북도는 〈겨울방학생활〉, 전라남도는 〈방학생활〉 부산의 〈겨울방학〉 등등의 이름을 단 이들 책자는 전국적으로 똑같았던 예전 〈탐구생활〉과는 달리 각 지역 이야기가 재미있는 숙제로 변형돼 있다.

예를 들어 서울시 2학년용 〈방학생활〉의 32~33쪽에는 서울의 역사와 그림지도가 그려진 '서울이야기'가, 36~37쪽에는 지하철 노선지도를 보고 노선이 다른 지하철을 갈아탈 수 있는 역에 동그라미를 하고 그 역의 이름을 써보는 숙제를 내주는 '서울의 지하철'이 담겼다. 또 43쪽에는 얼음을 지칠 수 있는 목동 아이스링크에 대한 소개도 실었다.

서울시 양천구 목동에 사는 주부 정미애(42)씨는 "학교에서 나눠주는 책에서 동네에 있는 시설 이야기가 나오니까 아이가 너무 좋아하더라"면서 "다른 교과서들도 지역이야기가 군데군데 담기는 형태로 바뀌었으면 좋겠다"고 말했다.

경남 2학년용 〈방학생활〉에는 충무 나전칠기, 진흥왕 척경비 등을 소개하는 '우리고장 조상들이 남긴 자랑거리'(36~37쪽)와 경남지역에 전해지는 탈춤놀이를 소개하면서 탈만들기, 탈춤추기를 숙제로 낸 '할미탈 각시탈'(46쪽) 등이 소개됐다.

이밖에 전남 2학년용 〈방학생활〉에 실린 '영산강 살리기'(10쪽) '우리 고장 여러곳의 방향 알아보기'(20쪽) '표준말과 사투리'(43쪽), 충북 2학년용 〈겨울방학생활〉의 '우리 고장의 자랑'(32쪽) '임경업 장군'(38쪽), 강원도 1,2학년용 〈즐거운 방학생활〉의 '우리 강원도'(1쪽) 등도 지방의 특색을 어린이들에게 재미있게 소개하는데 신경을 쓴 흔적이 엿보인다.

한편 경기도와 인천시, 제주 등은 아예 〈탐구생활〉류의 방학숙제용 책자를 만들어내지 않고 학교별로 개성있는 숙제를 내주고 있다.

이런 변화는 제6차 교육과정 개편에 따라 '지역화'가 학교교육의 주요 목표로 등장하면서 시작된 것으로 학생과 학부모들의 반응이 좋아 96년 3~4학년, 97년 5~6학년 등으로 넓혀갈 계획이다. 내년부터는 각 지역에 맞는 다양한 사회교과서도 나온다.

東 亞 日 報 1990年10月31日 水曜日

국민학교 사회교과서 지역중심 편찬 인기높아

내고장歷史 산업등 많이 담아

어린이 愛鄕心 높이는데 큰몫

지역별로 내용달라…보조교재 개발도 한창

■ 사회과 목표

사회생활에 관한 기초적인 지식을 익혀 이를 활용할 수 있게 하고, 민주 국가 국민으로서의 자각과 올바른 판단 능력을 가지게 하여, 사회와 국가의 발전에 기여할 수 있는 국민적 자질을 기르게 한다.

1) 공동생활 및 경제생활의 기초적 원리를 이해시키고, 민주생활의 특징을 파악하게 한다.
2) 인간과 환경과의 관계를 이해시키고, 여러 지역의 생활 특색을 파악하게 하며, 국제협력의 필요성을 깨닫게 한다.
3) 우리 민족의 발전과정을 파악시키고, 민족 문화의 특징을 이해하게 한다.
4) 사회적 사실과 현상에 대한 자료를 수집, 활용하여 문제를 합리적으로 해결하고, 집단생활에 참여하는 능력을 기르게 한다.
5) 민주생활을 습관화하고, 국토와 민족에 대한 애정을 가지게 하며, 국가 발전과 인류 행복 증진에 이바지하려는 태도를 기르게 한다.

■ 사회과 내용

1학년과 2학년: 통합교과로 운영됨(슬기로운 생활)
3학년: 우리 고장
4학년: 우리 시, 도/ 우리나라 각 지방/ 사회생활
5학년: 우리들의 경제생활/ 산업 발전/ 자원의 활용/ 우리 문화생활의 발달
6학년: 우리나라 민주정치/ 우리 경제의 흐름/ 세계와 우리나라 / 국사 영역

7. 제6차 교육과정(1992~1997)

제6차 교육과정은 1992년에 고시되었다. 세계화, 정보화, 지역화, 민주화 등의 당시 사회변화를 반영하여 마련된 교육과정이라고 할 수 있다. 1989년 독일의 통일, 1991년 소련의 붕괴로 인해 나타난 세계의, 유럽의 민주화 진전, 1993년 문민정부의 수립 등은 교육과정의 변화에 영향을 주었다. 특히, 1995년 5월 31일에 발표된 '5 · 31 교육개혁'은 교육의 질 향상, 교육 기회의 평등을 목표로 변화하는 사회의 요구에 맞는 교육의 혁신으로 제시되었다. 학교 교육과정의 자율화와 책

무성 강화, 창의성과 문제해결력 함양 중심의 교육방법 혁신, 지역 간, 계층 간 교육 격차 해소를 위한 교육 인프라 개선, 평생교육 체제 강화, 정보화 사회에 대비하여 학교의 컴퓨터 교육과 정보통신기술(ICT) 도입, 세계화 교육의 도입 등이 포함되었다. 세계화 교육의 도입은 1970년대 이후 우리 사회에 깊숙이 들어온 세계화에 대한 대응이자 세계화 사회에서 세계시민의 태도와 역할 교육의 강조라고 할 수 있다. 오늘날 한국 세계시민교육의 배경이 되고 있다.

5·31 교육개혁안의 주요 내용

가) 열린교육사회·평생학습사회 기반 구축: 학점은행제 도입, 학교의 평생교육 기능 확대, 학교의 전·편입학 기회 확대, 최소 전공인정학점제 도입, 원격교육 지원체제 구축
나) 대학의 다양화와 특성화: 대학 모형의 다양화와 특성화, 전문대학원 설치, 대학 설립·정원·학사 자율화, 대학평가 및 재정지원 연계 강화, 대학교육의 국제화
다) 초·중등교육의 자율적 운영을 위한 '학교공동체' 구축: 학교운영위원회 설치, 학교장·교사 초빙제 시범 실시
라) 인성 및 창의성을 함양하는 교육과정: 교육과정 개선 및 운영의 다양화, 자기 주도적 학습능력 향상, 교과서 정책 개선, 방과후 교육활동 활성화, 영재교육 강화, 세계화 교육 실시
마) 국민의 고통을 덜어 주는 대학입학제도: 국·공립 및 사립대학의 입학제도 개선, 학교생활기록부제 도입
바) 학습자의 다양한 개성을 존중하는 초·중등교육 운영: 고등학교 유형의 다양화 및 특성화, 평가와 행·재정 지원 연계, 초등학교 입학 연령 탄력 적용, 중·고등학교 선택권 부여
사) 교육공급자에 대한 평가 및 지원체제 구축: 교육규제완화위원회 설치, 교육과정평가원 설치
아) 품위 있고 유능한 교원 양성: 교원양성기관 교육과정 개편 및 임용제도 개선, 능력 중심 승진 및 차등보수 체계 개선, 교원 자율 출·퇴근제 시범 실시, 교장 명예퇴직제 실시
자) 교육재정 GNP 5% 확보

출처: 교육개혁위원회, 1998.

사회과 교육과정에서의 변화는 이미 제4차 교육과정에서 1~2학년의 사회 교과는 '슬기로운 생활' 교과로 통합되었고, 제5차 교육과정에서는 지역화 교과서를 개발하여 적용하였다. 제6차 사회과 교육과정은 이러한 사회과의 변화 흐름에서 마련된 것이었다. 특히, 제6차 교육과정에서는 '사회과 탐구' 지역교과서가 추가로 개발되어 사회교과서와 함께 교육에서 사용되기 시작하면서 지역화 교육에서 획기적 진전이 있었다.

사회과 성격이 교육과정에 명시되기 시작하였다. 그리고 사회과 목표에서는 큰 변화가 있었다. 그간 사회과의 목표는 '**국민적 자질 함양**'으로 제시되었지만 제6차 교육과정에서는 '**민주시민으로서의 기본적 자질 함양**'으로 제시되었다. 이는 당시 사회의 변화와 추구하는 바가 반영된 것이라고 할 수 있다. 세부적인 목표에서는 민주적 사회의 발달에 초점을 두고 있으며 이를 위해 민주적 공동생활을 위한 노력, 문제해결, 다른 사람과 조화로운 생활력, 민주적 생활의 습관화 등의 내용이 포함되었다. 또한, 세계화 교육과 더불어 세계 여러 나라와 협력하여 살아가는 태도 함양을 구체적으로 명시하였다.

사회과 내용에서는 여러 고장의 생활, 여러 지역들과 관계, 세계 여러 나라들과의 관계, 국제협력 등 관계성에 중점을 두고 조화로운 삶, 협력적 태도를 키우는 데 중점을 두고 있다. 그리고 시민으로서 권리와 책임의 내용을 포함하여 민주시민성 함양 교육의 목표를 구현하려는 노력을 보였다. 또한, 도시와 교통망, 인구·도시·환경문제 내용을 포함하여 사회과에서 도시에 대한 학습을 주요 내용에 포함하였다.

■ 사회과 성격

사회과는 사회현상을 바르게 이해하게 하고, 올바른 사회생활을 할 수 있는 능력과 가치, 태도를 지니게 함으로써 민주시민의 자질을 육성하려는 교과이다. 즉 사회과에서는 사회현상에 대한 기본적 개념과 원리를 이해하게 하고 탐구방법을 익히게 하여, 사회를 올바르게 인식하게 하며, 민주적 생활과 조화로운 인간관계에 필요한 가치·태도를 기르도록 한다.

국민 학교 사회과에서는, 학생들이 생활 주변의 사회적 사실과 현상에 대하여 관심과 흥미를 가지게 하여, 생활과 관련된 기본적인 지식을 익혀 이를 실생활에 적용할 수 있게 하고, 바르게 판단하고 행동하는 능력을 기르며, 민주시민으로서의 기본적 자질을 함양하는 데 중점을 둔다.

사회과는 고장, 시 · 도 지역, 우리나라의 민주적 공동생활 모습과 문화, 그리고 세계의 생활 등의 구체적 사회현상을 학습 대상으로 하며, 학습 요소를 지리, 역사, 정치, 경제, 사회, 문화 등 여러 관점에서 통합적으로 선정, 조직하여, 지식, 경험, 생활 등의 관련이 적절하게 이루어지도록 구성한다.

사회과는 사회적 사실과 현상에 관한 지식을 발견하고 적용하는 데 필요한 사고력과 판단력의 신장을 강조하며, 이를 위하여 다양한 학습방법을 적용함으로써 스스로 문제를 찾아 이를 해결해 가는 과정을 중시하고, 시사성과 지역성을 고려하여 지도한다.

■ 사회과 목표

사회적 사실과 현상에 관한 기초적 지식을 익혀, 우리 사회의 특징을 이해하게 하고, 사회생활을 올바르게 할 수 있는 판단능력을 길러, 개인과 사회, 국가 및 인류 발전에 기여할 수 있는 민주시민으로서의 기본적 자질을 가지게 한다.

가. 사회현상에 관한 기본개념과 원리를 구체적 경험을 통하여 이해하고, 이를 실생활에 활용할 수 있게 한다.

나. 우리 사회를 유지, 발전시키는 데 필요한 사회의 기능적 요소를 이해하고, 그와 관련된 역할을 수행하며, 사회생활을 통하여 자기가 이루고자 하는 바를 스스로 성취할 수 있게 한다.

다. 고장, 지역, 나라, 세계의 생활 모습을 자연환경 및 역사와 문화, 민주적 공동생활 등 여러 관점에서 이해하고, 여러 기관과 단체, 주민들이 생활 향상을 위하여 노력하고 있는 모습과, 오늘날 우리들의 생활 속에 나타나고 있는 사회문제의 특성을 파악하게 한다.

라. 지도, 연표, 도표 등의 다양한 자료를 이용하여 정보를 수집, 활용하고, 문제를 합리적으로 해결하며, 공동생활에 참여하여 다른 사람과 어울려 생활할 수 있는 기초적 능력을 기르게 한다.

마. 일상생활을 통하여 민주적인 생활을 습관화하고, 고장과 국토 및 민족을 사랑하고 아끼는 마음을 가지게 하며, 민족 통일과 국가 발전을 위하여 노력하고, 세계 여러 나라와 협력하여 살아가는 태도를 가지게 한다.

■ 사회과 내용

영역	3학년	4학년	5학년	6학년
인간과 환경	• 우리 고장의 생활환경 • 여러 고장의 공통점과 차이점 • 자연환경에의 적응 및 그 이용, 보호	• 시도의 자연환경 특징과 이용 • 주요 산업 • 도시와 교통망 • 다른 지역과의 관계 • 우리나라 각 지역의 생활환경 • 여러 지역 간 공통점과 차이점	• 우리나라의 주요 산업과 생활의 향상 • 자원의 분포와 산업 • 지형, 기후와 주민생활 • 인구, 도시, 환경 문제 • 국토와 환경 보전	• 지구본과 세계지도 • 세계 여러 지역의 자연환경과 생활 특색 • 세계 여러 나라와 우리나라와의 관계
사회 문화	• 우리 고장의 문화재 • 고장 생활의 변화 • 고장의 문화적 전통	• 시도의 내력 • 지역에 따른 문화의 특징 • 가정 및 사회생활의 변화 • 취미, 여가생활의 변화	• 문화재의 가치와 보호 • 조상들의 예술 • 종교, 교육 학문활동의 특색 • 새로운 문화 창조	• 우리 민족과 국가의 형성, 발전 • 각 분야에서 활약한 조상들 • 근대화를 위한 노력 • 민주 국가의 발전 • 문명의 시작과 세계 역사에 영향을 끼친 큰 사건들
공동 생활	• 공공시설의 이용 • 생산과 유통의 모습 • 여러 기관, 단체가 하는 일 • 생활 향상을 위한 요구와 협력	• 우리 시도의 의회활동과 자치생활 • 여러 기관의 역할 • 가정생활의 중요성 • 가정의 살림살이 • 지역 간 상호의존	• 우리나라의 산업 변화와 전망 • 직업과 산업과의 관계 • 생산과 소비 • 금융기관의 구실 • 여러 가지 의사결정 • 시민으로서 권리와 책임 • 법의 제정과 준법	• 일상생활과 정치 • 우리나라 민주정치의 특색 • 세계 평화와 국제협력 • 통일과 민족의 앞날

8. 제7차 교육과정(1997~2006)

제7차 교육과정은 1997년 12월에 고시되어 단계적으로 시행되었다. 제7차 교육과정은 세계화, 정보화, 지역화 시대 창의적 인간 양성에 중점을 두고 창의성, 자율성, 다양성을 강조하는 교육의 추진에 중점을 두었다. 이러한 교육의 방향성은 이전의 4차, 5차, 6차 교육과정의 흐름을 이어 가면서도 7차 교육과정의 특성을 보여주었다. 국민공통기본교육과정과 고등학교 선택 중심 교육과정제, 수준별 교육과정, 학습자 중심 교육의 강조, 자기 주도적 학습 강조, 창의적 재량활동 시간 등이 새롭게 등장, 강조되었다.

창의적 재량활동 시간에서는 민주시민 교육, 인성교육, 환경교육, 경제교육, 에너지 교육, 근로정신 함양교육, 보건교육, 안전교육, 성교육, 소비자 교육, 진로교육, 통일교육, 한국 문화 정체성 교육, 국제이해 교육, 해양교육, 정보화 및 정보윤리 교육 등의 초학문적 주제 중심의 범교과학습이 처음으로 시도되었으며 2022 개정 교육과정에까지 이어져 오고 있다.

제7차 교육과정에서는 교육과정의 구조적 변화에서부터 교과 교육과정의 목표, 내용, 방법에 이르기까지 큰 변화가 있었다. 오늘날의 2022 개정 교육과정에 이르기까지 이후 교육과정의 기본 틀이 제시되었다고 할 수 있다.

사회과 목표를 살펴보면, 제6차 교육과정의 목표를 이어 가며 민주 국가 발전에 적극적으로 이바지할 수 있는 민주시민의 자질 함양에 중점을 두고 있다. 관련하여 사회현상과 문제 이해 그리고 여러 문제를 합리적으로 해결하기 위한 탐구능력, 의사결정능력, 사회참여력 함양 등이 사회과 목표에 등장하였으며 오늘날 사회과 핵심역량의 토대가 되고 있다.

사회과 내용에서는 인간과 공간, 인간과 시간, 인간과 사회의 세 영역을 중심으로 지리, 역사, 정치, 경제, 사회문화 등 사회과학 학문들의 통합적 접근을 지향하고 있다. 그리고 단원별 교육의 방향 제시와 더불어 구체적인 성취기준을 제시하여 사회과교육의 목표와 내용구성을 구체화하였다. 지구촌의 문제해결 노력이 사회과의 주요 단원 내용에 포함되었으며, 이는 1992년의 UN의 지속가능발전교육, 1995년 세계화 교육 도입 등이 반영된 것이라고 할 수 있다. 또한, 정주공간을 도시와 촌락으로 구분하여 도시의 생활, 촌락의 생활 단원을 포함하여 도시화에 따른 도시에 대한 이해, 지역화에 따른 촌락의 이해를 도모하는 사회과교육을 지향하고 있음을 보여준다.

■ 사회과교육 목표

사회현상에 관한 기초적 지식과 능력은 물론, 지리, 역사 및 제 사회과학의 기본 개념과 원리를 발견하고 탐구하는 능력을 익혀, 우리 사회의 특징과 세계의 여러 모습을 종합적으로 이해하며, 다양한 정보를 활용하여 현대사회의 문제를 창의적이며 합리적으로 해결하고, 공동생활에 스스로 참여하는 능력을 기른다. 이를 바탕으로 개인의 발전은 물론, 국가, 사회, 인류의 발전에 기여할 수 있는 민주시민의 자질을 기른다.

가. 사회의 여러 현상과 특성을 그 사회의 지리적 환경, 역사적 발전, 정치 · 경제 · 사회적 제도 등과 관련지어 이해한다.

나. 인간과 자연 간의 상호작용에 대한 이해를 통하여 장소에 따른 인간생활의 다양성을 파악하며, 고장, 지방 및 국토 전체와 세계 여러 지역의 지리적 특성을 체계적으로 이해한다.

다. 각 시대의 특색을 중심으로 우리나라의 역사적 전통과 문화의 특수성을 파악하여 우리 문화와 민족사의 발전상을 체계적으로 이해하며, 이를 바탕으로 인류생활의 발달 과정과 각 시대의 문화적 특색을 파악한다.

라. 사회생활에 관한 기본적 지식과 정치 · 경제 · 사회 · 문화현상에 대한 기본적인 원리를 종합적으로 이해하고, 현대사회의 성격 및 민주적 사회생활을 위하여 해결해야 할 여러 문제를 파악한다.

마. 사회현상과 문제를 파악하는 데 필요한 지식과 정보를 획득, 조직, 활용하는 능력을 기르며, 사회생활에서 나타나는 여러 문제를 합리적으로 해결하기 위한 탐구능력, 의사결정능력 및 사회참여능력을 기른다.

바. 개인생활 및 사회생활을 민주적으로 운영하고, 우리 사회가 당면한 문제들에 관심을 가지고 민족 문화 및 민주 국가의 발전에 적극적으로 이바지하려는 태도를 가진다.

■ 사회과교육 내용

영역	3학년	4학년	5학년	6학년
인간과 공간	• 고장의 자연환경과 인문환경과의 관계 • 고장의 중심지와 주민생활 모습	• 우리 지역의 자연환경과 인문환경	• 자연환경과 주민생활의 관계 • 국토의 개발과 환경보전 • 도시 지역의 생활 • 촌락 지역의 생활	• 우리나라와 관계 깊은 나라들 • 지구촌 문제의 해결을 위한 노력

영역	3학년	4학년	5학년	6학년
인간과 시간	• 고장 생활의 변화 • 고장의 문화적 전통	• 옛 도읍지 • 박물관의 기능 • 문화재의 가치	• 인간생활과 과학기술의 관계 • 조상들의 공동체 의식	• 국가의 성립과 발전 • 근대화와 민주 국가 건설 • 역사적 인물과 사건
인간과 사회	• 물자의 유통 • 고장의 여러 기관에서 하는 일 • 고장의 발전을 위한 노력	• 지역의 생산활동 • 가정의 형태와 살림살이 • 취미와 여가생활 • 주민 자치와 지역 문제의 해결	• 우리나라의 경제 성장 • 정보화 시대의 생활	• 민주정치의 기본 원리 • 민주시민의 권리와 준법정신 • 평화 통일과 민족의 미래

9. 2007 개정 교육과정(2007~2015)

2007 개정 교육과정은 세계화, 정보화, 다문화 사회, 저출산 고령화에 따른 국토 균형 발전과 지역화 등의 사회적 필요를 반영하여 마련한 교육과정이라고 할 수 있다. 2007 개정 교육과정은 부분 개정, 수시 개정, 교사 참여 확대 중심의 교육과정 개정 추진의 시작으로서 의의를 지니고 있다.

사회과에서는 그간의 인간과 공간, 인간과 시간, 인간과 사회 중심의 영역 구분에서 지리, 역사, 일반사회 영역으로 구분하여 교육과정을 개정하였다. 특히, 3학년에서는 우리가 살아가는 곳이라는 지역사회를 중심으로 지리, 역사, 일반사회의 내용을 통합적으로 구성하였으며 2022 개정 교육과정에 이르기까지 이어져 오고 있다.

사회과의 목표에서는 제7차 교육과정의 목표를 대부분 계승하였으며, 다만 민주 국가 발전에 기여 이외에 세계의 발전에 적극적으로 이바지하려는 태도 함양을 목표에 포함하였다. 사회과 내용에서는 고장, 지역 중심의 범위 설정에서 우리가 살아가는 곳으로 범위를 설정하여 교통과 통신수단에 따른 정형화된 고장 중심에서 다양한 학습자들의 경험과 생활을 고려하려는 교육의 지향을 보여준다. 또한, 우리 지역 이외에 우리 지역과 관계 깊은 지역 그리고 다른 여러 지역의 생활 학습으로 범위를 확대하였으며, 우리 국토에 대한 학습을 기존 5학년에서

6학년으로 학습 시기에 변화가 있었다. 또한, 아름다운 우리 국토, 환경을 생각하는 국토 가꾸기 등에서 알 수 있듯이 환경의 관점에서 국토를 살펴볼 수 있도록 관련 내용을 교육과정에 포함하였다.

■ 사회과교육 목표

사회현상에 관한 기초적 지식과 능력은 물론, 지리, 역사 및 제 사회과학의 기본 개념과 원리를 발견하고 탐구하는 능력을 익혀, 우리 사회의 특징과 세계의 여러 모습을 종합적으로 이해하며, 다양한 정보를 활용하여 현대사회의 문제를 창의적이며 합리적으로 해결하고, 공동생활에 스스로 참여하는 능력을 기른다. 이를 바탕으로 개인의 발전은 물론, 사회, 국가, 인류의 발전에 기여할 수 있는 민주시민의 자질을 기른다. 사회교과의 전반적인 목표는 다음과 같다.

가. 사회의 여러 현상과 특성을 그 사회의 지리적 환경, 역사적 발전, 정치 · 경제 · 사회적 제도 등과 관련지어 이해한다.

나. 인간과 자연 간의 상호작용에 대한 이해를 통하여 장소에 따른 인간생활의 다양성을 파악하며, 고장, 지방 및 국토 전체와 세계 여러 지역의 지리적 특성을 체계직으로 이해한다.

다. 각 시대의 특색을 중심으로 우리나라의 역사적 전통과 문화의 특수성을 파악하여 민족사의 발전상을 체계적으로 이해하며, 이를 바탕으로 인류생활의 발달 과정과 각 시대의 문화직 특색을 파악한다.

라. 사회생활에 관한 기본적 지식과 정치 · 경제 · 사회 · 문화현상에 대한 기본적인 원리를 종합적으로 이해하고, 현대사회의 성격 및 민주적 사회생활을 위하여 해결해야 할 여러 문제를 파악한다.

마. 사회현상과 문제를 파악하는 데 필요한 지식과 정보를 획득, 분석, 조직, 활용하는 능력을 기르며, 사회생활에서 나타나는 여러 문제를 합리적으로 해결하기 위한 탐구능력, 의사결정능력 및 사회참여능력을 기른다.

바. 개인과 사회생활을 민주적으로 운영하고, 우리 사회가 당면한 문제들에 관심을 가지고 민주 국가 발전과 세계의 발전에 적극적으로 이바지하려는 태도를 가진다.

■ 사회과교육 내용

<table>
<tr><th>영역</th><th>3학년</th><th>4학년</th><th>5학년</th><th>6학년</th></tr>
<tr><td>지리 영역</td><td rowspan="3">• 우리가 살아가는 곳
• 우리 고장의 정체성
• 고장의 생활문화
• 사람들이 모이는 곳
• 이동과 의사소통
• 다양한 삶의 모습들</td><td>• 우리 지역의 자연환경과 생활 모습
• 우리 지역과 관계 깊은 곳들
• 여러 지역의 생활</td><td>-</td><td>• 아름다운 우리 국토
• 환경을 생각하는 국토 가꾸기
• 세계 여러 지역의 자연과 문화</td></tr>
<tr><td>역사 영역</td><td>-</td><td>• 하나된 겨레
• 다양한 문화가 발전한 고려
• 유교 전통이 자리 잡은 조선
• 조선 사회의 새로운 움직임
• 새로운 문물의 수용과 민족 운동
• 대한민국의 발전과 오늘의 우리</td><td>-</td></tr>
<tr><td>일반 사회 영역</td><td>• 주민자치와 지역사회의 발전
• 경제생활과 바람직한 선택
• 사회변화와 우리 생활</td><td>-</td><td>• 우리 경제의 성장과 과제
• 우리나라의 민주정치
• 정보화, 세계화 속의 우리</td></tr>
</table>

10. 2015 개정 교육과정(2015~2022)

2015 개정 교육과정은 2015년 9월에 고시되었다. '창의 · 융합형 인재 양성'에 중점을 두고 고등학교의 문과와 이과의 통합 추진을 포함하여 창의 · 융합형 인재 양성의 측면에서 교육과정의 개정작업이 이뤄졌다. 그래서 2015 개정 교육과정은 이전의 교육과정에서와는 다른 몇 가지 특성을 지니고 있다. 첫째, 창의 · 융합형 인재 양성을 구현하기 위해 학교 교육을 통해 기르고자 하는 '핵심역량'을 처음으로 교육과정에서 제시하여 역량 중심 교육과정을 마련했다. 자기관리 역량, 지식 정보 처리 역량, 창의적 사고 역량, 심미적 감성 역량, 의사소통 역량, 공동체 역

량을 포함하였다. 특히, 심미적 감성 역량은 공감적 이해와 문화적 감수성의 가치를 포함한 것으로 인간과 비인간 간의 공감, 인간과 인간 간의 공감 가치와 다문화 사회에서 그리고 세계의 다양한 문화를 향유할 수 있는 세계화 사회에서 문화적 감수성과 실천력을 중요하게 여기게 되었다는 면에서 특별함을 지닌다. 그리고 각 교과별로 교과의 목표와 특성을 고려하여 교과 핵심역량을 제시하였다. 사회과에서는 **창의적 사고력, 비판적 사고력, 문제해결력 및 의사결정력, 의사소통 및 협업능력, 정보활용능력**을 교과 역량으로 제시하였다. 둘째, 교과 핵심 개념 선정과 개념 중심의 내용 연계성을 추구하였다. 예를 들어, 지리 영역에서는 지리인식, 장소와 지역, 자연환경과 인간생활, 인문환경과 인간생활, 지속가능한 세계를 중심으로 하여 세부적인 핵심 개념을 선정하였고 이를 토대로 초등 3~4학년, 5·6학년, 중학교 과정에서 연계적으로 학습할 수 있도록 하였다. 이를 통해 학생들의 사회과학 학문의 개념적 지식과 탐구방법에 대한 지식 획득과 사고력 함양에 중점을 두었다. 셋째, 특정 개념과 사고력 함양을 위해 내용의 중복성을 최소화하고 깊이 있는 탐구를 지향하면서 학습량의 적정화를 추구하였다. 성취기준 수가 이전 교육과정에서 보다 감소한 것은 이러한 학습량 적정화와 관련되어 있다.

사회과 목표에서는 민주시민적 자질 함양에 중점을 둔 점에서 이전 교육과정을 계승하고 있다고 하겠다. 사회현상을 지리석 환경, 역사적 발전, 정치·경제·사회적 제도와 관련지어 이해, 지역, 국가, 세계적 수준의 지리적 문제와 쟁점에 관심 등이 2015 개정 사회과 교육과정의 목표에서 주요하게 등장한 내용이다. 즉 사회현상 파악과 문제해결의 통합적 접근, 지역, 국가, 세계적 문제해결에 참여 등을 적극적으로 포함한 것이라고 할 수 있다.

사회과 내용에서는 '장소감'이 사회과 교육과정의 첫 학습 내용에 도입되어 학습자 입장에서 자신의 장소에 대한 생각, 느낌, 경험을 토대로 장소와의 상호작용을 불러일으키고 장소 개념을 이해하게 하였다. 적극적인 학습자 중심의 교육실천의 방향을 보여주었으며, 공감적 이해와 감수성 함양 측면의 정서 함양을 추구하였다. 또한, 지역화, 국가 간 상호의존성, 지속가능발전, 지속가능한 지구촌, 개발과 보전의 조화, 환경의식 등을 단원명과 내용에 포함하여 필요한 교육으로 제시하였다. 특히, 지역화와 지속가능발전의 내용이 사회과교육에 포함된 것은 2015년 UN의 지속가능발전목표 제시, 기후변화에 따른 지구적 차원의 공동 대응의 필요성, 지역주의 실천의 필요성이 반영된 것이라고 할 수 있다.

■ 사회과 목표

사회과는 학생들이 민주시민으로서의 자질을 함양할 수 있도록 사회현상에 관한 기초적 지식을 습득함은 물론, 지리, 역사 및 제반 사회과학의 기본개념과 원리를 발견하고 탐구하는 능력을 익혀 우리 사회의 특징과 세계의 여러 모습을 종합적으로 이해하게 한다. 또한 사회과는 다양한 정보를 활용하여 현대사회의 문제를 창의적, 합리적으로 해결하고 공동체 생활에 적극적으로 참여하는 능력의 육성을 목표로 한다. 이를 통해 사회과는 개인의 발전은 물론, 사회, 국가, 인류의 발전에 기여할 수 있는 책임 있는 시민을 기른다.

사회과는 학습자의 성장 발달 정도와 사회 · 문화적 경험을 고려하여 학교급별로 주안점을 달리한다. 초등학교에서는 학생들이 주변의 사회현상에 대하여 관심과 흥미를 가지며, 생활과 관련된 기본적 지식과 능력을 습득하고, 이를 자신의 주변 환경이나 문제에 적용할 수 있는 적극적인 태도를 길러야 한다. 중학교에서는 학생들이 초등학교에서의 학습을 바탕으로 각 영역에서 중요시하는 지식을 과학적 절차에 의하여 발견 · 적용하고, 개인적 · 사회적 문제를 해결하는 능력을 길러 적극적인 공동체 구성원으로서의 자질을 함양하게 한다.

사회과의 세부 목표는 다음과 같다.

가. 사회의 여러 현상과 특성을 그 사회의 지리적 환경, 역사적 발전, 정치 · 경제 · 사회적 제도 등과 관련지어 이해한다.

나. 지표 공간의 자연환경 및 인문환경에 대한 이해를 통해 지역에 따른 인간생활의 다양성을 파악하고, 지역적, 국가적, 세계적 수준의 지리분제와 쟁점에 관심을 갖는다.

다. 각 시대의 특색을 중심으로 우리나라의 역사적 전통과 문화의 특수성을 파악하여 민족사의 발전상을 체계적으로 이해하며, 이를 바탕으로 인류생활의 발달 과정과 각 시대의 문화적 특색을 파악한다.

라. 사회생활에 관한 기본적 지식과 정치 · 경제 · 사회 · 문화 현상에 대한 기본적인 원리를 종합적으로 이해하고, 현대사회의 성격 및 민주적 사회생활을 위하여 해결해야 할 여러 문제를 파악한다.

마. 사회현상과 문제를 파악하는 데 필요한 지식과 정보를 획득, 분석, 조직, 활용하는 능력을 기르며, 사회생활에서 나타나는 여러 문제를 합리적으로 해결하기 위한 탐구능력, 의사결정능력 및 사회참여능력을 기른다.

바. 개인과 사회생활을 민주적으로 운영하고, 우리 사회가 당면한 문제들에 관심을 가지고 민주 국가 발전과 세계의 발전에 적극적으로 이바지하려는 태도를 가진다.

■ 사회과 내용

학년	대주제	중주제
3~4 학년	(1) 우리가 살아가는 곳	① 우리 고장의 모습 ② 우리가 알아보는 고장 이야기 ③ 교통과 통신수단의 변화
	(2) 우리가 살아가는 모습	① 환경에 따라 다른 삶의 모습 ② 시대마다 다른 삶의 모습 ③ 가족의 모습과 역할 변화
	(3) 우리 지역의 어제와 오늘	① 지역의 위치와 특성 ② 우리가 알아보는 지역의 역사 ③ 지역의 공공 기관과 주민 참여
	(4) 다양한 삶의 모습과 변화	① 촌락과 도시의 생활 모습 ② 필요한 것의 생산과 교환 ③ 사회변화와 문화 다양성
5~6 학년	(1) 국토와 우리 생활	① 국토의 위치와 영역 ② 국토의 자연환경 ③ 국토의 인문환경
	(2) 인권 존중과 정의로운 사회	① 인권을 존중하는 삶 ② 인권 보장과 헌법 ③ 법의 의미와 역할
	(3) 옛 사람들의 삶과 문화	① 나라의 등장과 발전 ② 독창적 문화를 발전시킨 고려 ③ 민족 문화를 지켜 나간 조선
	(4) 사회의 새로운 변화와 오늘날의 우리	① 새로운 사회를 향한 움직임 ② 일제의 침략과 광복을 위한 노력 ③ 대한민국 정부의 수립과 6.25 전쟁
	(5) 우리나라의 정치 발전	① 자유민주주의 발전과 시민 참여 ② 일상생활과 민주주의 ③ 민주정치의 원리와 국가 기관의 역할

학년	대주제	중주제
	(6) 우리나라의 경제 발전	① 경제 주체의 역할과 우리나라 경제 체제의 특징 ② 경제생활의 변화와 우리나라 경제의 성장 ③ 세계 속의 우리나라 경제
	(7) 세계의 여러 나라들	① 지구, 대륙, 그리고 국가들 ② 세계의 다양한 삶의 모습 ③ 우리나라와 가까운 나라들
	(8) 통일 한국의 미래와 지구촌의 평화	① 한반도의 미래와 통일 ② 지구촌의 평화와 발전 ③ 지속가능한 지구촌

11. 2022 개정 교육과정(2022~)

2022 개정 교육과정은 2021년 11월에 고시되었고 2024년부터 적용되기 시작하였다. 2015 개정 교육과정을 바탕으로 하여 학생 중심의 배움과 성장을 강조하며 디지털 전환, 기후·생태환경의 변화, 인구 구조의 변화에의 대응 그리고 사회의 복잡성과 다양성 증가에 따른 공동체 의식 함양과 사회적 문제해결력 함양 등을 배경으로 추진되었다. 교육과정의 자율화, 분권화 활성화, 맞춤형 교육, 학생 주도성 함양, 생태전환교육의 실시 등이 주요하게 강조되었다. 이는 시민의 역량 함양, 미래 사회에의 대비, 실천력 함양의 교육 등을 중점적으로 반영한 것으로 볼 수 있다.

2022 개정 사회과 교육과정에서는 2015 개정 사회과 교육과정을 토대로 하면서도 부분 변화가 있었다. 사회과 목표에서는 '민주시민의 자질 함양' 중심에서 '시민적 자질 함양'으로 목표의 변화가 있으며, 특히 지역사회, 국가, 세계적 차원에서 '지속가능한 삶'을 위한 태도와 능력을 목표에 포함하였다. 이는 기후변화, 지속가능한 환경, 인공지능 등장, 생태시민 등 오늘날 사회적 이슈에 해당하는 내용을 사회과교육에 적극적으로 반영하여 미래사회를 대비하는 것이라고 할 수 있다.

사회과 내용에서는 좀 더 핵심 개념을 구체화하여 적용하고자 하였으며 지식

·이해, 과정·기능, 가치·태도 영역의 내용을 구체적으로 제시하여 인지적 영역과 정의적 영역의 학습을 균형 있게 추진하고자 하였다. 또한, '세계의 자연환경', '지구촌 문제', '지속가능한 미래' 등의 내용을 포함하여 기후변화 대응, 사회의 불평등 문제, 인구 변화에의 대응과 지구촌에의 관심과 역할에 대한 사회과교육을 강화하고자 한 모습을 살펴볼 수 있다. 그리고 교과의 내용을 줄여서 심화학습을 할 수 있도록 하였고 학습 부담을 완화하였다. 이러한 변화는 디지털 사회로의 변화를 반영하면서 학습자 중심의 교육, 역량 중심 교육, 현장학습 등 변혁적 교육의 실천에도 영향을 줄 것이다.

■ 사회과 목표

사회과는 학생들이 시민으로서의 자질을 함양할 수 있도록 사회현상에 관한 기초적 지식을 습득함은 물론, 지리, 역사, 제 사회과학의 기본개념과 원리를 발견하고 탐구하는 능력을 익혀 우리 사회의 특징과 세계의 여러 모습을 종합적으로 이해하게 한다. 또한 사회과는 다양한 정보를 활용하여 현대사회의 문제를 창의적, 합리적으로 해결하는 데 적극적으로 참여하는 능력과 태도를 기르는 것을 목표로 한다. 이를 통해 사회과는 개인의 성장은 물론, 지역사회·국가·세계의 발전에 기여할 수 있는 책임 있는 시민을 기른다.

사회과는 학습자의 성장 발달 정도와 사회·문화적 경험을 고려하여 학교급별 주안점을 달리한다. 초등학교에서는 학생들이 주변의 사회현상에 대하여 관심과 흥미를 가지며, 생활과 관련된 기본적 지식과 능력을 습득하고, 이를 자신의 주변 환경이나 문제에 적용할 수 있는 적극적인 태도를 기른다. 중학교에서는 학생들이 초등학교에서의 학습을 바탕으로 각 영역에서 중요시하는 지식을 과학적 절차에 의하여 발견·적용하며, 사회적 문제에 관심을 갖고 지역사회·국가·세계에 속한 구성원으로서의 시민성을 함양한다.

사회과의 세부 목표는 다음과 같다.

(1) 사회의 여러 현상과 특성을 그 사회의 지리적 환경, 역사적 맥락, 정치·경제·사회적 제도 등과 관련지어 이해한다.

(2) 지표 공간의 자연환경 및 인문환경에 대한 이해를 통해 지역에 따른 인간생활의 다양성과 역동성을 파악하고, 지역적, 국가적, 세계적 수준의 지리문제와 쟁점에 관심을 갖는다.

(3) 역사 지식과 개념에 대한 이해를 바탕으로 과거 사람들이 각 시대의 사회구조와 상호작용한 방식과 그 영향을 탐구함으로써 시대별 생활 모습을 파악한다.

(4) 사회생활에 관한 기본적 지식과 정치·법·경제·사회·문화 현상에 대한 기본적인 원리를 종합적으로 이해하고, 현대사회의 성격 및 민주적 사회생활을 위하여 해결해야 할 여러 문제를 파악한다.

(5) 인간과 사회현상을 파악하는 데 필요한 지식과 정보를 획득, 분석, 조직, 활용하는 능력을 기르며, 공동체 생활과 관련된 여러 문제를 합리적으로 해결하기 위한 탐구능력, 의사결정능력 및 사회참여능력을 기른다.

(6) 개인과 사회생활을 민주적으로 운영하고, 우리 사회가 당면한 문제들에 관심을 가지고 개인·지역사회·국가·세계적 차원에서 지속가능한 삶을 위해 적극적으로 노력하는 태도를 가진다.

■ 사회과 내용

학년	대주제	성취기준 핵심 내용
3~4 학년	(1) 우리가 사는 곳	① 주변 장소의 장소감 ② 더 살기 좋은 곳 만들기
	(2) 일상에서 만나는 과거	① 역사의 시간 개념 ② 과거의 모습 고찰 ③ 지역의 변화
	(3) 사회변화와 다양한 문화	① 사회변화의 특성 ② 다양한 문화의 확산과 문제점
	(4) 옛날과 오늘날의 생활 모습	① 풍습과 사회변화상 ② 교통의 변화와 생활 모습의 변화 ③ 통신수단의 변화와 생활 모습의 변화
	(5) 지도로 만나는 우리 지역	① 지도의 종류와 요소 ② 우리 지역의 지리 정보 탐색
	(6) 우리 지역의 문화유산	① 지역의 문화유산 탐색 ② 박물관, 기념관, 유적지 체험과 역사 이해
	(7) 경제활동과 지역 간 교류	① 자원의 희소성과 합리적 선택 ② 생산과 소비 이해와 상호의존관계
	(8) 민주주의와 자치	① 학교 자치와 민주주의 ② 주민 자치와 주민 참여
	(9) 지역문제를 해결하고 지역을 알리려는 노력	① 여러 가지 문제와 해결 ② 지역의 알리려는 노력

학년	대주제	성취기준 핵심 내용
	(10) 다양한 환경과 삶의 모습	① 자연환경과 인문환경 ② 도시의 삶의 모습 이해
5~6 학년	(1) 우리나라 국토여행	① 산지, 하천, 해안 지형 ② 독도의 지리적 특성과 역사
	(2) 우리나라 지리 탐구	① 계절별 기후와 기후변화, 자연재해 ② 지역별 인구분포와 문제
	(3) 법과 인권의 보장	① 법의 의미와 역할 ② 인권 침해와 보호
	(4) 유적과 유물로 살펴본 옛 사람들의 생활	① 선사시대와 고조선 ② 고대 사람들의 생활 추론 ③ 고려시대 사회모습과 사람들의 생활
	(5) 달라지는 시대, 변화하는 생활 모습	① 조선 시대 사람들의 생활 ② 조선 후기 사회, 문화적 변화와 개항기
	(6) 식민 통치와 저항, 전쟁이 바꾼 사회와 생활	① 일제 식민 통치와 저항 그리고 사회변화 ② 8.15 광복과 6.25 전쟁이 사회와 생활에 미친 영향
	(7) 평화 통일을 위한 노력, 민주화와 산업화	① 분단의 문제점과 평화를 위한 노력 ② 민주화와 산업화로 달라지는 생활문화
	(8) 민주주의와 시민 참여	① 민주주의에서 선거와 주권 행사 ② 각 국가 기관의 권력 분립 제도 ③ 미디어의 의미와 역할
	(9) 지구, 대륙 그리고 국가들	① 공간 자료 활용과 위치 표현 ② 세계의 대륙, 대양, 국가의 이해
	(10) 세계의 자연환경	① 세계 여러 지역의 지형과 삶의 모습 ② 세계 다양한 기후와 인간생활과의 관계
	(11) 시장경제와 국가 간 거래	① 가계와 기업의 역할 ② 경제 성장의 영향과 문제 ③ 무역의 의미와 발생 이유 탐구
	(12) 지구촌 사람들	① 세계의 인구 분포와 특징 ② 지구촌의 다양한 문제와 지속가능한 미래

생각넓히기

1. 사회과 교육과정의 변천을 정리하고 교육과정 개정의 배경과 개정 내용의 초점을 파악하여 정리해 보자.

시기	내용(개정 배경 및 개정 초점 포함)
교수요목기	
제1차 교육과정	
제2차 교육과정	
제3차 교육과정	
제4차 교육과정	
제5차 교육과정	
제6차 교육과정	
제7차 교육과정	
2007 개정 교육과정	
2015 개정 교육과정	
2022 개정 교육과정	

2. 사회과교육은 시대적 변화의 영향을 많이 받아왔다. 현 사회의 특징을 고려할 때, 사회과교육에서 중요하게 포함해야 할 내용과 접근 방법은 무엇인지 아래 내용을 토대로 토의해 보자.

[사회과 좋은 수업 실천을 위한 제안]

1. 학습자 주도 수업
   - 학생들의 능동적 참여에 기반한 토의, 토론, 발표, 협력 활동
   - 학생들의 경험 성장을 지향하며 흥미, 경험, 관점의 존중
   - 학생들의 개인적, 협업적 활동에 기반한 주도적 학습 과정 수행 및 결과물 도출
2. 비판적 사고 및 문제해결력 함양 수업
   - 학생들이 사회 현상과 문제들에 대해 비판적으로 사고하고 합리적 해결방안을 모색 강조
   - 사회적 문제에 대해 토의, 토론을 통한 다양한 관점의 분석과 협의
   - 합리적, 논리적, 과학적, 반성적 탐구 과정의 실천
3. 정보활용 능력 함양 수업
   - 다양한 스케일에서 관련 자료의 수집, 분석, 비판적 평가 활용
   - 사진, 도서, 디지털 도구, 인공지능 도구 등의 활용과 분석
   - 객관적 정보와 자료 활용과 과학적 탐구, 합리적 의사결정 실천
4. 학생의 경험과 실생활 연계 수업
   - 학생의 경험 성장을 지향하며 학생의 경험과 실생활 연계 강조
   - 지역사회 연계 수업, 장소 기반 수업 등 현장 학습의 활성화
   - 학생의 직접 경험의 기회 확대
5. 다문화 감수성, 관점 존중
   - 다문화 사회의 특성 반영 확대
   - 다양한 문화적 배경과 관점 존중 수업
   - 지역사회, 국가, 세계 수준에서 사회적 이슈 토의
   - 인류의 보편적 가치 존중
6. 시민성 실천과 함양
   - 인권과 사회 구성원으로서 역할 인식 그리고 시민으로서 참여의식 함양

- 지역사회, 국가, 세계 시민으로서 자신의 권리와 책무 인식과 실천
- 민주시민, 생태시민의 의미와 역할 인식

7. 학습자의 성장 중심 평가와 피드백

- 학생 자신의 학습 성과를 과정과 결과 측면에서 다양한 방법으로 평가
- 학습 활동 후 학습 결과에 대한 적극적 피드백
- 평가 결과를 토대로 학습자의 학습 성과 성찰 및 개선

참/고/문/헌

교육개혁위원회, 1998, 한국교육개혁백서, 행정안전부국가기록원.

박선미, 2009, 한국의 지리교육과정론, 문음사.

이혁규, 2015, 한국의 교육생태계, 교육공동체.

차경수, 모경환, 2017, 사회과교육, 동문사.

하워드 가드너(류숙희 역), 2015, 인간은 어떻게 배우는가?, 사회평론.

한국교육과정평가원, 국가교육과정. https://ncic.re.kr/new/mobile.kri.org4.inventoryList.do

Zemelman, S., Daniels, H. & Hyde, A., 2005, *Best Practice: Today's standards for teaching and learning in America's schools*, NH: Heinemann.

[05] 외국의 사회과 교육과정

1. 영국의 지리 교육과정과 시민성 교육과정

영국 교육부는 2013년 9월 11일 교육과정 개정을 단행했으며, 개정된 교육과정은 2014년 9월부터 적용되었다. 영국의 초, 중등교육은 지리, 역사, 시민성 교과 교육과정을 별도로 만들어서 실시한다. 지리와 역사는 초, 중등학교 교육과정(Key Stage 1~3)의 필수 교과에 포함되어 있으며, 시민성 교육은 중등, 즉 Key Stage 3에서 필수 교과에 포함되어 있다. 참고로 영국 교육과정에서는 단계(Key Stage)를 설정하여 이에 따라 교육과정을 운영하며, Key Stage 1(Year 1~2), Key Stage 2(Year 3~6), Key Stage 3(Year 7~9), Key Stage 4(Year 10~11)로 구분된다. 우리나라 학제와 비교하면, Key Stage 1, 2는 초등학교, Key Stage 3은 중학교, Key Stage 4는 고등학교 수준으로 볼 수 있다.

〈표 I-3〉 영국의 2014년 국가교육과정 구조

		Key Stage 1	Key Stage 2	Key Stage 3	Key Stage 4
학생 연령		5~7세	7~11세	11~14세	14~16세
학년		1~2학년	3~6학년	7~9학년	10~11학년
핵심 교과	영어	✔	✔	✔	✔
	수학	✔	✔	✔	✔
	과학	✔	✔	✔	✔
기초 교과	미술과 디자인	✔	✔	✔	
	시민성			✔	✔
	컴퓨팅	✔	✔	✔	✔
	디자인과 기술	✔	✔	✔	
	외국어		✔	✔	
	지리	✔	✔	✔	

		Key Stage 1	Key Stage 2	Key Stage 3	Key Stage 4
학생 연령		5~7세	7~11세	11~14세	14~16세
학년		1~2학년	3~6학년	7~9학년	10~11학년
	역사	✔	✔	✔	
	음악	✔	✔	✔	
	체육	✔	✔	✔	✔

주: ✔는 각 단계별 필수교과
출처: DfE, 2013.

영국의 교육과정에서 사회과교육과 관련된 교과로는 지리, 역사, 시민성이 있다. 지리와 역사는 Key Stage 1, 2, 3의 필수 교과목에 해당하며, 시민성은 Key Stage 3, 4의 필수 교과목으로 구성되어 있다. 다음에서는 영국의 지리 교육과정과 시민성 교육과정을 중심으로 살펴본다. 먼저 영국의 지리 교육과정에서 영국의 지리교육은 기본개념을 중심으로 Key Stage 1~3의 교육내용이 구성되어 있다. 기본개념은 위치, 장소, 인문지리와 자연지리, 지리적 기술과 답사의 4개 개념이다. 이 개념들은 Key Stage 1, 2, 3에 공통적으로 적용되며, 세부적인 지리교육 내용구성의 준거틀이 되고 있다. 특히, 영국의 지리 교육과정은 학생들의 지리적 사고력, 글로벌 시각, 지속가능한 미래에 대한 이해 함양에 중점을 둔다. 인문지리와 자연지리의 학문적 내용 지식의 획득을 강조하며 인간과 환경 간 관계성 파악에 중점을 둔다. 그리고 Key Stage 1에서 이미 세계의 대륙, 대양에 대한 개괄적 인식을 토대로 영국의 국가와 지역사회를 살펴보게 하는 방식을 통해 지역과 세계 간의 연결, 지역적 · 세계적 관점의 형성을 도모한다. 또한, 현장학습을 강조하며 데이터 수집, 활용, 분석력, 복잡한 지리적 문제 해결력 함양 등은 영국 지리교육의 특성이라고 할 수 있다. 지리학의 내용 지식 탐구를 강조하는 지리교육의 특성 뿐 아니라 기본개념에 지리적 기술과 답사를 포함하여 현장 기반의 자료 조사, 분석을 통한 지리적 탐구와 사회적 문제해결력 함양을 강조하고 있음을 의미한다.

■ 지리교육의 목적

양질의 지리교육은 학생들에게 세계와 사람들에 대한 호기심과 관심을 불러일으키는 것이어야 한다. 교육은 학생들에게 다양한 장소, 사람, 자원, 자연 및 인문환경에 대한 지식을 갖추게 하고 지구의 주요 물리적, 인위적 과정들에 대한 깊은 이해를 갖추게 하는 것이어야 한다. 학생들이 성장하면서 세계에 대한 지식이 증가하는 것은 물리적, 인위적 과정들 간 상호작용에 대한 이해를 깊게 하고 경관과 환경의 형성과 이용에 대한 이해를 깊게 하는 데 도움을 준다. 지리적 지식, 이해, 기술은 다른 스케일에서 지구의 모습들이 어떻게 형성, 상호연계되며 시간에 따라 어떻게 변화하는지를 설명하는 틀과 접근 방법을 제공한다.

■ 지리교육의 목표

국가 지리교육과정은 다음의 목표를 설정한다.

- 세계의 중요한 장소들(육지와 해양을 모두 포함)의 위치에 대한 맥락적 지식을 획득하게 한다. 여기에는 물리적, 인문적 특성들을 파악하는 것, 이것이 과정의 행위를 이해하는 데 필요한 지리적 맥락을 제공하는 방식을 포함한다.
- 세계의 주요 물리적, 인문적 지리환경을 발생시키는 과정, 이러한 과정에 포함된 상호작용방식, 공간적 변화가 시간에 따른 변화를 발생시키는 방식을 이해하게 한다.
- 지리적 기술에서 다음의 기술을 습득한다.
  - 지리적 과정의 이해를 깊게 하는 야외 답사의 경험을 통해서 수집한 자료를 정리, 분석, 표현하는 과정을 통해 지리적 이해를 깊게 한다.
  - 지도, 다이어그램, 지구본, 영상지도, GIS 등을 활용하여 지리 정보의 자료들을 해석한다.
  - 지도, 수리적, 계량적 기술, 표현하기 등의 다양한 방법으로 지리 정보를 전달한다.

■ Key Stage의 지리교육 내용

Key stage 1

학생들은 세계, 영국, 그리고 자신이 속한 지역에 대한 지식을 발전시켜야 한다. 또한, 인문 및 자연 지리에 관련된 기본적인 교과 어휘를 이해하고, 위치 인식 능력을 향상시키기 위해 현장 관찰을 포함한 지리적 기술을 활용하기 시작해야 한다.

학생들은 다음 내용을 학습해야 한다:

위치적 지식(Locational knowledge)

- 세계의 7대륙과 5대양의 이름을 알고 위치를 파악할 수 있어야 한다.
- 영국을 구성하는 4개 영역 그리고 수도의 이름과 위치를 알고, 해당 지역의 주요 특성과 주변 해역을 파악할 수 있어야 한다.

장소적 지식(Place knowledge)

- 영국의 한 지역과 유럽이 아닌 다른 국가의 한 지역을 비교하여 인문 및 자연 지리적 특성의 유사점과 차이점을 이해할 수 있어야 한다.

인문 지리와 자연 지리

- 영국의 계절별 및 일일 날씨 패턴을 식별하고, 적도 및 북극과 남극과의 관계를 바탕으로 세계의 더운 지역과 추운 지역의 위치 파악하기
- 기본적인 지리 용어를 사용하여 다음을 설명하기:
- 주요 자연 지리적 특징: 해변, 절벽, 해안, 숲, 언덕, 산, 바다, 대양, 강, 토양, 계곡, 식생, 계절 및 날씨
- 주요 인문 지리적 특징: 도시, 타운, 마을, 공장, 농장, 집, 사무실, 항구, 항만 및 상점

지리적 기술과 현장 조사

- 세계 지도, 아틀라스, 지구본을 사용하여 영국과 4개의 영역을 파악하고, 이 단계에서 학습하는 국가, 대륙, 대양 파악하기
- 기본적인 나침반 방향(북, 남, 동, 서)과 위치 및 방향을 나타내는 언어 [예: 가까운, 먼; 왼쪽, 오른쪽]를 사용하여 지도상의 지형과 경로 설명하기
- 항공 사진과 평면도를 활용하여 주요 지형지물 및 기본적인 인문·자연 지리적 특징을 인식하고, 간단한 지도를 제작하며, 기호 범례를 사용하고 구성하기
- 간단한 현장 조사와 관찰 기술을 활용하여 학교와 운동장의 지리적 특징을 탐구하고, 주변 환경의 주요 인문·자연 지리적 모습 조사하기

Key stage 2

학생들은 지역사회를 넘어 영국, 유럽, 북아메리카 및 남아메리카까지 지식과 이해를 확장해야 한다. 이를 통해 세계에서 가장 중요한 다양한 인문 및 자연 지리적 모습들의 위치와 특성을 학습한다. 또한 지리적 지식, 이해 및 기술을 발전시켜 장소와 위치에 대한 이해를 심화해야 한다.

학생들은 다음을 학습해야 합니다:

위치 지식

- 세계의 국가들을 지도에서 찾아보고, 특히 유럽(러시아 포함)과 북아메리카 및 남아메리카에 초점을 맞추어 해당 지역의 환경 지역, 주요 자연 및 인문 지리적 모습, 국가, 주요 도시들의 위치 파악하기
- 영국의 카운티(county)와 도시를 이름과 위치로 익히고, 지리적 지역과 해당 지역의 주요 인문·자연 지리적 특징, 주요 지형(언덕, 산, 해안, 강 등), 토지 이용 패턴을 파악하며, 이러한 요소들이 시간의 흐름에 따라 어떻게 변화했는지 파악하기
- 위도, 경도, 적도, 북반구, 남반구, 북회귀선과 남회귀선, 북극권과 남극권, 본초 자오선(그리니치 자오선)과 시간대(낮과 밤 포함)의 위치와 중요성 파악하기

장소 지식

- 영국의 한 지역, 유럽의 한 지역, 그리고 북아메리카 또는 남아메리카의 한 지역을 탐구하여, 해당 지역의 인문·자연 지리를 비교하며 지리적 유사점과 차이점을 이해하기

인문 지리와 자연 지리

- 다음과 같은 주요 지리적 측면을 설명하고 이해하기:
  자연 지리: 기후대, 생물군계 및 식생대, 강, 산, 화산과 지진, 물의 순환
  인문 지리: 거주지 형태와 토지 이용 유형, 무역 연결망을 포함한 경제 활동, 에너지·식량·광물·물과 같은 천연자원의 분포

지리적 기술과 현장 조사

- 지도, 아틀라스, 지구본 및 디지털/컴퓨터 지도를 사용하여 국가를 찾고 탐구한 지리적 특징 설명하기
- 나침반의 8방위, 4개의 좌표, 기호와 범례(Ordnance Survey 지도 포함)를 활용하여 영국과 더 넓은 세계에 대한 지식 획득하기
- 현장 조사를 통해 지역 내 인문 및 자연 지리적 특징을 관찰, 측정, 기록, 표현하며, 스케치 지도, 도면, 그래프 및 디지털 기술과 같은 다양한 방법 사용하기

출처: England Deparement of Education, 2013.

다음에서는 영국의 시민성 교육과정(Citizenship Curriculum)을 살펴본다. 영국 교육과정에서 시민성 교육은 Key Stage 1, 2에서는 선택 교과목으로, Key Stage 3, 4에서는 필수 교과목으로 적용하고 있다. 자신의 성장, 사회적 책임감, 도덕적 판단력을 키우는 데 중점을 두며 학생들이 건강한 시민으로 성잘할 수 있도록 한다.

■ Key Stage의 시민성 교육 내용

Key stage 1

학생들은 성장하는 개인으로서 자신을 이해하고, 지역 사회의 구성원으로서의 역할을 배우며, 자신의 경험과 초기의 학습목표(개인적·사회적·정서적 발달)를 형성하는 학습을 한다. 그들은 건강하고 안전하게 생활하는 기본 규칙과 기술을 배우고, 바람직한 행동을 익힌다. 또한, 자신과 주변 환경에 대해 일부 책임을 수행할 수 있는 기회를 갖는다. 학생들은 자신과 다른 사람들의 감정을 이해하기 시작하며, 다른 어린이들과 윗 사람들의 관점, 필요, 권리에 대해 인식한다. 학급과 학교 공동체의 일원으로서, 학생들은 나누기, 차례 지키기, 놀이, 다른 사람 돕기, 간단한 갈등 해결, 괴롭힘에 저항하는 방법과 같은 사회적 기술을 배운다. 또한, 학교와 지역 사회의 일원으로서 보다 적극적으로 참여하는 태도를 기른다.

지식, 기술 그리고 이해

자신감과 책임감 기르기, 능력의 최대한 발휘

1. 학생들은 다음을 학습한다.
   a. 자신이 좋아하는 것과 싫어하는 것, 공정한 것과 불공정한 것, 옳은 것과 그른 것 인식하기
   b. 자신에게 중요한 문제에 대해 의견을 나누고, 자신의 견해 설명하기
   c. 자신의 감정을 인식하고 긍정적인 방식으로 다루기
   d. 자신에 대해 생각하고, 경험을 통해 배우며, 자신이 잘하는 것 인식하기
   e. 간단한 목표를 설정하는 방법 배우기

시민으로서 적극적 역할을 수행할 준비하기

2. 학생들은 다음을 학습해야 한다.
   a. 서로 그리고 학급 전체에 참여하여 대화하고 토론에 참여하기

b. 시사 문제에 대한 간단한 토론에 참여하기
c. 자신이 선택할 수 있는 것들을 인식하고, 옳고 그름의 차이 이해하기
d. 그룹과 교실의 규칙을 정하고 따르며, 규칙이 왜 필요한지 이해하기
e. 사람과 다른 생명체에게 필요한 것들이 있으며, 이를 충족시킬 책임이 있음 깨닫기
f. 가족과 학교 같은 다양한 그룹과 공동체에 속해 있음을 인식하기
g. 지역사회 자연환경과 인문환경에 긍정적·부정적으로 영향을 미치는 요인을 파악하고, 사람들이 환경을 보호하는 방법 배우기
h. 학급과 학교의 생활에 기여하는 방법 배우기

건강하고 더 안전한 생활방식 기르기

3. 학생들은 다음을 학습해야 한다.
a. 건강과 웰빙을 개선할 수 있는 간단한 선택 방법
b. 어린 시절에서 노년기로 성장하는 과정과 사람들이 변화 필요에 대해 배우기
c. 안전을 지키기 위한 규칙과 방법, 기본적인 도로 안전, 그리고 안전을 지키는 데 도움을 줄 수 있는 사람들에 대해 배우기

좋은 관계를 기르고 사람들 간 차이를 존중하기

4. 학생들은 다음을 학습한다.
a. 자신의 행동이 다른 사람에게 미치는 영향 인식하기
b. 다른 사람의 말을 듣고, 협력하여 놀고 역할하기
c. 사람들 간의 차이점과 유사점을 식별하고 존중하기
d. 가족과 친구는 서로 돌봐야 한다는 사실 인식하기
e. 놀림과 괴롭힘에는 여러 종류가 있으며, 괴롭힘은 잘못된 행동이고, 괴롭힘에 대처하는 방법에 대해 배우기

기회 확대

5. 학생들은 다음과 같은 기회를 통해 지식, 기술 및 이해를 배운다:
a. 책임을 지고 공유하기 (예: 자신의 행동에 대한 책임을 지기; 교실 규칙을 만드는 데 도움을 주고 규칙 따르기; 애완동물을 잘 돌보기)
b. 자신에 대해 긍정적인 태도 갖기 (예: 성취를 인정받고, 자신에 대한 긍정적인 피드백 받기)
c. 토론에 참여하기 (예: 학교, 지역, 국가, 유럽, 세계의 글로벌 문제에 대해

이야기하기, 예를 들어 '우리의 음식과 산업의 원자재가 어디서 오는지')

d. 실제 선택을 하기 (예: 학교 급식에서 건강한 항목 선택하기, 텔레비전에서 무엇을 볼지, 어떤 게임을 할지, 돈을 현명하게 쓰고 저축하는 방법은 무엇인지)

e. 사람들을 만나고 이야기하기 (예: 외부 방문자와 대화하기, 예를 들어 종교 지도자, 경찰관, 학교 간호사 등)

f. 일과 놀이를 통해 관계를 발전시키기 (예: 다른 학생들과 장비를 공유하거나 그룹 과제에서 친구들과 협력하기)

g. 일상 생활에서 만나는 사회적 및 도덕적 갈등 고려하기 (예: 공격적인 행동, 공정성 문제, 옳고 그름, 간단한 정치적 문제, 돈 사용, 환경 문제 등)

Key stage 2

학생들은 자신을 성장하고 변화하는 개인으로서, 자신의 경험과 아이디어를 바탕으로, 그리고 지역 사회의 구성원으로서 이해한다. 학생들은 더 성숙하고 독립적이며 자신감을 형성한다. 또한, 더 넓은 세계와 그 안에서 지역사회들의 상호의존성에 대해 배우고, 사회적 정의감과 도덕적 책임감을 개발한다. 자신이 내리는 선택과 행동이 지역적, 국가적, 또는 글로벌 문제와 정치적 및 사회적 기관에 영향을 미칠 수 있다는 것을 이해하기 시작한다. 학생들은 학교와 지역사회 활동에 더 적극적으로 참여하는 방법을 배운다. 또한, 건강과 환경에 대해 더 자신감 있고 정보에 기반한 선택을 하는 방법을 배우며, 개인적으로나 그룹으로서 자신의 학습에 대한 책임을 더 많이 갖는다. 또한, 괴롭힘에 저항하는 방법도 배운다.

지식, 기술 그리고 이해

자신감과 책임감을 키우고 능력 발휘하기

1. 학생들은 다음을 학습한다:

 a. 자신과 사회에 영향을 미치는 문제에 대해 자신의 의견을 말하고 쓰며, 그에 대한 견해 설명하기

 b. 자신을 하나의 개인으로서 인정하고, 자신과 성취에 대해 긍정적인 점을 찾아보고, 실수를 인식하며 수정하고, 개인적인 목표를 설정하기

 c. 새로운 도전에 긍정적으로 맞서기 위해 정보를 수집하고, 도움을 구하며, 책임감 있는 선택을 하고, 행동으로 옮기기

시민으로서 적극적 역할을 수행할 준비하기

2. 학생들은 다음을 학습한다:

a. 시사 잇슈, 문제, 사건을 조사하고 토론하고 논의하기
b. 규칙과 법이 왜 만들어지고 집행되는지, 다른 상황에서는 왜 다른 규칙이 필요한지, 그리고 규칙을 만들고 바꾸는 데 어떻게 참여할 수 있는지 이해하기
c. 괴롭힘과 인종차별과 같은 반사회적이고 공격적인 행동이 개인과 지역사회에 미치는 결과를 인식하기
d. 가정, 학교, 지역사회에서는 서로 다른 종류의 책임, 권리, 의무가 있음을 이해하기
e. 상상력을 활용하여 다른 사람들의 경험을 이해하고 영적, 도덕적, 사회적, 문화적 문제에 대해 성찰하기
f. 차이를 해결하기 위해 대안을 살펴보고, 결정을 내리며, 선택을 설명하기
g. 민주주의가 무엇인지, 그리고 지역 및 국가적으로 이를 지원하는 기본적인 제도에 대해 배우기
h. 자원봉사, 지역사회, 이익집단의 역할 인식하기
i. 영국 내의 다양한 국가적, 지역적, 종교적, 민족적 정체성을 이해하기
j. 자원은 다양한 방식으로 배분될 수 있으며, 이러한 경제적 선택이 개인, 지역사회 및 환경의 지속가능성에 미치는 영향 인식하기
k. 미디어가 정보를 어떻게 전달하는지 탐구하기

건강한, 더 안전한 생활방식 형성하기

3. 학생들은 다음을 학습한다:
   a. 건강한 생활방식을 구성하는 요소, 운동과 건강한 식사의 이점, 정신 건강에 영향을 미치는 요인, 그리고 정보에 기반한 선택을 하는 방법
   b. 다양한 상황에서의 위험을 인식하고, 책임감 있게 행동하는 방법을 결정하기 등

사람들간 다름을 존중하고 좋은 관계를 형성하기

4. 학생들은 다음을 학습한다:
   a. 자신의 행동이 자신과 다른 사람에게 미치는 영향을 이해하고, 다른 사람의 감정을 배려하며, 그들의 입장에서 사물을 보려고 노력하기
   b. 다른 장소와 시대에 살고 있는 사람들, 그리고 가치관과 관습이 다른 사람들의 삶에 대해 생각하기
   c. 인종차별, 놀림, 괴롭힘 및 공격적인 행동의 본질과 그 결과를 인식하고,

이를 어떻게 대처하고 도움을 요청할 수 있는지 배우기

d. 고정관념을 인식하고 도전하기

e. 사람들 간의 차이점과 유사점이 문화적, 민족적, 인종적, 종교적 다양성, 성별 및 장애와 같은 여러 요인에서 비롯된다는 사실을 이해하기

f. 개인, 가족, 그룹이 도움과 지원을 받을 수 있는 곳을 파악하기

기회의 확장

5. 학생들은 다음을 통해 지식, 기술, 이해를 배운다:

a. 책임감 갖기 (예: 학교 환경을 계획하고 돌보는 것; 학교로 가는 길을 계획할 때 안전하고 건강하며 지속 가능한 교통 수단을 선택하는 것)

b. 자신에 대해 긍정적으로 느끼기 (예: 개인 일기, 프로필, 성취 포트폴리오를 작성하여 자신을 돌아보고; 무엇을 할 수 있는지, 얼마나 많은 책임을 질 수 있는지를 보여줄 기회 갖기)

c. 참여하기 (예: 학교의 의사결정 과정에 참여하며, 그것을 민주적인 구조와 과정(예: 의회, 정부, 투표)과 관련짓기)

d. 실제적인 선택과 결정을 내리기 (예: 자원의 부족 사용에 대해; 돈을 사용하는 방법, 용돈이나 자선 기부 포함)

c. 사람들과 만나고 대화하기 (예. 환경 압력 난제나 국제 원조 기구를 통해 사회에 기여하는 사람들; 학교와 지역 사회에서 일하는 사람들)

f. 역할과 놀이를 통해 관계 발전시키기 (예: 특수한 도움을 필요로 하는 사람들 돕기, 이메일, 편지를 통해 다른 나라의 어린이들과 소통하기)

g. 삶에서 만나는 사회적, 도덕적 딜레마를 고려하기 (예: 다른 인종 간의 존중과 이해를 장려하고, 괴롭힘을 다루는 것)

h. 변화에 대비하기 (예: 중학교로의 전학 준비하기 등)

출처: England Deparement of Education, 2015.

2. 싱가포르 사회과 교육과정

싱가포르는 말레이반도 남쪽에 위치한 섬나라이며 오랜 역사에 걸쳐서 동서간 해양 교통의 요지로서 역할을 해 왔다. 문물의 교류지로서 일찍이 다문화국가로서의 특성을 보여 왔다. 국토 면적은 우리나라의 서울의 면적보다 약간 큰 693 km^2이며 특별히 큰 산지가 없는 곳이다. 그래서 싱가포르 사람들은 물자원, 지하자원, 깨끗한 환경에 대한 소중함을 갖고 있다. 싱가포르 정부는 다문화(Multicultural), 다인종 (Multiracial), 다종교(Multireligious), 다언어(Multilingual), 즉 4Ms를 공식적으로 인정함으로써 국가 내의 다양성을 인정하고 '다양성 내의 통일성(unity within diversity)'을 그 기본 원리로 삼고, '능력주의'와 '이중언어주의'를 교육 정책의 기본 방향으로 삼고 있다.

싱가포르 교육과정의 사회과교육은 초등학교 1학년에서부터 적용된다. 사회과(Social Studies) 안에 지리, 역사, 일반사회 내용이 통합적으로 구성되어 있으며 내용은 지리, 역사가 주를 이루고 있고, 시민성과 시민 윤리는 별도의 교과인 '공민과 도덕교육(Civics and Moral Education)'에서 다뤄진다. 싱가포르 사회과 교육과정은 국가 정체성 함양, 다문화 사회 이해, 세계시민으로서의 역량 강화 등을 주요 목표로 포함하고 있다. 이는 싱가포르의 자연환경, 역사적, 사회적 맥락을 반영한 것이며 학생들이 자신이 속한 사회와 세계를 깊이 이해하고 싱가포르의 여러 과제를 해결할 수 있는 능력을 키우는 데 중점을 둔다. 특히, 싱가포르의 다문화 사회에 의한 조화로운 발전, 기후변화에 따른 환경문제 해결, 싱가포르의 물 부족 문제 해결, 국제적 협력의 지속화 등은 싱가포르 교육에서 중점을 두고 있는 부분들이다.

다음에서는 싱가포르 사회과 교육과정에서 제시한 목적, 철학, 내용을 살펴본다.

■ 목적

사회과교육은 학생들에게 우리가 살고 있는 사회와 세계에 관심 있는 이슈들을 조사하게 함으로써 지식, 기술, 가치의 획득을 돕는다.

■ 사회과의 철학

싱가포르 사회과 교육과정의 핵심에는 학생들이 살고 있는 싱가포르와 세계의 상호연계성을 더 잘 이해하고 인간 경험의 복잡성을 인식하도록 하여 유능한 시민으로 성장을 준비하게 하는 데 중점을 둔다([그림 1-3]). 학생들에게 의미 있고, 흥미 있는 사회의 여러 측면들을 살펴보게 하면서 우리 삶과 관련된 실제 세계의 이슈들에 대한 탐구를 위한 호기심을 불러일으키는 데 중점을 둔다. 탐구와 진정한 학습 경험을 통해 학생들이 이러한 이슈들에 대한 관련 지식과 이해를 획득하고 비판적, 반성적 사고를 키우며 다양한 관점을 인식하게 한다. 사회과교육은 학생들이 싱가포르 사회의 가치들을 더 깊이 이해하고 그들이 살고 있는 사회와 세계를 위한 관심을 보여주고자 하는 열망을 키우며 타자와의 관계에서 공감을 형성하도록 돕는다. 그래서 교육과정은 학생들이 정보화된(Informed), 관심 있는(Concerned) 그리고 참여적(Participative) 시민으로서 그들이 살고 있는 사회와 세계에 책임 있는 기여의 정신을 갖고 의사결정력을 지닐 수 있도록 한다.

[그림 1-3] 싱가포르 사회과 교육과정

■ 목표

- 정보화된 시민으로서 학생들은
  - 시민의 권리와 책임을 이해하고 사회에서 정부의 역할을 이해한다.
  - 싱가포르인으로서의 정체성을 이해하고 지역적, 세계적 관점을 갖는다.
  - 주요 국가적, 지역적 및 글로벌 문제에 대한 싱가포르의 관점을 이해한다.
  - 다른 관점을 가진 여러 자료들을 평가하여 복잡한 문제를 분석하고 협상한다.
  - 성찰적 사고와 분별력을 통해 합리적이고 책임감 있는 결정을 한다.

- 관심 있는 시민으로서 학생들은
  - 국가에의 소속감을 갖고, 다양한 사회에서 사회적 연대감을 형성하는 데 기여한다.
  - 사회적 관심사의 이슈들에 참여한다.
  - 의사결정에서 윤리적 고려와 결과를 숙고한다.
- 참여적 시민으로서 학생들은
  - 사회의 선을 위한 변화를 가져오는 데 필요한 책임감 있는 개인적, 집단적 행동을 실행한다.
  - 사회의 관심사를 해결하는 데 참여적 태도를 지닌다.

■ 학년군별 내용

교육과정 설계

사회과(초등)(Social Studies (Primary), SSP) 교육과정은 정체성, 문화와 유산 및 사람과 환경이라는 주요 주제를 중심으로 구성된 주제별 접근 방식을 채택하고 있다. 교육과정은 다음과 같이 세 가지 주요 클러스터로 나뉘어 있다:

Cluster 1 (1~2학년): 자신과 주변 환경 발견

학생들은 자신이 누구인지, 그리고 주변 사람들과 장소와의 관계에서 자신이 맡고 있는 역할을 탐구한다. 또한 싱가포르 공동체의 풍습과 전통을 배운다. 학생들은 싱가포르의 문화다양성을 이해할 뿐만 아니라, 공통된 경험이 어떻게 우리를 하나의 국가에 소속된 우리로 통합시키는지 그 방법을 배운다.

Cluster 2 (3~4학년): 과거와 현재의 싱가포르 이해

학생들은 싱가포르에 대해서 그리고 다양한 사람들이 국가의 성장과 독립에 기여한 내용을 배운다. 이 과정에서 싱가포르에 대한 이해와 함께, 싱가포르의 지도자들과 사람들의 적응, 회복, 창의성에 대한 감사의 마음을 기른다.

Cluster 3 (5~6학년): 싱가포르, 지역 및 우리가 살고 있는 세계에 대한 이해

학생들은 싱가포르를 하나의 국가로 이해하고, 다양한 사람들이 국가 발전에 기여한 바를 배운다. 또한 동남아시아와 싱가포르 지역 간의 관계를 이해하고, 오늘날에도 여전히 볼 수 있는 세계 문명의 유산에 대해 배운다.

〈표 I-4〉 초등 사회과교육의 학년군별 학습내용

Clusterd of Study	Levels of Study	Inquiry Focus
Cluster 1 자신과 주변환경 발견하기	Primary 1 자기 자신, 다른 사람들 및 주변 환경 이해하기	나는 주변 사람들, 장소와 어떤 관계를 맺고 있는가?
	Primary 2 하나의 국가에서 함께하기	싱가포를 사람들을 하나의 국가의 국민으로 결속시키는 것은 무엇인가?
Cluster 2	Primary 3 싱가포를 환경과 도전과제 이해하기	싱가포를 환경은 어떠하며 우리는 직면한 과제를 해결하기 위해 어떻게 해야하는가?
	Primary 4 우리의 과거 이해하기	싱가포르에서 현재 삶은 어떠하며 과거에 발생했던 일이 어떤 영향을 미쳤는가?
Cluster 3	Primary 5 Part1: 하나의 국가로서 싱가포르의 발전 이해하기 Part 2: 동남아시아의 다양성과 상호연계성 이해하기	싱가포르는 독립 이후 하나의 국가로서 어떤 발전을 해 왔는가? 동남아시아를 구성하는 것은 무엇이며 국가들은 어떻게 상호 연결되어 있는가?
	Primary 6 문명의 특성과 유산 이해하기	오늘날 우리 삶에서 문명의 유산은 어떻게 나타나고 있는가?

〈표 I-5〉 주요 학습 기대 결과

지식	기술	가치
• 개인과 그룹의 정체성, 문화 및 유산을 탐구하고 이들이 시간이 지남에 따라 어떻게 변화하는지 이해한다. • 시간과 공간에 걸쳐 사람과 환경 간의 관계를 이해한다. • 그룹과 공동체 내에서 개인의 역할과 책임을 살펴본다.	• 정보/데이터를 찾고 수집하기 위한 계획을 세운다. • 독립적으로 탐구결과를 발표할 계획을 세운다 • 독립적으로 신중하게 관찰한다. • 아이디어를 탐구하고 그 관련성을 고려한다. • 신뢰성과 관련성에 기반하여 정보/데이터를 독	• 문화적 다양성을 존중한다. • 자원의 관리에서 개인적인 책임감을 키운다 • 믿음이 사고에 영향을 미친다는 것을 인식한다. • 자신의 행동이 미치는 윤리적 영향과 타인에 대한 영향을 고려하여, 정보에 기반한 결정을 내리고 적절한 행동을 한다.

지식	기술	가치
• 자원의 중요성을 인식한다. • 싱가포르가 제한된 자원의 도전을 어떻게 극복했는지 살펴본다. • 싱가포르를 하나의 국가로서, 그리고 소중히 여겨야 할 거주지로서 탐구한다. • 국가 간의 유대가 발전과 이해를 촉진한다는 것을 인식한다. • 싱가포르와 세계와의 연결을 이해한다. • 문명의 유산을 설명하고 그것이 오늘날 우리의 삶에 어떻게 영향을 미치는지 이해한다.	립적으로 처리한다. • 독립적으로 평가하고 정보를 바탕으로 결정한다. • 그룹에서 생각과 감정을 유창하고 자신 있게 표현한다. • 다양한 그룹 환경에서 효과적으로 작업한다. • 다양한 도구와 발표 방법을 사용하여 아이디어와 발견 결과를 명확하고 설득력 있으며 창의적인 방식으로 발표한다.	• 자신이 살아가는 세상에 대해 더 배우고자 하는 호기심을 가진다. • 지역사회와 환경에 대한 관심을 키운다. • 자신이 속한 공동체와 국가에 대한 소속감을 발전시킨다. • 정보에 접근하고 사용하는 데 있어 책임감과 정직성을 발휘한다.

출처: Singapore Ministry of Education, 2020.

3. 오스트레일리아 사회과(Humanities and Social Sciences, HASS) 교육과정

오스트레일리아의 사회과 교육과정은 모든 학생이 높은 수준의 교육을 받고 높은 성취를 얻어서 역동적으로 변화하는 사회에 기여하는 유능한 인재를 양성하는 데 목적을 둔다. 오스트레일리아에서는 2022년에 오스트레일리아 교육과정 버전 9.0을 만들었고 2023년부터 실행하고 있다. 오스트레일리아의 교육과정은 교과학습 영역, 일반역량, 범교과우선사항 등을 주요 내용으로 포함하고 있다. 일반역량은 우리나라 교육과정 총론에서 제시한 핵심역량, 범교과우선사항은 모든 교과에 우선적으로 포함되어 교육되어야 하는 내용으로 볼 수 있다. 일반역량과 범교과우선사항은 교과학습 영역에 포함되어 교육될 수 있도록 하고 있다.

오스트레일리아 교육과정에서 제시한 일반역량은 비판적·창의적 사고력, 디지털 문해력, 윤리적 이해, 문화 간 상호이해, 개인적·사회적 역량의 5개 영역으로 구성되어 있다(〈표 I-6〉). 비판적·창의적 사고력에는 탐구, 산출, 분석, 통찰 등의 인지활동을 포함하며, 건강과 웰빙을 위한 디지털 활용력을 포함한 디지털 문해력, 배려, 존중 등의 윤리적 가치와 시각 그리고 실천을 포함한 윤리적 이해, 개인 스스로 성찰과 관리, 사회적 공감과 실천 등을 포함한 개인·사회적 역량 등을 학교교육을 통해서 길러야 할 역량으로 제시하였다. 개인의 웰빙, 사회의 공동체성을 위한 역량들이라고 할 수 있다.

〈표 I-6〉 오스트레일리아 교육과정의 일반역량

구분	영역	내용
일반 역량	비판적 · 창의적 사고	탐구, 산출, 분석, 통찰(메타인지)
	문해력	듣기, 상호소통하기, 말하기
	디지털 문해력	디지털의 건강과 웰빙을 위한 활용
	윤리적 이해	윤리적 가치(배려, 존중 등)와 시각, 윤리적 실천
	문화 간 상호이해	문화 정체성, 다양성 인식, 상호문화존중 실천
	개인적 · 사회적 역량	자아 인식 및 성찰, 관리/사회적 공감, 인식, 실천

출처: ACARA, 2022.

오스트레일리아 교육과정에서 제시한 '범교과우선사항'에는 오스트레일리아의 원주민으로 알려진 어보리진과 토레스 해협 섬사람들의 역사와 문화에 대한 이해, 아시아에 대한 이해와 교류, 지속가능성의 이해와 실천 등의 내용이 포함되어 있다(〈표 I-7〉). 어보리진과 토레스 해협 섬 사람들의 역사와 문화에 대한 이해에서는 이들의 역사와 문화에 대한 이해, 사회적 기여를 배우고 존중하는 것을 배운다. 특히 이들의 전통적인 지식 체계(예, 자연과 조화로운 삶의 방식 등)를 배우고 현대사회와 연계 방법, 조화로운 사회를 만드는데 필요한 능력을 키운다. 지속가능성에서는 환경, 경제, 사회, 문화 간 통합적 시스템을 이해하고 이에 대한 통찰력을 키워 기후변화에 따른 생태계 보호, 자원 관리, 지속가능한 사회를 위한 해결 방안을 모색하고 지속가능한 삶의 방식을 실천할 수 있는 능력을 함양하는 데 중점을 둔다.

〈표 I-7〉 오스트레일리아 교육과정의 범교과우선사항

구분	영역	내용
범교과 우선 사항	어보리진과 토레스 해협 섬사람들의 역사와 문화	• 세계적으로 가장 오랫동안 지속성을 지닌 삶의 문화를 배움으로써 오스트레일리아에 대한 지식을 깊게 함.
	아시아와 오스트레일리아의 아시아와의 교류	• 세계적으로 그리고 오스트레일리아에 중요한 영향을 주고 있는 아시아를 배움으로써 오스트레일리아인들이 이웃 지역에 효과적으로 접근하고 기여할 수 있는 지식, 기술, 능력, 태도를 함양함.
	지속가능성	• 지속가능성은 모든 생명체가 지속적으로 살아갈 수 있도록 지구의 수용 용량을 유지해 가는 것으로, 미래 세대의 필요를 제한하지 않고 현재 세대의 필요를 충족할 수 있는 지속가능한 삶의 방식을 추구함.

출처: ACARA, 2022.

오스트레일리아 교육과정에서 사회과교육은 인문 · 사회과학(Humanities And Social Sciences, HASS) 명칭으로 되어 있다. 여기에는 지리, 역사, 경제 및 경영, 시민성 교육이 포함되어 있다. 교육은 호주의 다문화 사회 및 세계의 사회를 이해하고 지속가능성을 추구하는 데 필요한 비판적 사고 및 문제해결능력을 함양하는 데 중점을 두고 있다. 초등과정의 HASS에서는 통합 주제를 제시하고 주제를 중심으로 역사, 지리, 시민성 교육, 경제 및 경영의 내용을 연계하여 학습할 수 있도록 하였다. 중등에서는 지리, 역사, 시민성 교육, 경제 및 경영을 교과목별로 심화 학습할 수 있도록 되어 있다. 다음에서는 HASS의 성격, 목표, 그리고 학년별 학습 내용을 살펴본다. 탐구 기반 주제 내용 학습, 원주민 문화를 포함한 다문화 교육, 지속가능성 교육, 디지털 기술 활용 교육을 강조하며, 학문의 내용 지식 획득, 여러 기술의 활용력, 다문화 사회의 존중, 배려, 환경보호 및 지속가능성 실천력 함양 등을 도모한다.

■ HASS 성격

인문학 및 사회과학은 사회, 문화, 환경, 경제, 비즈니스, 법률 및 정치적인 맥락에서 인간의 행동과 상호작용을 연구하는 학문이다. 이에 대한 학습은 개인적 맥락에서 세계적 맥락에 이르기까지 역사적이면서도 현대적인 사회에 초점을 두고 있으며 미래에 발생할 수도 있는 과제들을 고려한다. 학생들이 글로벌 이슈를 이해하고 세계에 참여하는 적극적이고 정보화된 시민이 될 수 있는 능력을 키우는 데 중요한 역할을 한다. 본 교과학습을 통해서 학생들은 질문하고, 비판적으로 생각하고, 문제를 해결하고, 효과적으로 의사소통하고, 합리적 의사결정과 변화에의 적응력을 키운다. 여기에는 주요 역사적, 지리적, 법적, 정치적, 경제적, 비즈니스적 그리고 사회적 요소들의 이해와 이러한 다양한 요소들이 어떻게 상호관련되어 있는지를 이해하도록 하는 것이 필요하다.

■ HASS 목표

- 과거와 현재의 세계의 장소, 사람, 문화, 시스템에 대한 경이감, 호기심, 존중, 그리고 이러한 현상 연구에 대한 관심과 즐거움을 키운다.
- 과거와 현재의 로컬과 글로벌의 맥락에서 사람, 장소, 가치관, 시스템에 대한 주요 역사적, 지리적, 공공의, 비즈니스적, 경제적 지식을 함양한다.
- 사회를 형성하고 지속가능성에 영향을 미치며 소속감을 조성하는 역사적 발전, 지리적 현상, 시민적 가치관, 경제적 요인에 대한 이해를 키운다.
- 학문적 또는 학문 간 통합적 탐구에 적용되는 주요 개념에 대한 이해를 키운다.
- 학문적 기술을 사용할 수 있는 능력, 즉 학문적 적절한 질문, 신뢰할 수 있는 출처를 사용한 조사, 분석, 평가 및 의사소통력을 키운다.
- 현재와 미래의 일상생활에 효과적으로 참여하는 데 필요한 성향을 키운다. 여기에는 비판적이고 창의적으로 문제를 해결하고, 정보에 입각한 결정을 내리고, 책임감 있고 적극적인 시민이 되고, 정보에 입각한 경제적 및 재정적 선택을 하고, 윤리를 성찰하는 능력이 포함된다.

(출처: ACARA, 2022)

■ HASS 학년별 내용

- 기초학년(Foundation): 나의 개인적인 세계
  - 나는 누구인가, 나는 어디에 살고 있으며, 나보다 먼저 살았던 사람들은 누구인가?

- 왜 어떤 장소와 사건은 특별한가, 그리고 우리는 그것을 어떻게 알 수 있는가?

• 1학년(Year 1): 내 세계가 과거와 어떻게 다르고, 미래에는 어떻게 변할 수 있는가?
  - 가족 생활 그리고 내가 살고 있는 곳은 시간이 지나면서 어떻게 변화했고, 무엇이 변하지 않았는가?
  - 내가 중요하게 여기는 사건, 활동, 장소는 무엇인가? 왜 그런가?

• 2학년(Year 2): 사람들과 장소에 대한 과거와 현재의 연결
  - 내 장소는 과거와 현재에 대해 무엇을 말해주는가?
  - 사람들은 과거와 현재를 포함하여 어떻게 그들의 장소와 다른 장소들과 연결되어 있는가?
  - 시간이 지나면서 기술은 일상생활과 사람들이 다른 장소들과 연결되는 방식에 어떤 영향을 미쳤는가?

• 3학년(Year 3): 다양한 공동체와 장소, 그리고 사람들이 기여하는 방식
  - 내 공동체의 상징, 사건, 개인, 장소는 어떻게 공동체를 독특하게 만드는가?
  - 사람들은 과거와 현재에 걸쳐 어떻게 공동체에 기여하는가?
  - 호주의 사람들은 장소들과 어떻게 연결되어 있고, 그 장소들 간의 유사점과 차이점은 무엇인가?

• 4학년(Year 4): 사람들, 장소, 환경의 과거와 현재의 상호작용
  - 다양한 개인과 집단은 과거와 현재에 걸쳐 어떻게 호주 공동체에 기여했는가?
  - 왜 영국은 호주에 식민지를 만들었는가?
  - 유럽의 식민지화가 호주와 호주 원주민들에게 미친 영향은 무엇인가?
  - 환경의 중요성은 무엇이며, 과거와 현재에 걸쳐 환경을 어떻게 사용할 수 있고 지속할 수 있을지에 대한 다양한 시각은 무엇인가?

• 5학년(Year 5): 호주 공동체-그들의 과거, 현재와 가능한 미래
  - 과거와 현재의 개인과 집단은 어떻게 호주의 발전에 기여했는가?
  - 사람들이 환경에 미치는 영향은 무엇이며, 소비자와 시민은 어떻게 지속 가능한 호주에 기여하는가?
  - 사람들은 과거와 현재에 걸쳐 사람들, 장소, 사건에 대한 자신의 가치, 신념, 책임을 어떻게 실천했는가?

• 6학년(Year 6): 호주의 과거와 현재, 그리고 다양한 세계와의 연결
  - 중요한 인물, 사건, 가치들이 호주 사회, 정부 시스템, 시민권에 어떻게 영

향을 미쳤는가?
- 민주주의와 시민권에 대한 경험은 시간과 장소에 따라 어떻게 달랐으며, 시민들이 환경적, 경제적, 사회적 지속 가능성에 기여하는 역할은 무엇인가?
- 호주는 어떻게 세계와 연결된 사회로 발전했으며, 다른 나라들과 비교했을 때 호주는 어떤 면에서 비슷하고 어떤 면에서 다른가?

출처: ACARA, 2022.

4. 캐나다의 온타리오 주 사회과 교육과정

2023년 개정한 온타리오 주 교육과정은 모든 학생들의 잠재력 개발과 정신적 건강 그리고 웰빙을 도모하는 데 중점을 두었다(Ontario Ministry of Education, 2023). 학생들의 발달을 인지적 발달, 정서적 발달, 사회적 발달, 그리고 신체적 발달로 구분하여 이러한 발달을 지원하는 교육과정을 마련하였다. 이를 위해 학생들의 건강한 관계성 형성, 인권, 공정, 포용 교육, 경험적 학습, 윤리적 판단과 책무 등의 교육을 강화하였다. 이외에 범교과 통합학습, 전이 가능한 변혁적 기술을 주요 내용에 포함하였다(〈표 I-8〉).

범교과 통합학습은 다양한 관점, 주제, 기술 등을 의도적으로 모든 교과에 통합하여 교육하도록 하는 주제들의 학습이다. 범교과에 통합되어 교육되는 학습내용이라고 할 수 있다. 여기에는 금융 리터러시, 토착 원주민과 문화 교육, STEM 교육, 비판적 사고와 비판적 문해력, 환경교육, 사회적-정서적 학습 등이 포함되어 있다. 특히, 환경교육은 모든 교과 및 학년에 걸쳐 가르쳐질 수 있고 교과의 환경교육을 풍성하게 하는데 도움을 준다. 이는 우리나라에서 2022 개정 교육과정에서 생태전환교육을 모든 교과에서 연계해서 행하도록 한 것과 유사한 맥락이다. 다양한 교과에서 환경을 직접 경험하고 이해하며 보호하는 학습 기회를 제공한다. 학교 차원의 환경 실천 활동 및 교육과정과 연계에도 활용된다. 또한, 토착 원주민 교육에서는 그들의 다양한 역사, 문화, 관점, 사회적 기여에 대해서 이해하고 전통적 지식 체계의 중요성을 인식하게 한다. 더불어서 모든 학생들이 신체적, 사회적, 정서적 측면에서 그리고 자신의 문화적 유산 면에서도 안전하게, 편안하게 느끼고 향유할 수 있는 환경을 만들어가는 데 중점을 둔다.

전이 가능한 변혁적 기술에는 비판적 사고와 문제해결, 혁신·창의·기업가 정신, 자기 주도적 학습, 협력, 의사소통, 글로벌 시민성과 지속가능성, 디지털 문해력을 포함하였다. 이러한 기술은 오늘날 빠르게 변화하는 세계에서 살아가는 데 필요한 기술과 관련되어 있다.

〈표 I-8〉 범교과 통합학습과 전이 가능한 기술

구분	교육 영역
범교과 통합학습	환경교육, 금융 문해력, 토착 원주민 교육, STEM 교육, 비판적 사고와 문해력 교육, 사회-정석적 학습 등
전이 가능한 기술	비판적 사고와 문제해결력
	혁신, 창의성, 기업가 정신
	협력
	의사소통
	글로벌 시민성과 지속가능성

자료: Ontario Ministry of Education, 2023.

캐나다 온타리오 주 사회과 교육과정은 초등학교(Grades 1-6)와 중·고등학교(Grades 7-12)과정으로 나뉘며, 초등학교(Grades 1-6)에서는 사회과교육의 교과목이 있으며 여기에서는 유산과 정체성, 사람과 환경의 대주제 중심, 중학교(Grades 7-8)에서는 지리(세계의 거주지 패턴과 지속가능성, 글로벌 불평등: 경제발전과 삶의 질), 역사(캐나다 건국(1850-1890), 변화하는 사회로서 캐나다(1890-1914))의 내용으로 구성되어 있다. 고등학교(Grades 9-12)에서는 캐나다의 지리, 캐나다의 역사, 캐나다의 법, 캐나다의 역사, 문화, 캐나다 정치, 현대 경제 문제, 시민과 시민성, 세계 역사, 세계지리 등의 내용을 학습할 수 있도록 구성되어 있다. 이를 통해 지리적 관점, 역사적 사고, 시민성 함양, 사회과학적 탐구, 글로벌 시각 형성 등의 능력 함양을 추구한다. 사회과교육의 통합적 접근, 탐구중심 학습, 사회과학의 사고개념 함양, 문화적 정체성과 글로벌 시각 형성 등은 온타리오 주의 사회과교육에서 찾아볼 수 있는 주요한 특성이다. 또한, 캐나다의 다문화 사회 이해, 기후변화에 대응하는 지속가능한 환경을 위한 환경교육, 세계시민으로서의 역량 함양은 사회과교육에서 추구하는 주요한 교육의 목표에 해당한다.

■ 성격

사회과교육을 통해서 학생들은 자신이 속한 다양한 공동체 내에서 책임감 있고 적극적인 시민이 될 수 있다. 비판적이며 포용적이고, 정보화된 시민이 되는 것뿐 아니라 문제해결에 필요한 기술을 습득하고 중요한 발전, 이슈 등에 대한 아이디어와 의사결정을 소통하는 데 필요한 기술을 습득한다. 세부적인 목표는 다음과 같다.

■ 목표

- "학문적 사고의 개념"을 사용하여 문제, 사건 및 발전에 필요한 조사능력을 키운다.
- 정보와 증거를 평가하고 판단을 내리기 위해 적절한 기준을 결정하고 적용하는 능력을 키운다.
- 학문적인 탐구에 필요한 그리고 삶의 영역에서 적용할 수 있는 기술과 개인적 능력을 키운다.
- 협력적이고 협동적인 작업 관계성을 키운다.
- 적절한 기술을 도구로 사용하여 정보를 수집하고 분석하고 문제를 해결하고 소통하는 능력을 키운다.

■ 학문적 사고개념

사회과교육	역사교육	지리교육	정치교육	경제교육	법교육
중요성(의미)	역사적 중요성	공간적 중요성	정치적 중요성	경제적 중요성	법적 중요성
원인과 결과	원인과 결과		목표와 결과	원인과 결과	
지속성과 변화	지속성과 변화		안정성과 변화		지속성과 변화
패턴과 트렌드		패턴과 트렌드		안정성과 변동성	
상호관련성		상호관련성			상호관련성
관점	역사적 관점	지리적 관점	정치적 관점	경제적 관점	법적 관점

■ 사회과교육의 내용

1~6학년 사회과 교육과정의 기대 사항은 두 가지 영역으로 나뉩니다.

A. 유산과 정체성(Heritage and Identity)

B. 사람과 환경(People and Environments)

이들은 교육과정의 맥락에서 "사회과, 역사 및 지리 교육과정의 영역(The Strands in the Social Studies, History, and Geography Curriculum)" 부분에서 설명됩니다. 각 학년에서 다루는 주제는 다음과 같습니다.

Grade 1

A. 우리의 변화하는 역할과 책무

B. 지역사회

Grade 2

A. 변화하는 가족과 지역사회 전통

B. 세계 공동체

Grade 3

A. 캐나다의 지역사회, 1780-1850

B. 온타리오 주에서 삶과 일

Grade 4

A. 초기 사회에서 1500 CE까지

B. 캐나다의 정치적 지역 그리고 자연 지역

Grade 5

A. 1713년 이전, 현재의 캐나다가 된 지역에서 이루어진 원주민과 유럽인의 상호작용

B. 정부의 역할과 책임있는 시민

Grade 6

A. 캐나다의 지역사회, 과거와 현재

B. 캐나다와 세계 공동체의 상호작용

출처: Ontario Ministry of Education, 2023.

생각넓히기

1. 영국, 싱가포르, 오스트레일리아, 캐나다 등 외국의 교육과정을 더 찾아 살펴보고, 2022 개정 교육과정과 연계하여 사회과교육의 특성을 파악해보자. 그리고 사회과교육을 정리해보자.

외국의 교육과정	교육과정의 내용 및 특성
영국의 지리 교육과정 및 시민성 교육과정	
싱가포르 사회과 교육과정	
오스트레일리아 사회과 교육과정	
캐나다 온타리오 주 사회과 교육과정	
사회과교육의 특성 (성격과 목표, 내용 등)	

참/고/문/헌

ACARA, 2022, *AUSTRALIAN CURRICULUM: HUMANITIES AND SOCIAL SCIENCES.* https://v9.australiancurriculum.edu.au/downloads/learning-areas#accordion-b71b085f07-item-4ef21db668

DfE, 2013, *National Curriculum in England: framework for key stages 1 to 4.* www.education.gov.uk

England Department of Education, 2013, *Primary Geography Curriculum.* https://assets.publishing.service.gov.uk/media/5a7c1ecae5274a1f5cc75e97/PRIMARY_national_curriculum_-_Geography.pdf

Ontario Ministry of Education, 2023, *Social Studies, History, and Geography.* https://assets-us-01.kc-usercontent.com/fbd574c4-da36-0066-a0c5-849ffb2de96e/d5da6bd8-63e6-41ca-80b3-ce2cf63d9546/SocialStudiesHistoryGeography-AODA_ISBN-v1.pdf

Singapore Ministry of Education, 2020, *Social Studies Teaching and Learning Syllabus*, Curriculum Planning and Development Division. https://www.moe.gov.sg/-/media/files/syllabus/2020-social-studies-primary-teaching-and-learning-syllabus-updated-july-2024.pdf

Ⅱ 사회과 수업 설계

[01] 수업목표 설정

1. 수업목표의 기능과 가치

수업목표는 수업 과정을 통해 학습자가 달성할 성취 행동 및 태도에 해당한다. 수업자의 입장에서는 학습자에게 기대하는 행동 및 태도 변화 그리고 성취할 내용이다. 수업목표 설정을 통해서 이후의 교수 학습 과정에서 학생들이 학습할 내용 선정, 수업 방법, 평가 내용을 설정한다([그림 II-1]). 그래서 수업목표는 일련의 수업을 실행하는 데 있어서 기준이 되며 수업안 구성에서 가장 핵심적인 구성 요소라고 할 수 있다. 일상생활에서도 구체적으로 목표를 세우면 목표에 맞춰 시간과 할 일, 그리고 접근 방법 등을 정하게 된다. 수업목표를 명확하게 구체적으로 진술하는 것은 수업의 전체적인 방향을 명확하게 설계할 수 있게 지원하고, 실제 수업을 실행하는 데 있어서 목표를 중심으로 내용과 방법, 평가 등이 일관성을 유지할 수 있게 하며 수업에서 발생할 수 있는 오류의 가능성을 최소화하는 데 도움을 줄 수 있다. 무엇을 어떻게 학습하게 하여 어떤 결과를 얻어낼 것인지에 대해 상세하게 목표를 설정했을 때, 수업자는 수업을 일관성 있게 실행할 수 있을 것이고, 학습자는 구체적인 학습 전략을 세워서 학습목표 도달에 필요한 과제 수행에 적극적으로 참여할 수 있을 것이다.

Mager(정우현 역, 1962)는 수업의 성공적 실행을 위해 교사에게 필요한 것으로 수업의 목표 설정을 언급하였다. 세운 목표를 토대로 합당한 절차와 내용, 방법을 선정하고 학생들이 수업에서 적극적 상호작용을 할 수 있도록 하며 마지막에는 목표에의 도달 여부를 평가를 통해 측정해야 한다는 것이다. 그래서 수업목표는 학습의 결과를 관찰, 측정할 수 있게 구체적으로 제시되어야 함을 강조하였다.

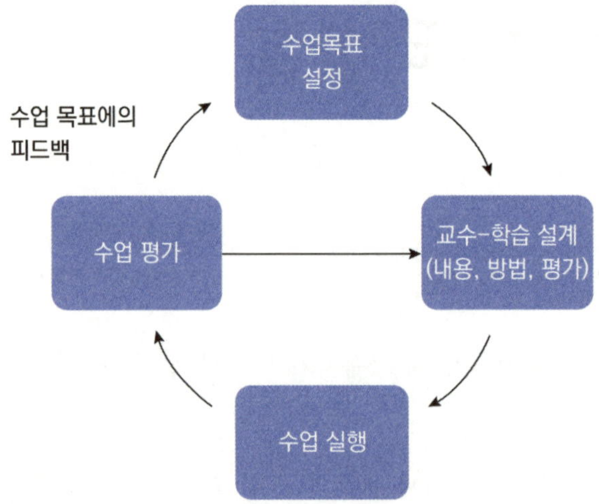

[그림 II-1] 수업의 흐름

2. 수업목표 설정의 방법

수업목표 진술은 학습자들의 행동 변화에 중점을 두고 기술되어야 한다. 이와 관련하여 수업목표 진술 방법은 다양하게 연구되어 왔다. 다음에서는 Tyler, Bloom, Mager의 수업목표 진술 방법을 중심으로 살펴본다.

1) R. Tyler의 수업목표 진술

Tyler는 수업목표 진술에서 선도적 역할을 했다고 평가를 받는다. Tyler는 교육평가의 용어를 최초로 사용하면서 평가의 적실성을 위해서 행동의 변화 및 학습과정에 대한 정보를 제공해 줄 수 있는 수업목표 설정의 중요성을 강조하였다. 관련하여 수업목표 설정에서 다음의 세 가지를 고려해야 한다고 하였다(Tyler(이해명 역), 1998, pp. 43-57).

첫째, 수업목표 진술은 학습자들의 행동 변화를 중심으로 기술되어야 한다. 교사의 행위를 중심으로 학습목표가 설정되면, 그러한 행동의 이행 필요성을 판별할 수 없는 경우가 있다. 그러므로 학습자의 입장에서 교육내용 선정, 교수방법을 선택하는 데 효과적이지 않다.

둘째, 수업에서 다루게 될 제목, 개념, 이론 등의 교과 내용이 제시되어야 한다. 그러나 이러한 내용이 나열형, 서술형으로 제시되는 것은 바람직하지 않다. 목표 진술에서는 어떤 내용을 공부해서 구체적으로 어떤 결과를 얻게 될 수 있을지를 분명히 밝혀야 한다. 목표 진술은 학생들의 바람직한 행동 변화가 어떤 방향으로 이뤄질 것인가를 시사하는 것이어야 한다.

셋째, 행동목표를 일반화하여 서술하는 것은 바람직하지 않다. 일반화한 목표 진술은 구체적인 내용이 무엇인지를 분명히 밝히지 못하는 단점이 있다. 예를 들어, 비판적 사고능력의 함양, 정서 함양, 사회성 개발, 관심 확대 등은 구체적인 학습내용이나 학습결과를 판단하기 어렵다. 학습목표 진술은 학생들에게 가르치려는 행동이 무엇이며, 이 행동이 활용될 수 있는 실제 영역이나 내용이 어떤 것인가를 밝히는 것이다. 학습목표를 분명하게 제시한다는 것은 그 안에 추구하는 행동이나 내용이 모두 포함되어 있다. '지역사회 내 공공기관의 위치를 지도상에 표시할 수 있다'라고 한다면, 이 안에 지역사회 공공기관의 위치를 안다는 것, 지도상에 표시한다는 것 등 구체적으로 학습할 내용이 포함되어 있다.

타일러의 수업목표 진술은 수업 과정에서 학생들이 학습과정을 토대로 달성해야 할 목표를 명확하게 제시하는 중요한 과정으로 설명될 수 있다. 학습의 방향을 명확하고 구체적으로 제시하고 평가를 통해서 학습 성과를 측정하는 것이 수업에서 중요함을 의미한다.

2) R. Mager의 수업목표 진술

Mager가 제시한 수업목표에는 다음의 2가지가 포함되어 있다(Mager(정우현 역), 1962). 첫째, 수업목표의 영역을 인지적 영역과 정의적 영역으로 구분하여, 인지적 영역에서는 지식(이해)과 기능을 정의적 영역에서는 태도를 함양하는 것이다. 둘째, 구체적인 성취 목표 진술에서는 **① 최종 성취 행동, ② 성취를 위한 상황 및 조건, ③ 성취 수준을 판단하는 준거** 등 3가지가 반드시 포함되어야 한다고 하였다. 최종 성취 행동은 본 수업을 통해서 학생들이 도달해야 할 행동 또는 지식, 기능, 가치, 태도 영역을 의미한다. 학습자들이 학습 후에 나타내 보이기를 기대하는 학습결과로써 객관적으로 관찰할 수 있고, 측정할 수 있는 행동 용어로 진술되어야 한다. 예를 들어, '~을 설명할 수 있다. ~을 제시할 수 있다, ~을 지도상에 표현할 수 있다. ~을 표로 그릴 수 있다' 등을 활용할 수 있다. 성취를 위한 상황 및 조건은 최종 성취 행동을 이끌어내는 데 주어지는 상황과 조건 제시이다. 즉 학습자가 어떤 상황 또는 조건에서 그 성취 행동을 실행할 것인가 하는 것이다. 마지막으로 성취 수준을 판단하는 준거 제시는 성취 행동의 도달 기준점 제시이다. 학습자가 목표를 달성했는지의 여부를 판단할 수 있는 기준, 이것은 성취 행동의 특성이나 시간의 제한, 올바른 반응의 수 등을 목표 속에 진술하는 것이다. 특별히 유의해야 할 점은 학습자가 학습된 행동을 수행할 수 있는 조건이 어떤 상태인지, 그리고 얼마나 잘해야 주어진 학습목표에 달성했다고 할 수 있을 것인지를 구체적으로 제시하는 것이다. 그리고 조건이나 도달 기준을 구태여 진술하지 않아도 제3자나 참관자들에게 분명하게 의사소통이 될 경우는 생략해도 된다.

그러나 모든 학습목표 진술에서 위의 세 가지 조건을 모두 적용할 수 없는 경우가 많다. 그러므로 가급적 구체적 목표 진술을 위해 권장된다고 할 수 있다.

행동의 변화를 구체적으로 관찰할 수 있는 학습목표 서술어(예시)		
말한다. 설명한다. 비교한다. 예증한다. 실증한다. 추론한다. 요약한다. 해석한다. 분류한다. 연결한다. 적용한다. 분석한다. 비판한다. 해결한다.	찾는다. 조사한다. 수집한다. 정리한다. 실행한다. 결정한다. 구별한다. 조작한다. 조직한다. 점검한다. 계획한다. 소통한다. 협업한다.	설계한다. 변형한다. 개선한다. 결정한다. 생성한다. 산출한다. 표현한다. 평가한다. 구안한다. 일반화한다. 실천한다.

3) B. Bloom의 교육목표분류체계

Bloom(Benjamin S. Bloom, 1913~1999)은 생물학에서 동식물계의 조직과 상호관계를 이해하는 수단으로 적용하는 분류학을 교육목표에 적용하고자 하였다(Bloom(임의도 외 역), 1984). 교사 입장에서 교육목표를 구체적으로 이해하고 어떤 행동의 변화에 중점을 둘 것인지를 스스로 파악할 수 있도록 하여 학습자를 특정 방향으로 변화시키는 방법에 대한 통찰을 얻을 수 있으며, 학생의 입장에서는 학습의 목표를 명확하게 인지할 수 있도록 하는 데서 교육목표분류의 의의를 제시하였다. Bloom은 교육적, 논리적, 심리적 분류 체계에 따라서 교육목표분류를 하였다. 즉 교육적 측면을 가장 중점에 두고 분류하였으며 용어의 구체성을 위해서 논리적 측면을 고려했으며 마지막으로 심리학적 이론을 고려하였다고 밝혔다(Bloom(임의도 외 역), 1984).

교육목표 설정에서는 보통 다음의 세 가지를 활용한다(Bloom(임의도 외 역), 1984, p.30). 첫째는 학생들에게 유용한 것이어야 한다. 학습자의 발달 단계, 필요, 흥미 등이 고려된다. 둘째, 학습자의 사회적 환경과 사회적 요구 등이다. 교육은 궁극적으로 교육받은 개인의 사회에서 역할을 기대한다. 즉 사회의 계승 발전에 참여할 수 있게 하는 것이다. 셋째, 교과의 성격과 그 교과가 개인의 학습에 미칠 수 있는 영향을 고려한다. 이러한 사항들을 토대로 학생의 수준, 학교와 지역사회의 교육 환경, 교사의 수업 실행 여건 등을 고려해서 교육목표를 설정한다.

Bloom(임의도 외 역, 1984)은 교육목표는 평가할 수 있는 결과를 중심으로 구체적으로 제시하고 서술방식에서는 내용과 형식의 이원체제로 설정하여 형식에서는 인지적 영역과 정의적 영역, 행동적 영역으로 구분하여 제시할 수 있다고 하였다. Bloom이 제시한 지적 영역의 목표를 살펴보면 다음과 같다(Bloom 외(임의도 외 역), 1984, p.7).

> "지적 영역의 목표는 학습되었으리라고 생각되는 것의 기억 또는 재생을 강조하는 지식 목표와 학생이 문제의 본질을 파악하고 주어진 자료를 재배

> 열하거나 이전에 배운 아이디어나 방법, 절차 등과 결합시켜야 하는 지적 과제의 해결을 포함하는 목표이다. 지적 목표는 학습된 자료의 단순한 상기에서부터 새로운 아이디어와 자료를 결합, 종합하는 고도의 독창적이고 창의적 기능에 이르기까지 그 범위가 넓다. 대부분의 교육목표는 여기에 해당한다."

이를 토대로 지식, 이해, 적용, 분석, 종합, 평가의 하위 인지 수준에서 상위 인지 수준에 이르기까지 위계별 교육목표를 제시하였다. 지식은 사실, 용어, 정의 등 지식의 기억과 암기를, 이해는 내용의 의미를 파악하고 이를 설명하는 것, 적용은 지식을 실제 상황에 적용할 수 있는 것, 분석은 대상을 세분화하여 관계를 파악하는 것, 종합은 여러 부분을 결합하여 새로운 구조와 모습을 생성하는 것, 평가는 대상에 대한 판단과 평가를 포함한다. 특히, 1단계에 지식을 위치화한 것은 다른 인지과정에서 지식의 중요한 역할을 고려한 것으로 보인다. 이는 오늘날 교육에서도 중요한 의미를 지니고 있다고 하겠다.

이후 Anderson 외(강현석 외 역, 2001, p.36)는 Bloom의 교육목표분류학을 개정하여 제시하였다. 개정된 분류체계에서는 교육목표의 동사화, 지식을 지식 차원으로 구분하여 제시하였고, 가장 낮은 수준의 인지활동 부분에 '기억하다'를 포함하였으며, 가장 상위 수준의 인지활동 부분에 창안하다를 포함하여 제시하였다. 즉, 신교육목표분류체계에서는 기억하다, 이해하다, 적용하다, 분석하다, 평가하다, 창안하다의 인지과정을 단계적으로 제시하였다. 특히, 마지막의 '창안하다'는 산업화 이후 창의적 사고가 교육에서 중요하게 여겨지는 사회적 환경의 영향과 관련지어 볼 수 있다. Bloom의 교육목표분류체계는 학생들의 인지적 성장을 지원하고 교육 목표를 구체적으로 제시하여 실현 가능성을 제고하고 학습 후 수업목표에 기반한 평가 체제를 구축할 수 있다는 면에서 중요한 역할을 한다고 하겠다.

또한, 신교육목표분류체계에서는 Bloom이 교육목표분류체계에서 1단계에 두었던 지식을 지식차원으로 분리하여 제시하였다. '사실적 지식'과 '개념적 지식',

'절차적 지식', '메타 지식'으로 구분하여 제시하였다(Anderson 외(강현석 외 역), 2001, p.33). 사실적 지식은 블룸의 교육목표분류체계에서 구체적이고 명확한 사실과 전문용어에 대한 지식을 포함한다. 역사적 사건의 연대, 사회의 실제적 현상, 객관적인 사항 등으로 사실적 지식은 기억하고 재생할 수 있는 것이다. 사실적 지식은 모든 학습에서 기초 지식에 해당하며 더 추상적, 복잡한 지식을 획득하기 위해 필요하다고 하겠다. 개념적 지식은 블룸의 교육목표분류체계에서 이해의 인지과정에 해당한 지식 유형으로 특정 개념과 원리에 대한 이해, 개념 간 관계에 대한 이해 등을 포함한다. 개념적 지식의 획득 과정에서 학습자는 더 깊은 사고 경험을 할 수 있고 개념적 지식의 이해를 토대로 문제해결력, 응용력, 다른 개념과의 연결 등으로 사고경험을 확대할 수 있다. 절차적 지식은 특정 과제를 수행하거나 문제를 해결하는 방법 그리고 탐구 방법과 관련된 지식으로 학습자 주도의 지식과 아이디어를 얻기 위한 학습에서 학습자에게 요청되는 지식이다. 메타인지 지식은 자신이 갖고 있는 생각과 지식을 토대로 필요한 지식과 인지과정을 조절할 수 있는 능력과 관련된 지식이다. 보통 지식에 대한 지식이라고 하기도 한다. 메타 지식은 자신의 학습 과정 수행 전략 수립과 스스로 학습력을 키우는 능력과 관련되어 있어서 오늘날 자기주도적 학습력 요청과 학교와 학교 밖에서 연계적, 지속적 학습 경험으로 확장이 필요한 상황에서 매우 중요한 지식 영역이라고 할 수 있다.

정의적 영역의 목표에 대해서는 다음과 같이 제시하였다(Bloom 외(임의도 외 역), 1984, p.7).

> "정서적 색조나 정서, 수용 또는 거부의 태도 등이 강조되는 목표이며, 선정된 현상에 단순의 주의를 기울이는 것에서부터 복잡하면서도 내면적으로 일관성이 있는 인격과 양심에 이르기까지 넓은 범위에 걸쳐 있다. 문헌에서는 이런 목표들을 흥미, 태도, 감상, 가치, 정서적 반응 경향 또는 편견 등으로 표현하고 있다."

이를 토대로 내면화의 정도에 따라서 감수(Receiving), 반응(Responding), 가치화(Valuing), 조직화(Organizing), 인격화(Characterizing)수준으로 위계화하여 제시하였다. 여기에서 감수는 학습자가 주의를 기울이고 대상을 인식하며 수용하려고 하거나 관심을 갖는 단계로 볼 수 있다. 생태 감수에서 생태환경을 인식하고 교감하면서 관심을 기울이는 것이다. 대상과 적극적 상호작용을 하거나 관련 내용에 대해 호기심을 갖고 지식과 정보를 찾으려는 행동에 앞서는 단계로 중요한 의미를 지니고 있다고 하겠다. 반응은 감수한 결과를 토대로 적극적으로 호기심을 갖고 반응하는 다소 적극적 참여를 포함하는 단계이다. 생태 감수 단계를 넘어서서 생태환경에 대해 더 적극적으로 살펴보고 관련 지식을 찾으려는 태도와 행동을 보이는 단계라고 할 수 있다. 가치화는 학습자가 어떤 가치와 태도의 중요성을 인식하고 자신의 소중한 가치로 여기는 단계이다. 즉 특정 가치에 의미를 부여하고 수용하고 존중하며 자신의 가치로 삼고 삶의 기준이자 실천을 위한 근거로 활용할 수 있다. 특히 오늘날 기후변화에 따라 생태적 가치의 소중함을 인식하고 자신의 생활방식의 기준으로 삼고 생태전환적 행동을 실천하는 기준으로 여긴다. 이외에 포용, 배려, 공감의 가치를 토대로 봉사활동에 적극적으로 참여하고 사회적 책임을 실천하려는 생각과 행동의 실천도 여기에 해당한다고 하겠다. 조직화는 여러 가치와 태도를 통합하여 형성한 개인의 신념과 관점이라고 할 수 있다. 개인의 윤리적 신념은 이러한 여러 가치와 태도의 결합이 만들어낸 결과물이라고 할 수 있다. 인격화는 자신의 신념에 기반하여 일관된 행동으로 실천하는 단계이다.

학습자의 단계적 고차적 사고력 함양을 지원할 수 있고, 수업에서 명확한 목표의 제시를 통해 수업의 방향성과 효과성을 높일 수 있다. 또한 목표의 명확성을 제공하여 수업 내용과 교수·학습 방법의 적정성과 일관성을 확보하는데도 긍정적 영향을 줄 수 있다. 그리고 Bloom의 목표분류체계를 기준으로 하여 평가 도구를 개발하면 학습자의 성취 수준을 단계적으로 측정할 수 있을 것이며 고차적인 사고력 함양을 목표화하여 실행할 수 있다고 하겠다.

Bloom 신교육목표분류체계에 의한 학습목표 제시(예시)

〈인지적 영역〉

1. 이해(Understanding) 수준
   - 오늘 배운 내용을 토대로 생태환경 보호가 중요한 이유를 설명해 보자.
2. 적용(Applying) 수준
   - UN SDGs를 분석하여 지역사회에서 필요한 실천 활동을 기획할 수 있다.
3. 분석(Analyzing) 수준
   - 호주의 범교과우선사항(Cross-curriculum Priorities) 중 '아시아와의 이해 및 교류'가 포함된 이유를 정치적, 경제적, 문화적 측면에서 분석해 보자.
4. 평가(Evaluating) 수준
   - 지역사회의 생태환경 보호 실천이 효과적으로 이루어지기 위해 보완해야 할 점을 제안하고, 제안의 타당성을 논리적으로 설명해 보자.
5. 창안하다(Creating) 수준
   - 기후변화에 대응할 수 있는 친환경 도시 모델을 설계하고, 환경적, 경제적, 사회적 측면에서 설명할 수 있다.

〈정의적 영역〉

1. 수용(Receiving) 수준
   - 생태환경 보호의 필요성에 대해 관심을 보인다.
2. 반응(Responding) 수준
   - 생태환경 보호에 필요한 실천 활동에 동참한다.
3. 가치화(Valuing) 수준
   - 생태환경 보호의 가치를 이해하고, 친환경적 태도를 가진다.
4. 조직화(Organization) 수준
   - 공감, 배려, 포용, 존중, 지속가능성의 가치를 이해하고, 이를 바탕으로 윤리적 의사결정의 태도를 가진다.
5. 인격화(Characterization)
   - 생태전환적 생활 방식을 실천하고 환경 보호 활동을 주도한다.

Bloom의 교육목표분류체계는 교육목표를 단계적으로 구분하여 적용함으로써 학습자의 측면에서는 낮은 수준의 인지 활동에서 부터 복잡한 높은 수준의 인지 활동에 이르기까지 다양한 인지 활동을 경험할 수 있고 나아가서 학습의 심화와 사고의 확장을 경험할 수 있다. 또한, 학습 전략에서 자기주도성을 발휘할 수 있어서 학습의 설계에서 결과에 이르기까지 주도적 학습을 경험할 수 있을 것이며 단계적 사고 경험과 성취 경험을 토대로 학습 동기 유발과 학습의 지속성, 효과성을 경험할 수 있다.

Bloom의 교육목표분류체계는 교사와 학습자 모두에게 학습 목표의 명확성과 이에 기반한 자기주도적 학습력을 키우면서 학습의 효과를 극대화할 수 있을 것이며 단계적, 체계적인 사고력 함양, 학습 동기 촉진, 그리고 현실적인 여러 가지 문제해결력 강화 그리고 현재 학교 교육의 목표로 제시된 창의적 사고력 함양의 면에서 긍정적 효과를 기대할 수 있다.

수업목표 설정과 진술은 학생들에게 학습의 방향을 제시하고 평가를 통해서 학습 성과를 측정할 수 있게하는 중요한 과정이다. 앞에서 언급한 타일러, 메이거, 블룸은 모두 이러한 수업목표 설정의 중요성과 방법을 말해준다. 수업목표는 행동 중심으로 작성하되 구체적, 측정 가능, 달성 가능, 학습 내용과 관련된 ,그리고 특정 시간 내 달성 가능한 목표로 제시하는 것이 바람직하다. 또한, 오늘날 교육에서는 인지적 영역의 목표 이외에 정의적, 행동적 영역의 목표 진술을 적극적으로 실행할 필요가 있다.

생각넓히기

1. 수업목표 설정은 필요한가? 그 이유는 무엇인가?

2. 수업에서 수업목표를 어떻게 제시하고 활용할까? 여러분의 경험을 토대로 말해보자.

3. Bloom의 신교육목표분류체계를 활용하여 수업목표를 1개씩 작성해 보자.

학습주제	학습목표
	〈인지적 영역〉 •
	〈정의적 영역〉 •

4. Bloom의 (신)교육목표분류체계를 활용하는 수업에서 얻을 수 있는 교육적 가치를 평가해 보자.

5. 다음 자료를 읽고 '정의적 영역 목표' 적용의 중요성을 설명하고, 예비교사 3의 입장에서 '지속가능한 환경' 주제 수업에에서 설정해 볼 수 있는 정의적 영역의 목표를 제시해 보자.

김 교사: 2015 개정 교육과정에서는 '심미적 감성 역량'을 교육의 목표로 제시하였으며 2022 개정 교육과정에서도 핵심 역량으로 제시하였습니다. 이는 교육의 변혁적 역할을 강조하는 것과 관련되어 있습니다. 세계화, 다문화, 기후변화 등으롤 인해 우리에게 더 적극적인 시민성이 필요해지고 있는 면과 관련되어 있다고 생각합니다.

예비교사 1: 네, 저도 그렇게 생각합니다. 교과의 핵심 개념을 중심으로 학습내용 지식을 토대로 자신의 웰빙과 지속가능한 사회를 위해서는 협업과 공감, 배려, 존중 등의 덕목이 더 필요하다고 생각합니다.이러한 측면에서 보면, 인지적 영역 뿐 아니라 정의적 영역의 목표가 더 강조될 필요가 있는 것 같습니다.

예비교사 2: 그래서 저는 '다문화 사회' 주제 수업에서 정의적 영역의 목표로 '사람들의 다름을 존중하고 서로의 문화를 실천할 수 있다', '다양성을 존중하고 다름을 이해하는 데 필요한 공감능력을 키운다', '문화적 갈등 상황에서 서로의 입장을 이해하고 공정한 태도로 의견을 제시한다.' 등을 사용했습니다.

예비교사 3: 저는 최근에 '지속가능한 환경' 주제 수업에서 다음과 같은 정의적 목표를 설정하여 적용해 보았습니다.

김 교사: 교수 · 학습을 개선하려면 목표와 이에 따른 평가 방법의 개선이 함께 이루어져야 한다고 생각합니다. 앞으로 인지적 영역의 능력과 정의적 영역의 능력에 대한 평가를 주제에 적정하게 설정하여 수업할 필요가 있습니다.

6. 아래의 수업 설계에서 예비교사 1의 입장에서 사회과의 세 가지 목표 영역별 학습목표를 제시해 보자.

> 예비교사 1: 이번 수업 주제는 3~4학년 군 사회과 교육과정 (3) 사회 변화와 다양한 문화 단원의 [4사03-01] 최근 사회 변화의 양상과 특징을 파악하고, 그로 인해 나타난 생활모습의 변화를 탐색한다. 성취기준을 활용하여 지능정보화로 나타난 생활모습의 변화를 살펴보고 관련된 문제에 대응하는 능력을 함양하는 데 중점을 두고자 합니다.
>
> 예비교사 2: 그럼 수업에서는 구체적으로 어떤 활동이 계획될까요?
>
> 예비교사 1: 먼저 지능정보화 사회의 의미와 지능정보화 사회에서 나타나는 생활모습을 설명하고자 합니다. 이를 통해 학생들이 지능정보화에 대한 개념적 지식을 먼저 이해하도록 하는 데 초점을 두고자 합니다. 그다음 관련 자료를 제시하고, 학생들이 자료를 읽고 내용을 파악한 후 그 결과를 바당으로 하여 지능정보화에 따른 변화를 찾는 활동을 하게 하고자 합니다. 이를 통해 학생들이 다양한 자료를 찾고, 내용을 분석하고 결과를 정리할 수 있는 능력을 습득할 수 있게 하는 데 초점을 두고자 합니다. 더불어서 지능정보화 사회에 관심과 대응을 위해 필요한 일을 찾아보게 할 계획입니다.

참/고/문/헌

박진영, 이보영, 2024, Bloom의 신교육목표분류체계를 활용한 여행지리 평가기준의 인지적 특성 분석: 2015 개정 교육과정 여행지리를 대상으로, 한국지리환경교육학회 2024년 동계 학술대회 자료집, 80-82.

한국교육과정평가원, 2016, 초등학교 교직 논술. https://www.kice.re.kr/boardCnts/fileDown.do?fileSeq=6809c1bfd00bbcafc57c9102dad9ddbf

한국교육과정평가원, 2022, 초등학교 교육과정 A. https://www.kice.re.kr/boardCnts/fileDown.do?fileSeq=e3e36cfa9249b0ab8d8db94dc8b0d25f

Anderson, L. W. & Krathwohl, D., 2001, *A Taxonomy for Learning, Teaching and Assessment*, New York: Longman(강현석 외 역, 2015, 교육과정 수업 평가를 위한 새로운 분류학-Bloom 교육목표분류학의 개정, 아카데미프레스).

Bloom, B. S. 편저(임의도, 고종열, 신세호 역), 1984, 교육목표분류학 (I) 지적 영역, 교육과학사.

Bloom, B. S., Krathwohl, D. R. & Masia, B. B.(임의도, 진위교, 고종열, 신세호 역), 1984, 교육목표분류학 (II) 정의적 영역, 교육과학사.

Mager, R. F., 1962, *Preparing instructional objectives*, CA.: Fearon Publishers(정우현 역, 1972, 학습지도를 위한 행동적 수업목표의 설정, 교육과학사).

Tyler, R., 1949, *Basic Principles of Curriculum and Instruction*, University of Chicago Press (이해명 역, 1998, 교육과정과 학습지도의 기본원리, 교육과학사).

[02] 사회과 수업 설계

1. 좋은 수업을 위한 조건

수업은 교사의 '가르침'과 학생의 '학습'으로 이루어진다. 그래서 좋은 수업은 교사와 학생 간 가르침과 배움의 효과적 상호작용으로 만들어질 수 있다. 우선 '교사의 가르침' 측면에서 좋은 수업이 되기 위해서는 교사의 가르치는 내용에 대한 깊은 이해와 지식 그리고 효과적으로 학생의 학습을 지원할 수 있는 방법을 포함하는 전문성이 필요하다. 그래서 교사에게는 수업 전문성이 요청된다.

좋은 수업을 만들기 위해 요구되는 교사의 수업 전문성

1. 교직관
2. 수업 내용에 대한 전문 지식
3. 수업 방법에 대한 전문 지식
4. 학생과 소통능력(학생 이해 및 상호작용)
5. 수업 자료 제작능력
6. 수업 자료 활용능력
7. 수업 설계(교수·학습 과정안 작성)능력
8. 수업 진행 능력
9. 수업 후 학생들의 학습평가능력
10. 수업에 적합한 교실 환경 조성 등

교사의 가르침과 학생의 학습이 만들어 내는 좋은 수업에서는 일반적으로 다음의 수업 모습들을 기대할 수 있다.

좋은 수업에서 나타날 수 있는 모습

1. 학습자들의 적극적, 능동적 학습에의 참여
2. 학생들 간, 학생과 교사 간, 학생과 학습 자료 간 적극적 상호작용
3. 학습자의 능동적 과제 수행, 수행 결과를 통한 분명한 성취
4. 학습자 수준과 학습과제에 적합한 다양한 학습 방식
5. 학습에 필요한 적정의 자료와 도구의 활용
6. 수업에 적절한 환경 조성
7. 학습 과정과 결과의 협업적 실행과 공유
8. 학습 후 학생들의 지속적 탐구에의 호기심과 실천 등

위와 같은 좋은 수업을 위해서는 다음과 같은 수업의 요소를 고려할 수 있다(박상준, 2022). 학습자의 특성을 반영한 수업의 설계, 학습목표를 중심으로 일관성을 갖춘 수업 설계, 학습자의 수준을 고려한 교수 학습 방법의 적용과 적정한 자료의 활용을 포함한 수업 설계를 토대로 학습자의 능동적 주제 탐구에의 참여를 이끌어 낼 수 있는 수업 진행을 생각할 수 있다.

좋은 수업 요소	내용
학습자의 특성 반영	• 학습자의 인지적, 사회적 특성 반영 • 학습자의 생활경험 특성 반영 등
학습의 동기 부여	• 본 주제학습의 필요성 인식 • 본 주제학습을 통해서 해결해야 할 과제 인식 등
수업 내용의 일관성	• 학습목표 → 학습과제 → 학습 과정 및 결과 평가 간 일관성 유지
수업 내용과 학생 생활과 연계성	• 수업 내용과 학습자 생활과 연계해 설명 • 수업 내용과 생활에서 활용하는 방법 및 사례와 연계 등
학습에 적합한 수업 방법, 자료 및 도구 활용	• 주제학습과 관련된 수업 방법 • 주제학습에 필요한 적정한 도구 및 자료 활용
의사소통과 상호작용	• 학습자의 내용 이해, 탐구 및 과제해결에 능동적 참여를 도모할 수 있는 개방적, 자유로운 학습 환경 조성
학습을 위한 평가	• 학습자의 학습을 도모할 수 있는 평가

2. 수업 설계와 수업안 작성

좋은 수업을 만드는 것은 손님에게 특화된 손님을 위한 맛있는 요리를 만드는 것과 같다. 이를 위해서 손님의 건강을 위해 필요한 음식 생각하기, 손님의 음식 취향 파악하기, 손님의 음식 취향에 맞는 음식 정하기, 음식 만들기가 필요하다. 음식을 만들 때는 어떤 재료를 활용하여 어떠한 조리법을 활용할 것인가를 생각하게 된다. 음식의 재료가 신선하거나 음식에 적합한 재료가 아니면 그리고 음식을 만드는 방법이 적정하지 않다면, 원하는 맛있는 음식을 만들 수 없듯이 수업에서도 수업 주제에 맞는 수업 내용 구성과 필요한 자료 준비, 수업 방법을 생각해서 적용해야 한다. 이러한 맥락에서 다음에서는 수업 설계의 의미와 수업안 작성 방법을 살펴본다.

1) 수업 설계

수업 설계는 교사가 수업을 실행하기 위해서 만드는 수업의 과정에 대한 계획이다. 무엇을 어떻게 경험하게 하고 어떤 학습결과를 얻게 하고 싶은지에 대한 교사의 수업 의도가 표현되는 것이다. 이러한 수업 설계를 위해서 다음의 사항들이 고려될 수 있다.

첫째, 학습자에게 무엇을 학습하게 할 것인가? 이는 학습주제에 해당한다. 본 수업에서 학생들이 어떤 주제로 학습을 수행하게 할 것인가에 대한 교사의 의도라고 할 수 있다.

둘째, 본 수업을 왜 하는가? 이는 수업목표에 해당한다. 교사는 본 학습주제를 활용해서 학생들에게 무엇을 획득하게 하고 싶은지를 반영한 것이다. 어떤 내용 지식을 획득하게 하고 싶은지, 어떤 기술을 획득하게 하고 싶은지, 어떤 태도와 가치를 갖게 하고 싶은지, 어떤 행동을 실천하게 하고 싶은지 등이 포함될 수 있다.

셋째, 학습자의 학습을 지원하기 위한 수업 방법, 학습 자료 및 도구, 학습 환경 조성은 무엇인가? 이는 학생들이 주제학습을 통해서 학습목표에 도달하도록 하는 데 필요한 방법적인 부분에 해당한다. 예로, 교실에서 도서를 활용해서 탐구하게 할 것인지, 학교 밖에서 관찰과 조사를 통해서 탐구하게 할 것인지, 공동의 과제를 활용하여 협업적 문제해결의 방법을 활용할 것인지, 도서를 활용할 것인지 등 학습주제와 학습목표에 맞게 다양한 방법이 활용될 수 있다.

넷째, 학생들의 학습 성취를 어떻게 살펴볼 것인가? 이는 학습자의 학습 성취를 살펴보는 평가에 해당한다. 학습 과정에서도 학생들의 학습이 적정하게 진행되는지, 그리고 학습 후에 학습목표에 도달하였는지를 언제 어떤 방법을 활용하여 평가할 것인지를 반영한다.

〈수업 설계(예시)〉

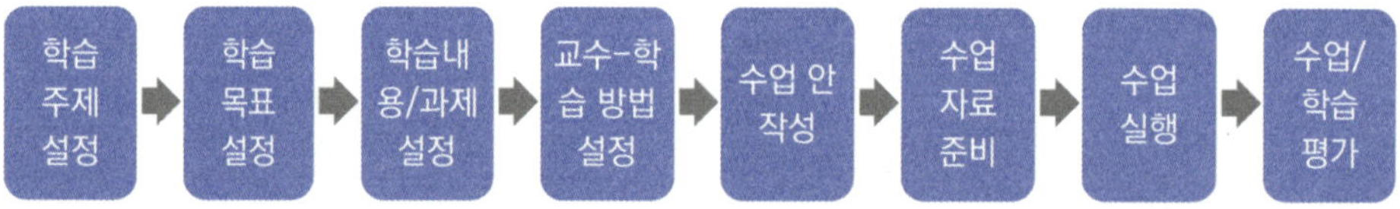

수업 설계에 포함된 각 단계별 내용을 구체적으로 살펴보면 다음과 같다.

(1) 학습주제 설정

학습주제는 본 학습의 중심 내용에 해당한다. 즉 '어떤 내용'을 중심으로 학습자가 학습할 수 있게 할 것인가에 대한 교사의 의도가 반영된다. 예를 들어, 다양한 문화의 공존, 기후변화와 식량, 불평등과 음식물 쓰레기와 관계, 양성평등과 교육, 물 부족과 물 사용의 효율성, 건강한 지역사회: 친환경 마을, 대안적 지역사회: 전환 마을, 지속가능한 도시 배수, 해양 생태환경의 먹이 그물 등 학습주제 설정은 교사 입장에서 수업 목적과 학습자의 수준을 고려하여 설정한다. 일반적으로 학교 수업에서 학습주제 설정은 교육과정의 성취기준을 토대로 한다. 성취기준을 활용하여 여러 차시의 학습주제를 설정한다.

성취기준 활용 학습주제 설정 예시

성취기준	[4사01-01] 주변 여러 장소에서의 경험과 느낌을 다양한 방식으로 표현하고, 장소감을 나누며 서로 존중하는 태도를 갖는다.
1차시	• 나의 생활과 장소는 어떤 관계일까?
2차시	• 나에게 특별한 장소는 왜 특별할까?
3차시	• 주변에는 어떤 장소들이 더 있을까?
4차시	• 장소에 대한 경험을 표현해 볼까?
5차시	• 서로의 장소에 대한 경험을 나누어볼까?
6차시	• 서로의 장소 경험은 왜 다를까?
7차시	• 모두가 주변의 장소들에 대해 좋은 경험을 하려면 어떻게 해야 할까?

(2) 학습목표 설정

교육과정은 교육의 목표 달성에 필요한 수단일 뿐이다(Tyler(이해명 역), 1998). 수업 설계도 학생들의 학습목표 달성에 필요한 수단일 것이다. 그만큼 수업에서 학습목표 설정은 중요한 위치를 지니고 있다([그림 II-2]).

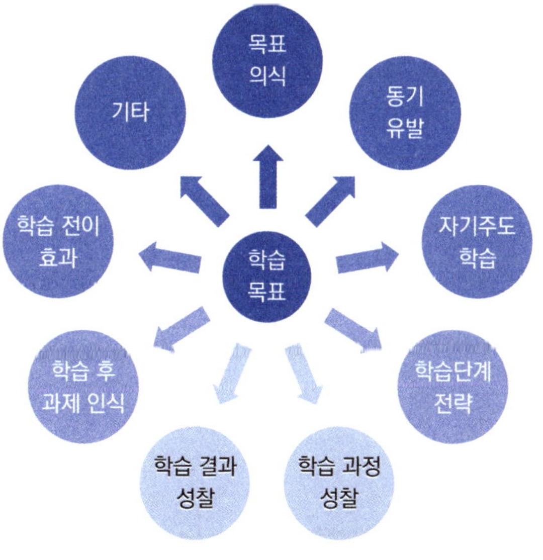

[그림 II-2] 학습목표의 영향

그렇다면 학습목표 설정은 어떻게 할까? 이에 대해 Tyler는 다음의 사항을 고려 요인으로 제시하였다(Tyler(이해명 역), 1998)([그림 II−3]). 첫째, 학습자의 수준과 필요, 흥미를 고려한다. 교육은 학생의 필요를 충족시켜 준다는 면에서 학생의 필요를 파악하는 것은 학습목표 선정에서 중요한 의미를 지닌다. 이를 위해서는 학생들의 현재의 상태와 미래의 바람직한 상태를 파악하는 것이다. 그리고 학생들의 흥미를 파악할 필요가 있다. 둘째, 학교 밖의 사회적 요구를 고려한다. 셋째, 교과 학문에서 요구하는 교육의 목표를 고려한다. 넷째, 인간존중, 공동체 의식, 자유, 평등, 민주주의, 정의 등의 보편적 가치, 다양성 존중 등의 철학을 활용한다.

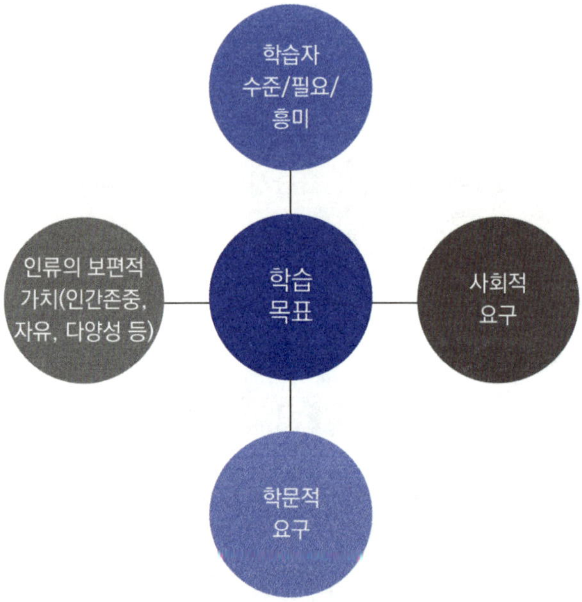

[그림 II-3] 학습목표에서 고려 사항

더불어 국가교육과정의 교육목표를 고려한다. 2022 개정 교육과정에서는 초등학교 교육목표, 핵심역량, 그리고 교과별 핵심역량, 성취기준을 제시하였다. 국가교육과정과 지역교육청의 교육과정에서 제시한 교육의 목표의 방향을 토대로 수업의 목표를 설정한다.

학습목표는 교사의 입장에서 학습자가 본 주제학습을 통해서 궁극적으로 도달하기를 기대하는 최종적인 성취결과이다. 일반적으로 학습목표는 인지적 영역(지식 · 사고/과정 · 기능), 정의적 영역(가치, 태도), 행동적 영역(실천)으로 제시한다. 국가, 지역, 학교교육과정을 고려하되, 사회과 교육과정의 목표, 핵심역량, 성취기준을 충분히 고려하여 설정하는 것이 바람직하다.

학습목표 설정(예시)

성취기준: [4사01-01] 주변 여러 장소에서의 경험과 느낌을 다양한 방식으로 표현하고, 장소감을 나누며 서로 존중하는 태도를 갖는다.
학습주제: 나의 장소에 대한 생각과 느낌 표현
학습목표: 지식 · 이해: 주변의 장소에 대한 경험을 활용하여 장소에 대한 생각과 느낌을 말할 수 있다.
과정 · 기능: 장소에 대한 생각과 느낌을 그림으로 표현할 수 있다.
가치 · 태도: 사람들마다 장소에 대한 생각과 느낌의 다름에 관심을 갖는다.

특히, 최근 교육은 변혁적 교육을 강조한다. 학교 수업은 변혁적 교육을 통해서 지식, 기술의 습득 그리고 가치와 태도의 내면화 효과를 기대하며 학습자의 사회에서 역할 인식과 실천력 제고를 추구한다. 그래서 최근 더 주목하는 것은 지식과 기술 획득, 사고력 함양과 더불어서 가치와 태도 함양이다. 가치와 태도는 행동적 연구에서 중요한 개념으로 인식되고 있다. 가치와 태도는 인지, 동기, 감정을 포함하는 내적인 정신적 틀로서 외적인 행동 반응을 가져오기 때문이다. Heimstra & McFarling(1978)은 태도 개념에는 다음의 세 가지 요소가 포함되어 있다고 하였다. 첫째, 감정(feeling)으로 경험을 통해서 얻어지는 것이며 긍정적인 것과 부정적인 것이 있다. 둘째, 인지적 요소(cognitive component)를 포함한다. 즉 어떤 사실에 대해서 개인이 신념이나 견해를 드러내기 때문이다. 셋째, 행동요소(action component)로, 경험을 통해 조직화하고 행동에 영향을 미치는 심리적 반응 준비라고 할 수 있다.

(3) 학습과제 설정

학습과제는 주제를 토대로 설정된 학습목표에 도달하기 위해 학습해야 할 세부적인 학습활동 내용에 해당한다. 학습과제는 1개 이상으로 여러 개로 설정할 수 있다. 예를 들어, 하나의 학습주제에서 하나의 학습과제가 설정될 수도 있고, 2개 또는 3개 등의 학습과제가 설정될 수 있다. 이는 학습주제, 학습자의 수준, 주어진 시간, 학습 환경 등을 고려하여 결정한다. 그리고 학습과제는 학습목표에 도달하는 데 필요한 학습 경험을 제공한다. 그래서 학습목표를 토대로 설정한다.

학습과제 설정(예시)

학습목표

1. 우리 사회에 다양한 문화가 공존하게 된 배경을 이해한다.
2. 다문화 사회에서 사람들의 문화를 존중하는 것의 가치를 탐구한다.
3. 우리 사회에 다양한 문화가 공존하는 데 필요한 태도와 행동을 인식하고 실천한다.

⇓

학습과제 1. 우리사회에는 어떤 다양한 문화가 있을까?(우리사회의 다양한 문화 알아보기)

학습과제 2. 다양한 문화가 나타나게 된 배경은 무엇일까?(다양한 문화의 배경 탐구하기)

학습과제 3. 사회에서 다양한 문화의 공존 가치는 무엇일까?(다양한 문화의 공존 가치 찾기)

학습과제 4. 다양한 문화의 공존을 위해 어떻게 해야 할까?

다음에서는 Tyler가 제시한 목표 달성에 유용한 학습 경험 선정의 방법을 살펴본다. Tyler는 여기에서 학습 경험은 학습자와 학습자가 처한 외적 환경과의 상호작용이라고 하였다. 교육에 있어서 중요한 것은 학생들의 수업에서의 학습 경험이라고 보았다. 그리고 학습 경험 설정의 일반적 원칙으로 다섯 가지를 제시하였다(Tyler(이해명 역), 1998, pp. 60-62).

첫째, 어떤 목적을 달성하기 위해서는 학생들이 목표 달성에 필요한 경험을 할 수 있는 기회가 제공되어야 한다. 예를 들어, 문제해결력 함양이 목표라면 실제 학습에서 문제를 해결해 볼 수 있는 충분한 기회를 제공해야 한다는 것이다.

둘째, 학생들이 목표와 관련된 학습을 함에 있어서 만족을 느끼는 경험이 되어야 한다. 예를 들어, 문제해결력 함양이 목표라면 문제해결을 할 수 있는 기회를 얻음과 동시에 문제해결과정에서 만족할 만한 경험을 하게 한다는 것이다. 만족스러운 경험에 도달하지 못할 경우 학습적 효과를 기대할 수 없기 때문이다. 이를 위해서는 미리 학습자의 수준, 흥미, 경험의 범위를 충분히 파악할 필요가 있다.

셋째, 학생들의 현재 수준에서 경험이 가능한 것이어야 한다. 학습 경험이 달성 가능한 것, 학생들의 성장에 맞는 것 등이다. 학생들의 수준에 맞는 수업의 전개와 관련되어 있다.

넷째, 하나의 학습목표를 달성하는 데 여러 가지 다른 학습 경험이 활용될 수 있다. 교육 경험이 효과적인 학습의 기준에 타당한 것이라면 그것은 목표 달성에 유효하게 활용될 수 있다는 것이다. 어떤 목표를 달성하는 데 여러 가지 학습 경험이 고려될 수 있다.

다섯째, 같은 학습 경험을 했더라도 교육의 결과는 달라질 수 있다. 예를 들어, 학습 경험이 잘 설계되어 있다면 다양한 교육목표를 달성할 수 있다. 그러나 부정적인 측면에서 보면, 교사는 학생들이 학습을 통해서 의도하지 않았던 어떤 부정적 결과에 도달하지 않았는지에 대해 항상 경계해야 하는 부분이기도 하다.

학습과제 선정은 교육과정 설계에서 학습목표 도달에 필요한 부분으로 과제 선정에 따라서 학습자의 학습 경험은 달라질 수 있다. 학습과제 설정에서는 학생들에게 필요한 지식과 기술의 활용 및 획득 그리고 여러 수준의 인지과정을 경험할 수 있도록 하고 궁극적으로 학습목표에 도달할 수 있는 과제로 설정하는 것이 바람직하다. 학습과제 선정과 조직을 위해 그간 Tyler를 비롯하여 많은 연구자들의 연구가 있었다. 일반적으로 다음의 원칙들이 적용되고 있다. 첫째, 학습목표와 일관성을 유지한다. 이는 Tyler에 의해 강조된 원리이며 학습과제는 학습목표 달성과 관련된 것이어야 한다는 것이다. 둘째, 학습자의 수준에 적합한 과제 선정이다. 학습자 수준에 적합한 과제 선정은 교육의 기본 원칙에 해당한다고 하겠다. 학습자가 도전할 수 있고 만족감을 느끼면서 수행하고 궁극적으로 해결 가능한 과제를 선정한다. 셋째, 학생의 경험과 관련성을 지어준다. 학습과제는 학생들의 선 경험 및 선 지식 영역을 고려하여 제시했을 때 학습자의 과제에 대한 이해와 흥미를 이끌어낼 수 있다. 이외에 학습과제 선정에서 고려할 사항들을 더 탐색해 볼 수 있다.

(4) 학습평가 실시

평가는 기본적으로 학생들이 교사가 의도했던 학습목표에의 도달 정도를 살펴보는 일이다. 그래서 평가는 수업을 통해서 나타난 학생들의 행동 변화를 분석하는 것이다(Tyler(이해명 역), 1998). 이를 위해서 평가는 한 번만 이루어질 필요는 없다. 여러 번에 걸쳐 이루어져야 학생들의 변화를 구체적으로 살펴볼 수 있다. 교육에서 언급되는 진단평가, 과정평가, 성취결과 평가 등이 모두 여기에 해당한다. 이를 통해 학습자의 학습목표에 도달 정도, 즉 행동의 변화를 살펴볼 수 있다.

Tyler는 평가 과정에 대해 다음의 방법을 제시하였다(Tyler(이해명 역), 1998).

> 첫째, 평가는 학습목표를 토대로 한다. 학습에의 도달 정도를 평가하는 데 중점을 둔다. 이는 학습 경험과도 관련된 것이다. 학습목표를 토대로 학생들의 학습과제와 학습 경험이 조직되었기 때문에 학습목표에 기반해서 평가가 이뤄져야 한다. 둘째, 평가에서는 학습목표에 내재된 학습 경험을 해볼 수 있도록 기회를 주어야 한다. 학습자의 성취 정도를 파악하기 위해서는 학습목표에 포함된 행위를 실제로 해보도록 하는 것임을 말한다. 셋째, 학습목표에 대한 행동의 변화를 분석하는 데 사용할 수 있는 용어와 단위 등을 제시한다.

이는 학습목표에서 제시한 행동어를 토대로 하지만, 성취 정도를 파악하기 위해서는 변화를 파악할 수 있는 용어와 단위가 필요하다. 예를 들어, '우리 지역의 장소들의 특성을 설명할 수 있다'라는 목표에 대해서 장소를 설명하는 정도를 여러 장소를 소개하는 데 중점을 둘 것인지, 하나의 장소를 대상으로 하더라도 깊이 있게 설명하는 데 중점을 둘 것인지를 미리 평가기준으로 설정해 두어야 한다는 것이다.

학습자의 행동 변화를 살펴보는 것은 교육에서 중요한 일이지만, 사람의 변화를 분석하는 것은 단순히 양적 집계보다는 여러 가지 사항들을 토대로 질적 분석의 형태가 바람직하다고 볼 수 있다. 그래서 Tyler는 하나의 목표를 달성했는지 아닌지를 보다 더 자세하게 파악하기 위해서는 하나의 목표에 대한 측정을 여러 가지 면에서 살펴보는 것이 좋다고 하였다(Tyler(이해명 역), 1998).

관련하여, 임은진 외(2017)는 일반적으로 학습평가는 다음의 세 가지로 행해질 수 있다고 하였다. 첫째, '학습에 대한 평가'이며, 이는 학습의 과정보다는 학습의 결과에 중점을 두며 학습의 결과를 주로 양적인 방법으로 평가한다. 과거 전통적으로 행해져 온 중간고사, 기말고사, 형성평가 등이 여기에 해당한다고 할 수 있다. 둘째, '학습을 위한 평가'이며 평가를 통해 학습자의 학습 과정을 살펴보고 학습자의 학습 성취도 도달에 필요한 사항을 파악하여 보충해 주는 데 중점을 둔다. 학습자의 학습 과정을 지원한다는 것으로 볼 수 있다. 오늘날 행해지는 과정평가, 수행평가, 수업 중 학습지의 수행 상황 관찰 등이 모두 여기에 해당한다고 볼 수 있다. 셋째, '학습으로서의 평가'이며 학습자가 자기평가와 동료평가 등을 통해 스스로 자신의 학습 과정을 점검하면서 학습목표에 도달해 가는 데 중점을 둔다. 오늘날에 더 주목받고 있는 평가 방식이라고 할 수 있다.

또한, 임은진 외(2017)는 최근의 평가는 준거 지향 평가를 강조하고 있다고 하였다(〈표 II-1〉). 준거 지향 평가는 어떤 준거, 즉 합의된 성취기준을 설정하고 이 준거에 비추어 학생의 성취 정도를 파악하는 데 중심을 두는 평가 방식이다. 이는 학생 상호 간의 상대적 우열과 변별력에 중점을 두는 규준 지향 평가보다는 학습자 개인의 성취에 중점을 둔 평가 방식으로 오늘날 더 관심을 받고 있다.

〈표 II-1〉 규준 참조 평가와 준거 참조 평가 비교

구분	규준 참조 평가	준거 참조 평가
기본 가정	선발적 교육관, 개인차 인정, 정규분포 가정	발달적 교육관, 완전 학습, 부적 편포 지향
정의	개인이 얻은 점수난 측정치를 비교 집단의 규준에 비추어 상대적인 서열에 관심을 두는 평가	준거에 비추어 학습자들이 무엇을 얼마만큼 알고 있느냐에 관심을 두는 평가
평가 목적	상호비교를 통한 서열 및 순위 판정(개인차 변별)	학생이 무엇을 알고 무엇을 할 수 있는지에 대한 구체적인 정보 제공
중요 요소	규준(Norm)	준거(Criterion)
강조점	상대적 서열	특정 영역의 성취 정도
비교 대상	개인과 개인	준거와 수행
결과 활용	분류, 선별, 배치 등 행정적 기능	자격부여, 교수 기능 강조
개발 시 유의사항	난이도, 변별력	내용의 타당도(학습목표와의 관련성)

출처: 임은진 외, 2017, 17.

다음에서는 2022 개정 교육과정에서 제시한 평가의 방향을 살펴본다. 먼저, 학습자 개인의 성취 정도 중심의 평가, 학습의 질 개선을 위한 평가를 지향한다. 교육은 학습자 자신의 성장을 위해서 행해지는 것이기 때문에 평가도 학습자의 성취 정도를 평가하고 부족한 부분에 대한 점검을 통해 학습자의 학습의 질 제고를 위한 수단으로 평가를 활용한다는 것이다. 둘째, 수업의 일관성 측면에서 학습목표에 기반하여 행해지는 학습 과정 수행에 대한 평가, 학습목표에의 도달에 대한 평가를 지향한다. 학습목표에서 제시한 인지적 영역, 정의적 영역을 평가하도록 제시하고 있다. 셋째, 평가에서는 합리적 기준과 척도에 기반한 실행을 제시하였다. 학습자 수준에의 적합성, 인지적 영역과 정의적 영역 목표 도달을 살펴볼 수 있는 목표의 특성 고려 등이다.

가. 평가는 학생 개개인의 교육목표 도달 정도를 확인하고, 학습의 부족한 부분을 보충하며, 교수·학습의 질을 개선하는 데 주안점을 둔다.

1) 학교는 학생에게 평가 결과에 대한 적절한 정보를 제공하고 추수 지도를 실시하여 학생이 자신의 학습을 지속적으로 성찰하고 개선할 수 있도록 한다.
2) 학교와 교사는 학생 평가 결과를 활용하여 수업의 질을 지속적으로 개선한다.

나. 학교와 교사는 성취기준에 근거하여 교수・학습과 평가 활동이 일관성 있게 이루어지도록 한다.
1) 학습의 결과만이 아니라 결과에 이르기까지의 학습 과정을 확인하고 환류하여, 학습자의 성공적인 학습과 사고능력 함양을 지원한다.
2) 학교는 학생의 인지적・정의적 측면에 대한 평가가 균형 있게 이루어질 수 있도록 하며, 학생이 자신의 학습 과정과 결과를 스스로 평가할 수 있는 기회를 제공한다.
3) 학교는 교과목별 성취기준과 평가기준에 따라 성취 수준을 설정하여 교수・학습 및 평가 계획에 반영한다.
4) 학생에게 배울 기회를 주지 않은 내용과 기능은 평가하지 않는다.

다. 학교는 교과목의 성격과 학습자 특성을 고려하여 적합한 평가 방법을 활용한다.
1) 수행평가를 내실화하고 서술형과 논술형 평가의 비중을 확대한다.
2) 정의적, 기능적 측면이나 실험・실습이 중시되는 평가에서는 교과목의 성격을 고려하여 타당하고 합리적인 기준과 척도를 마련하여 평가를 실시한다.
3) 학교의 여건과 교육활동의 특성을 고려하여 다양한 지능정보기술을 활용함으로써 학생 맞춤형 평가를 활성화한다.
4) 개별 학생의 발달 수준 및 특성을 고려하여 평가 계획을 조정할 수 있으며, 특수학급 및 일반학급에 재학하고 있는 특수교육 대상 학생을 위해 필요한 경우 평가 방법을 조정할 수 있다.
5) 창의적 체험활동은 내용과 특성을 고려하여 평가의 주안점을 학교에서 결정하여 평가한다.

출처: 교육부, 2022.

사회의 변화는 교육의 목표에서 평가에 이르기까지 학교교육의 변화를 필요로 한다. 특히, 세계화, 지능정보화, 기후변화 등 사회변화는 복잡하고 큰 규모의 사회적 문제들에 대한 해결능력, 창의적 사고력, 비판적 사고력, 협업력, 의사소통 능력 등을 지닌 더 적극적인 시민성 함양을 요청하고 있다. 미래 사회를 살아갈 그리고 새로운 사회를 만들어 갈 미래 세대에게 필요한 교육으로 제시되고 있다.

생각넓히기

1. 사회과 교육과정의 성취기준을 선정하고, 수업안을 작성해 보자.

1. 성취기준

성취기준(2022 개정 사회과 교육과정)

2. 성취기준 활용 차시별 학습주제 설정

단원				
성취기준	차시	학습주제	평가 방법	교과 역량
			예시) 관찰, 지필	(예시) 비판적 사고력, 정보활용능력 등

3. 본시 교수 · 학습 과정안

학습주제	
학습목표	지식 · 이해: 과정 · 기능: 가치 · 태도:
학습과제	학습과제 1: 학습과제 2: 학습과제 3:
학습평가	평가문항 1. (보충, 도달, 심화 수준별 가능) 평가문항 2. 평가문항 3.

2. 수업목표, 내용, 방법, 평가 항목의 적정성 그리고 수업의 일관성 면에서 아래 수업안을 비평해 보자.

단원	1. 우리가 사는 곳
학습주제	우리 마을에는 어떤 장소가 있을까?
성취기준	[4사01-02] 주변의 여러 장소를 살펴보고, 우리가 사는 곳을 더 살기 좋은 곳으로 만드는 방안을 탐색한다.
학습목표	우리 지역의 여러 장소에 대해 이야기해 보며 장소에 대한 경험을 공유할 수 있다.

단계(분)	학습 요소	교수 학습 및 평가 활동	자료㉶ 유의점㊌
학습 도입	전시학습과 연계 및 동기 유발	• 전시 학습 확인 지난 시간에 활동한 내용 확인하기 - 지난 시간에 학교 밖으로 나가서 우리 마을의 모습을 살펴보았습니다. - 우리 고장의 모습을 직접 밖에 나가서 살펴보는 시간을 가졌습니다. • 동기 유발 지난 시간에 보았던 학교 밖 장소에 대해 상기시키기 - 지난 시간에 학교 밖에서 보았던 장소들을 말해볼까요? - 경찰서요! 마트요! 카페요! 등등...	㉶ 지난 시간에 학교 밖으로 나가 마을의 모습을 살펴본 활동사진
	학습목표 확인하기	• 학습목표 확인하기 학습목표를 확인하고 다 같이 소리 내서 읽어보기 [우리 지역의 여러 장소에 대해 이야기해보며, 장소에 대한 경험을 공유할 수 있다.]	
	학습과제 안내하기	• 학습과제 〈활동 1〉 우리 마을의 모습으로 아이엠 그라운드 게임하기 - 학급 친구들과 아이엠 그라운드를 진행한 후 게임에서 나온 장소를 보고 해당 장소에 얽혀 있는 자신의 경험을 발표해 봅시다. 〈활동 2〉 우리 지역의 장소 게시판 만들기 - 우리 지역에 있는 장소 중 모둠별로 한 장소씩 선정해 장소 게시판을 만들어봅시다. 〈활동 3〉 장소 게시판 감상회 - 장소 게시판을 만들어 반 친구들과 감상하고 이에 관한 느낌과 경험을 공유해봅시다.	

단계(분)	학습 요소	교수 학습 및 평가 활동	자료㉶ 유의점㊒
학습 전개	〈활동 1〉	〈활동 1〉 우리 마을 모습으로 아이엠 그라운드 게임하기 • 우리 마을의 모습으로 아이엠 그라운드 게임하기 - 지난 시간에 본 건물들의 이름을 말하며 아이엠 그라운드 게임을 해 봅시다.	㊒ 모든 학생이 게임에 대한 이해가 된 상태인지 확인하고 활동 진행할 것
	〈활동 2〉	〈활동 2〉 우리 지역의 장소 게시판 만들기 • 장소 선정하기 - 활동 1에서 이야기한 장소들을 모두 칠판에 적은 후 그 중 대표적인 장소를 6개를 선정한다. - 모둠을 만들어 모둠별로 원하는 장소를 하나씩 골라 장소를 탐색한다. • 모둠별로 장소 카드에 들어갈 내용 정하기 - 교사는 "장소 카드에 어떤 내용이 들어가면 좋을까?"라는 질문을 통해 학생들에게 방향성을 제시해 준다. - '장소 이름, 장소 모습(사진이나 그림), 장소에 대한 느낌, 장소에 대한 설명' 등이 대답으로 나올 수 있다. - 모둠별로 장소를 하나씩 고른 후 장소 카드에 들어갈 내용을 정한다. • 장소 카드 만들기 - 장소 카드에 들어갈 내용을 바탕으로 장소 카드를 만든다. - 장소 이름, 장소 모습(사진이나 그림), 장소에 대한 느낌, 장소에 대한 설명을 바탕으로 장소 카드를 제작한다. - 모둠별로 만든 장소 카드를 칠판에 붙여 장소 게시판을 완성한다. 예시)  	㊒ 선정된 장소 수에 맞춰 모둠을 만들어 수업을 진행한다.

단계(분)	학습 요소	교수 학습 및 평가 활동	자료㉶ 유의점㉾
	〈활동 3〉	〈활동 3〉 장소 게시판 감상회 • 자신이 만든 장소 카드 발표하기 - 모둠별로 만든 장소 카드에 관련된 설명이나 느낌을 모둠원이 직접 발표합니다. • 전시된 장소 게시판 구경하기 - 학생들은 자유롭게 돌아다니며 전시된 게시판을 구경한다. • 전시된 장소 게시판을 보고 느낌 발표하기 - 전시된 장소 게시판의 그림이나 설명을 보고 자신이 느낀 점을 발표하여 다른 학생들과 공유한다. - 교사는 "게시판의 장소 설명과 그림 중에 자신이 생각하지 못했던 부분이 있나요?"와 같은 질문을 통해 다양한 느낌을 공유하도록 지도한다.	㉾ 교사는 학생들이 게시판을 구경할 때 순서를 지키며 차례대로 구경할 수 있게 지도한다.
학습 정리	정리하기 다음 차시 예고하기	• 배운 내용 정리하기 - 장소 게시판을 보며 우리 지역에 무슨 장소가 있는지, 그 장소에 대한 설명을 정리한다. - 장소 게시판에 있는 장소들에 대한 경험은 무엇이 있는지 다시 한번 공유한다. - 사람마다 장소에 대한 경험과 느낌은 다른 것임을 설명해준다. • 차시 예고하기 - 다음 차시 학습주제 [우리 마을 장소의 좋은 점, 불편한 점은 무엇이 있을까?]	

구분		평가 내용	평가 방법	평가 시기
평가 기준	심화	우리 지역의 여러 장소를 살펴보고 그 장소를 설명할 수 있으며, 관련된 경험을 말할 수 있다.	관찰평가, 결과물 평가, 발표 평가	수업 중/수업 후
	성취	우리 지역의 여러 장소를 살펴보고 관련된 경험을 말할 수 있다.	관찰평가, 결과물 평가, 발표 평가	수업 중/수업 후
	보충	우리 지역의 여러 장소를 알 수 있다.	관찰평가, 결과물 평가, 발표 평가	수업 중/수업 후

비평 항목	비평 내용
학습목표	
학습과제	
교수-학습방법	
학습평가	
수업의 일관성	
기타:	

3. 다음 자료를 읽고 물음에 대해 자신의 생각을 말해 보자.

수업에서 학생의 참여는 수업의 효과를 결정하는 핵심요소에 해당한다. 학생의 학습주제 이해, 학습과제 수행의 방향과 의의에 대한 충분한 인식, 그리고 학습에의 참여 동기와 열의는 수업의 효과를 제고하기 위해 필요하다. 관련하여 다음의 사항에 대해 여러분의 전문가적 의견을 공유해 보자.

1) 학생의 학습 참여에 영향을 미치는 요인에는 무엇이 있을까?
2) 아래 내용을 토대로 다경이가 학습과제 수행에 참여와 수행 과정에서 갖는 문제점은 무엇인가?
3) 교사의 입장에서 다경이가 겪는 문제해결 방안을 제시해 보자.

이 교사: 오늘 주제에 대한 학습을 시작해 봅시다. 학습주제와 관련해서 여러분들이 오늘 해결해야 할 학습과제를 담은 학습지를 준비했어요. 각자 학습과제를 해결해 봅시다.

다경: 어휴, 무슨 말인지 모르겠어!

다나: 나도 처음 해보는 학습과제인데, 과제의 의미도 어렵게 느껴져.

이 교사: 어렵나요? 새로운 주제에서 처음 접하는 학습과제라서 그런가 보군요.

다경: 무엇보다도 오늘 학습수제의 의미와 학습과제 수행의 필요성을 잘 모르겠어요. 경험해 본 적도 없고, 생활에서 어떤 쓸모가 있는지도 모르겠어요.

4. 타일러(R. Tyler)가 제안한 학습 경험 선정의 일반적 원리를 말해보자.

(가) 학습활동을 선택할 때는 하나의 경험이 여러 가지 교육 목표를 동시에 달성할 수 있도록 학습 과제를 선택한다. (　　)

(나) 학습자의 학습활동에 흥미와 만족감을 줄 수 있어야 한나. (　　)

(다) 하나의 목표를 달성하기 위해 다양한 경험을 제공할 수 있게 학습과제를 선정한다. (　　)

(라) 학습자가 목표에서 설정한 행동을 직접 경험할 기회를 제공해야 한다. (　　)

(마) 학습자의 발달 수준과 능력에 맞게 난이도를 조절해야 한다. (　　)

참/고/문/헌

교육부, 2022, 초 · 중등학교 교육과정 총론, 교육부 고시 제2022-33호(별책 1호).

박상준, 2022, 사회과 교재연구 및 교수법, 교육과학사.

박찬석, 이몽일, 1983, 환경지각에 관한 개념의 정립, 사회과학, 2, pp. 121-138.

임은진, 한동균, 김원예, 서지연, 조경철, 2017, 사회과 활동 중심 수업과 과정 중심 평가, 교육과학사.

한국교육과정평가원, 2012, 초등학교 교직 논술. https://www.kice.re.kr/boardCnts/fileDown.do?fileSeq=de5c3827f518376b483ae67fea799492

한국교육과정평가원, 2011, 초등학교 교육학, https://www.kice.re.kr/boardCnts/fileDown.do?fileSeq=dc8d0e5366772e20cad1f83fac404dd0

Heimstra, N. W. & McFarling, L. M., 1978, *Environmental Psychology*, California: Wadsworth Publishing Co. Ins.

Mager, R. F., 1962, *Preparing instructional objectives*, CA.: Fearon Publishers(정우현 역, 1972, 학습지도를 위한 행동적 수업목표의 설정, 교육과학사).

Tyler, R., 1949, *Basic Principles of Curriculum and Instruction*, University of Chicago Press (이해명 역, 1998, 교육과정과 학습지도의 기본원리, 교육과학사).

[03] 사회과 수업 모형

1. 개념학습

1) 개념 및 개념지식의 가치

개념은 지표상의 낱낱의 현상들을 붙들어 매어 주는 기둥과 같은 것으로, 현상들의 다양한 속성들 가운데서 공통적인 그리고 기본적인 속성을 뽑아내서 명명한 것이다. 인간 삶의 세계에서 나타난 다양한 현상들의 공통점과 차이점을 기준으로 범주화한 지식이 개념이며(이영민, 1999), 인간은 개념을 통해서 지표상의 현상들을 파악하게 된다. 그래서 개념지식이 없으면 지표상 현상들이 인지구조에 연결되지 못하고 잊히거나 관심의 대상이 되지 못할 수 있다.

Dewey(1910)는 사고는 단지 정보를 축적하는 것으로 빌생하는 것이 아니며, 축적한 정보들을 기반으로 가정과 추론의 인지 활동 과정에서 형성된다고 하였다. 지리학습에서 지표상 현상들에 대한 정보 획득은 그 자체로서는 인지활동에 큰 의미를 지니지 못하지만 개념지식을 형성하거나 개념지식과 연결될 때는 사고활동을 유발하고, 지리적 지식으로 착상될 수 있음을 의미한다.

다음에서는 이러한 개념지식이 갖는 유용성을 사회과교육의 지리교육을 중심으로 살펴본다. 첫째는 지리교육의 목적이자 수단으로서의 가치이다. 지리개념은 지리적 지식을 생성하고, 그것을 조직하는 것을 도와주며, 지리적 일반화를 도출하는 데 유용성이 있어서 지리교육내용의 핵심적 요소에 포함되어 있다(서태열, 2005, p.290). 즉 지리개념은 지리교육을 통해서 학습자들이 갖춰야 할 지리적 지식의 핵심에 해당하는 것이며, 동시에 지리개념을 통하여 지리적 지식에 접근할 수 있음을 의미한다. 즉 지리학은 지리 기본개념들 간의 개념 체계로 구성되어 있기 때문이다. 또한, 지리학은 지리교육 내용구성의 기초가 된다. 지리학을 구성하는 지리개념학습을 통하여 지리학의 학문 구조를 파악하고 지리적 지식과 통찰력을 갖추게 된다. 그런 면에서 지리에서의 개념학습은 지리교육의 궁극적 목적이면서 동시에 지리적 지식을 습득하기 위한 도구적 역할을 한다고 볼 수 있다.

둘째, 획득된 개념지식은 문제 해결, 의사결정, 창의적 사고 등 고차원적 사고 과정에서 중추적 역할을 한다. 문제 해결이나 의사결정, 탐구과정에서 관련 개념들에 대한 개념지식은 필수이다. 문제 관련 개념들에 대한 개념지식의 양적, 질적 수준에 따라서 문제에의 접근 방식이 달라질 수 있다. 전문가라는 것은 해당 분야 내 개념들에 대한 지식이 풍부한 사람을 의미하는 것과 같은 맥락이다. 전문가는 자신의 연구 분야에서 관련 개념들에 대한 지식을 풍부하게 활용할 수 있어서 특정 문제 상황 파악 및 문제 해결 능력이 뛰어나다고 볼 수 있다. 이는 개념지식이 구체적인 현상의 관찰과 사실의 범위를 넘어서서 추상적으로 상상하고 추론하여 창조적인 사고를 할 수 있게 하기 때문이다. 즉 개념은 높은 차원의 사고를 가능하게 한다는 것이다.

셋째, 개념지식은 심적 표상이며 사회적 현상을 이해하게 한다. 개념을 활용하여 사회적 현상 및 지리적 현상들을 의미 있는 집합체로 범주화하여 이해하게 된다. 개념지식을 활용한 세상의 이해는 다음의 2가지 방식으로 이뤄진다. 먼저, 개념지식은 다양한 지리적, 사회적 현상들을 범주화하고 지각하여 복잡한 현상들 간의 다양성과 공통성을 발견하게 한다. 복잡하고 다양한 현상들을 분류하여 범주화하고, 이들 간 공통점과 차이점을 파악하여 사회를 이해하는 방식이다. 다른 하나는 개념지식을 통한 세상보기 방식이다. 사람은 자신이 갖고 있는 개념을 활용하여 사실과 정보의 의미를 파악한다. 활용하는 개념에 따라 사회에 대한 이해 방식은 다르다는 것이다. 인식의 주체가 어떤 개념을 가지고 보느냐에 따라 똑같은 사회현상이라도 지리학자가 지리적 개념으로 본다면, 지리적 현상으로 비쳐질 것이다. 그래서 인간의 인식은 개념을 떠나서 있을 수 없으며, 인간은 일정한 개념틀을 가지고 경험을 한다. 또한, 개념지식이 없다면 무한한 사실과 정보, 현상들이 의미 없이 잊히고 놓쳐지게 될 수도 있다.

넷째, 개념은 지표상 현상들을 분류하여 분류체계를 형성하고 개념들 간 계층화를 형성하여 사람의 인지구조를 형성한다. 개념은 다양한 사실과 현상들을 분류하여 형성된 지식이면서 동시에 개념들 간 연계를 통해서 상위 개념을 형성하고 궁극적으로 일반화 지식, 이론, 법칙 등을 구성하여 사회현상을 파악하게 한다. 보통 개념도를 그려보는 활동을 활용하여 학습주제를 통찰하게 하는 방식이 이에 해당된다고 볼 수 있다.

다섯째, 새로운 개념을 산출한다. 개념은 새로운 개념을 산출하게 하며, 새로운 개념에 대한 학습을 지원한다. Ausubel(1968)은 기존의 개념을 활용하여 새로운 개념 습득의 가능성을 언급하였다. 예를 들어, 기존 개념을 활용하여 새로운 개념을 만드는 것이다. 사회의 변화에 따라 지표상에 발생하는 현상들은 더 다양해지고 많아지고 있나. 이러한 상황에서 새로운 현상들을 설명하기 위해서는 새로운 개념 산출이 필요하며 기존의 개념들도 끊임없이 새롭게 재개념화되어야 한다. 정보의 폭증이라는 특별한 사회현상을 경험하고 있는 오늘날, 증가하는 정보들을 지식으로 연결하기 위해서는 개념지식을 갖고 있어야 한다. 기존 개념은 그러한 현상들을 설명할 수 있는 새로운 개념 산출에 기여할 수 있다.

여섯째, 개념지식은 발견되는 많은 지리적 현상들을 단순화하여 보다 기억하기 쉽고 다루기 쉽세 한다. 개념화란 일단 사물에 대해 범주를 정하고 분류하고 명명하는 과정이다. 그래서 개념지식은 복잡한 사회적 현상들을 범주화시켜 줌으로써 사회적인 현상에 대한 탐구나 이해를 가능하게 한다(이경한, 2016, p. 45). 그런 면에서 지리 기본개념 지식의 습득은 많은 지리 정보와 현상을 인식하고 다루기 쉽게 분류하고, 내용의 복잡성을 단순하게 분류하고 정리해 주는 역할을 한다.

일곱째, 개념지식은 의사소통을 활발하게 할 수 있게 지원한다. 의사소통능력은 '적절히 그리고 성공적으로 의사소통을 할 수 있는 능력'이며, 이러한 의사소통능력을 구성하는 요소로는 동기, 지식, 기능이 있다. 여기서 말하는 지식에 개념지식이 포함된다. 상호소통의 상대자들 간 대화의 주제와 관련된 개념지식을 갖추고 있을 때, 원활한 소통이 이뤄질 수 있다. 그리고 개념지식을 갖고 있을 때, 자신이 전하고자 하는 메시지를 말, 글, 영상 등 다양한 방법을 활용하여 정확하게 전달할 수 있다. 예를 들어, 개념지식을 활용하여 지리적 현상들을 설명할 수 있는 것이다.

위와 같이 개념지식이 갖는 교육적 유용성을 감안해 볼 때, 지리교육에서 지리개념은 지리교육의 궁극적 목적이자 지리교육을 위한 수단적 성격을 지닌다. 지리교육은 궁극적으로 지리에서 개념지식을 갖추게 하여 지리학의 학문을 탐구할 수 있는 능력을 배양하고, 개념지식을 활용하여 지표상 현상을 파악하고 인식하여 시민으로서의 역량을 함양하는 데 목적을 두고 있다. 그런 면에서 지리교육을 위한 기본개념 선정과 이에 대한 학습은 향후 지리교육을 통해 길러내고자 하는 인재상과 지리적 지식과 능력을 결정하는 중요한 작업이라고 할 수 있다. 이는 사회과교육에도 적용될 수 있다.

2) 개념학습 모형

개념학습 모형은 학생들에게 개념에 대한 이해를 명확히 하고 개념 간의 관계를 학습하도록 돕는 수업 모형이다. 학습자 수준을 고려해서 개념 학습의 범위와 내용의 난이도를 설정하여 개념에 대한 이해를 도모하도록 하는 데 중점을 둔다. 일반적으로 개념학습 모형으로는 속성 모형, 원형 모형, 상황 모형 등이 활용되고 있다(차경수·모경환, 2017; 박상준, 2023).

속성모형(Attribute Model)은 개념학습의 고전 모형이라고도 하며, 개념에 대한 정의를 위해 필요한 결정적 속성을 찾고, 개념의 구체적 사례를 통해 개념의 결정적 속성을 이해하고 이를 통해 개념의 이해를 도모한다(Smith & Medin, 1981; 배원자, 1990). 속성모형은 개념학습 모형에서 많이 적용되는 모형으로 개념의 형성 과정에 포함된 개념의 결정적 속성을 개념의 본질적 이해를 위한 중요한 요소로 본다. 개념의 결정적 속성을 파악하여 개념에 대한 이해에 접근하도록 설계된 모형이다. 일반적으로 개념 제시→개념 정의→개념의 결정적 속성과 비결정적 속성 검토→예와 비예 탐색→개념의 속성 탐색과 심화→개념의 분석→개념 관련 문제 및 내용 탐색→개념 정리 및 평가의 단계로 진행할 수 있다.

원형 모형(Prototype Model)은 개념의 원형과 대표 예를 통해서 개념에 대한 이해에 접근하는 방식의 모형이다. 국립국어원에서 제시한 원형(原型)의 사전적 의미는 '같거나 비슷한 여러 개가 만들어져 나온 본바탕', '여러 종류의 근원으로 생각되는 모델'이다. 개념의 원형은 가장 표준적, 대표적 사례 또는 이미지 등을 활용할 수 있다. 교사는 우선 아주 전형적인 예를 제시하고 학생들에게 그것에 대한 기억, 경험을 떠올리게 한다. 그러고 나서 일련의 예와 비예를 제시하고 가장 전형적인 예와 비교하면서 분류하도록 한다. 사례들을 통해서 유의미한 추상화 그리고 추상화한 개념을 학습할 수 있다. 이 과정을 통해서 명확하게 개념을 인식하게 한다. 원형 모형 적용의 단계는 개념 제시→원형 제시→예와 비예 제시→속성 검토→개념 분석→개념 관련 문제 및 내용 탐색→개념 정리 및 평가의 단계로 진행할 수 있다.

상황 모형(Social Context Model)은 맥락과 상황에 따라 개념은 다르게 형성된다고 보는 접근 방식이다. 다소 덜 복잡한 개념에 비해 복잡한 개념은 간단한 예 제시 또는 속성 제시로 설명되기 어려운 경우가 많다. 이러한 경우에 상황 모형 적용을 고려할 수 있고 상황 모형의 적용 가치를 찾을 수 있다. 상황 모형에 의한 개념학습은 사회적, 문화적 상황에서 학생들이 겪은 경험과 기대, 행동 등을 활용하여 개념이해에 접근하도록 한다. 개념의 추상성, 복잡성을 고려하여 구체적이고 현실적인 상황과 연결하여 학습자의 이해를 도모한다는 면에서 효과성을 찾을 수 있다. 우리 사회에서 나타나고 있는 세계화, 다문화, 정보화, 기후변화 등은 사회의 특정 상황과 맥락을 토대로 더 쉽고 적확하게 개념적 이해에 접근할 수 있다. 예를 들어, '세계시민'의 개념학습에서 '세계시민은 글로벌 사회에서 인권을 존중하고 사회적 책임의식을 지닌 사람'의 의미를 이해하도록 하기 위해서는 상황과 맥락에서 시민의 역할과 행동을 살펴볼 수 있도록 하는 것이 필요할 수 있다. 상황 모형 적용 학습은 개념 제시→상황 및 학습자의 경험 제시→예와 비예 검토→속성 검토→개념 분석→개념 관련 문제 및 내용 탐색→개념 정리 및 평가의 단계로 진행할 수 있다.

일반적으로 개념학습 모형은 학생들이 개념을 보다 효과적으로 이해하도록 하는 데 중점을 두며 개념학습 과정에서 개념의 속성을 파악하여 개념 지식을 형성할 수 있게 한다.

속성모형	원형모형	상황모형
개념제시	개념제시	개념제시
속성제시, 정의	원제시, 정의	상황, 맥락, 경험기반 정의
속성검토(결정·비결정)	사례검토	사례검토
사례검토(예, 비예)	속성검토	속성검토
개념분석(유사·대조·상하 등)	개념분석	개념분석
관련 문제 및 내용 탐색	관련 문제 및 내용 탐색	관련 문제 및 내용 탐색
개념정리 및 평가	개념정리 및 평가	개념정리 및 평가

위에서 제시한 개념학습 모형들을 실제 교실수업에서 적용하고자 할 때 학습자 변인, 학습 환경 변인, 학습주제 변인, 학습 과정 변인, 교사 변인 등을 고려하여 교사의 입장에서 가장 적정하게 그리고 효과적으로 적용할 수 있는 모형을 선정해서 사용할 수 있다. 그리고 그대로 적용하기에는 현장성에서 어려움이 있을 수 있다. 위에서 제시한 단계를 고려하되 교사의 입장에서 창의적으로 변형하여 적용하는 것도 바람직하다. 교육의 실행은 학습자의 학습적 효과에 중점을 두고 이뤄진다. 학습자의 상황에 맞게 적정한 모형의 선택과 적정한 방법의 적용은 교사의 전문성에 의존한다.

생각넓히기

1. 개념과 개념학습의 의미 그리고 개념학습의 필요성을 정리해 보자.

2. 개념학습 모형을 정리해 보자.

개념학습 모형	내 용(의미, 단계, 효과, 유의점 등)
속성모형	
원형모형	
상황모형	

3. 속성 모형, 원형 모형, 상황 모형을 적용하여 수업안을 작성해 보자.

4. 개념학습 모형 적용 수업안을 비평해보자.

비평 항목	비평 의견
학습목표 설정은 적정한가?	
학습목표를 경험할 수 있는 학습과제 설정인가?	
학습목표 성취 여부를 판단해 볼 수 있는 평가인가?	
학습자 수준에 적합한 유의미한 수업인가? (수준과 흥미, 학습방법, 학습결과 등)	
개념학습 모형이 적정하게 적용되었는가? 개선해야 할 부분은 무엇인가?	

5. 다음의 읽기 자료를 활용하여, ㉠, ㉡, ㉢, ㉣, ㉤에 들어갈 말을 적어보자.

아래 수업안 (가)는 예비 교사가 작성한 4학년 (1) 다양한 환경과 삶의 모습 단원에서 '촌락의 의미와 특성' 주제를 설정하여 설계한 교수 학습 과정안의 일부이다. (나)는 (가) 수업안에 의한 수업 실연 후 수업 비평 회의의 일부이다.

(가)

학습목표	촌락의 의미와 특성을 설명할 수 있다.
단계	교수・학습 활동
도입	• 사진을 보고 공통점 말하기 - 농촌, 어촌, 산지촌의 모습 • '촌락은 어떤 곳일까' 상상하기
전개	• 촌락의 의미 확인하기 - 촌락은 농업, 어업, 임업 등의 경제활동을 하는 사람들이 모여 사는 마을 • 촌락의 속성 검토하기 - 1차 산업에 종사하는 사람들이 살고 있는 마을 • 촌락의 예와 비예 - 예: 농업에 종사하는 사람들이 많이 살고 있는 마을 - 비예: ㉠ • 관련 개념 찾기 - 도시, 취락, 농촌, 어촌, 산지촌 등 • 관련 내용 - 최근 촌락의 변화 모습: ㉡ - 촌락의 문제점: ㉢
정리	• 촌락의 특성 설명 및 평가하기

(나)

예비교사 1: 본 수업에서는 학생들의 촌락 개념 이해에 중점을 두고, 개념이 지고 있는 특성을 중심으로 수업하는 속성 모형을 적용해 보았습니다.

예비교사 2: 오늘 수업에서는 다양한 사례를 제시하면서 생산의 속성을 검토하는 것이 좋았습니다.

예비교사 3: 저는 개념을 지도할 때 원형 모형이 효과적일 것이라고 생각했습니다. 특히, 촌락의 경우 촌락의 대표적인 경관 모습을 활용하여 수업을 하면 학생들이 여러 경로를 통해서 접했던 촌락의 모습과 연계할 수 있을 것이라고 생각합니다.

예비교사 2: 오늘 수업에서 속성 모형을 선택하신 이유가 있으신가요?

예비교사 1: ㉣원형 모형을 적용하기에 몇 가지 한계가 있어 ㉤속성 모형이 가지는 장점을 활용하는 것이 좋다고 판단했습니다.

예비교사 3: 개념은 인지활동의 기본 요소로, 개념을 학습하는 것은 기억과 이해를 쉽게 할 뿐만 아니라 추상적 사고를 가능하게 하기 때문에 고차적 사고력을 신장할 수 있게 하는 효과를 기대합니다. 그래서 학생들의 경험과 적극적으로 연계할 수 있고, 교사의 입장에서도 더 효과적으로 개념에 대한 이해를 도모할 수 있는 방법적 측면을 고려하는 것이 중요하다고 생각합니다.

2. 사회과 탐구학습

1) 탐구학습의 도입과 발달

Barr 외(1978)는 '사회과교육은 시민성 함양 교육의 목표를 달성하기 위해 사회과학과 인문학을 통합한 분야'라고 정의한다. 사회과교육은 사회과학과 인문학의 통합에 기반한 관련 지식 및 통합적 관점을 획득하고 궁극적으로 시민성을 함양하는 교과로 본 것이다. 사회과는 '시민적 자질 함양'에 교과 목표를 두고 있으며, 그 목표 달성을 위한 내용 선정, 조직, 교수 방법에 따라 '시민적 자질 전수로서의 사회과', '사회과학 탐구로서의 사회과', '반성적 탐구로서의 사회과' 의 세 가지 교육 유형으로 이뤄져왔다. '사회과학 탐구로서의 사회과'에서는 사회과학의 내용 지식의 획득과 탐구력을 통해 시민으로서의 자질 함양이라는 목표에 접근한다. '반성적 탐구로서의 사회과'에서는 사회문제 및 학습자 생활 영역의 사회현상을 중심으로 관련 자료를 수집, 분석하면서 합리적인 의사결정 과정을 포함한 반성적 탐구능력을 함양하면서 시민으로서의 자질 함양이라는 사회과교육 목표에 접근하는 방식이라고 할 수 있다.

'사회과학 탐구로서의 사회과' 교육 유형이 등장하게 된 배경은 1960년대 미국에서 등장한 학문중심교육과정과 신사회과(The New Social Studies) 운동의 영향이 컸다. 학문의 구조에 대한 체계적 학습을 통해 사실, 개념, 일반화 지식을 획득하고 탐구과정 지식을 획득하는 것을 강조하여 궁극적으로 학문의 내용 지식을 갖추고 탐구력을 지닌 지적인 인재 양성의 효과를 기대하면서 실행됐던 교육 방식이었다. 이는 사회과학의 탐구방식인 논리적, 경험적 근거에 기반하여 자료를 수집하여 분석하고 해석하여 객관적이면서도 논리적인 결론을 도출하여 신뢰도 높은 결과를 도출한다. 즉 여기서는 사회의 사실과 현상을 토대로 관련 개념과 일반화를 도출하는 과학적 탐구방법의 활용을 강조한다.

'반성적 탐구로서의 사회과' 교육 유형은 오늘날 시대적 사회문제와 쟁점이 폭발적으로 증가하고 더 복잡해짐에 따라 이에 대한 대응으로서 시민적 자질 함양의 필요성 증가, 다원화 사회에서 학습자 개인의 수준과 특수성을 고려의 필요성 증가 등으로 인해 학습자의 실생활과 연계한 그리고 학습자의 수준을 고려한 학습내용 결정으로 학습자의 흥미와 동기를 촉진하고 학습효과를 극대화할 수 있는 교수 학습 방법으로 주목받게 되었다. '반성적 탐구로서의 사회과' 교육 유형도 궁극적으로 유능한 시민으로서의 자질 함양에 목표를 두고 있지만 반성적 탐구 모형에서 탐구는 학습자 개인의 생활과 관련된 문제를 토대로 문제 상황을 확인하고 문제와 관련된 사실 및 가치를 검토하면서 합리적인 문제해결에 접근하는 과정이다. 학습자의 관심사에 대한 합리적 문제해결과정에서는 사회과학의 지식이 활용된다. '사회과학 탐구로서의 사회과' 교육과 '반성적 탐구로서의 사회과' 교육에서 탐구는 전자가 과학적, 논리적 접근법을 적용하여 사회과학의 개념과 방법론이 탐구에 중점을 둔 반면, 후자는 비판적 성찰의 과정을 토대로 학생들의 관심사인 사회의 여러 가지 현상, 문제, 쟁점 등을 강조한다는 면에서 차이를 보이지만 '탐구과정'의 활용이라는 면에서는 공통점을 지닌다. 이러한 배경하에서 사회과는 '탐구교과'라는 교과적 특성을 갖게 되었다.

우리나라에서 사회과 탐구학습의 도입은 미국의 영향을 많이 받았다. 당시 미국에서 적용되었던 '사회과학의 탐구로서의 사회과'와 '반성적 탐구로서의 사회과' 교육의 탐구학습이 절충되어 우리나라 사회과 수업에 적용된 면이 있다. 사회과에서 탐구학습은 일반적으로 문제 제기 → 가설 설정 → 자료 수집 및 분석 → 검증 → 일반화의 절차에 의한 '발견의 과정'으로서 탐구학습이 일반화되었다. 그런데 이러한 사회과학 탐구로서 탐구학습은 학습자 수준에의 적합성, 학교 현장에의 적용 가능성 부분에서 비판적이었다. 먼저, 사회과학 탐구로서 탐구학습은 사회과학의 내용을 토대로 과학적 탐구과정을 적용한다는 면에서 학습자에게 부담이 될 수 있다. 특히 초등학생들에게 동일하게 과학적 탐구방법을 적용하는 것은 학습자에게 무리일 수 있으며 능동적인 학습을 이끌어 내기 어렵다는 것이다. 더불어 학교 현장에서 적용하기에는 교수자의 부담, 학습 진도의 부담, 학습자 실생활과 연계한 교육과정의 내용구성 등에서 어려움이 있었다. 그럼에도 불구하고 사회과학 탐구로서 탐구학습은 제3차 교육과정기에 사회과교육에 주도적으로 적용된 이후 사회현상과 문제를 통찰할 수 있는 지식과 관점의 형성 효과를 기대하면서 오늘날에도 주요한 사회과교육의 방법으로 자리잡고 있다.

2) 학습자 주도 탐구학습의 의미와 가치

Dewey(1910)는 어떤 믿음에 대한 근거를 의도적으로 구하며, 그 근거의 적절성을 검토하는 과정을 '반성적 사고'라고 하였다. 반성적 사고는 자신의 믿음에 대한 근거나 이유, 논리적 결과를 살펴보게 하는 것이다. 이러한 일련의 과정이 탐구에 해당한다. Massialas & Cox(1966)는 Dewey의 반성적 탐구에 기반하여 학습과제를 인식하고 과제해결을 위한 가설을 설정하고, 가설을 통해 과제해결을 위한 탐구계획을 설정하고, 탐구를 통해 가설을 논리적으로 검증하여 과제해결의 결과를 도출하는 일련의 단계를 포함한 사회과 탐구학습 모형을 개발하였다.

탐구학습의 효과에 대해서는 다양하게 제시되어 왔으나 Roberts는 지리교육에서 탐구적 접근의 필요성에 대해 다음을 제시하였다(이종원 역, 2013, pp. 32-41). 첫째, 지리적 지식은 외부에서 간단히 발견되는 것이 아니라 구성되는 것이다. 지리적 사실은 '다른 사실과 연결'되지 않는다면 의미가 없다는 것이다. 지리학자들이 세상을 이해하기 위해서는 개념과 일반화된 이론 등의 습득이 필요하며, 이러한 개념이나 이론 등은 사실들의 연결에 의해 형성되는 것이다. 그런데 개념이나 이론은 전달에 의해서 이뤄진다기보다는 과제해결을 지향하는 복잡한 과정을 통해서 가능하다. 즉, Vygotsky는 개념은 관념의 연속에서, 기존 경험에서 정보와 연합적으로 연결되어 형성되는 것이라기보다는 말과 기호의 기능적 적용을 통한 인지활동, 언어와 문화, 사회적 상호작용 등과 같은 의도적 노력에 의해 형성된다고 하였다(비고츠키 연구회 역, 2020). 그래서 개념지식과 일반화된 이론을 획득하기 위해서는 사실들의 연결과 그것에 기반한 탐구적 접근이 필요하다고 강조한다. 둘째, 구성주의 이론과 관련하여, 지식은 완성품으로 전달되거나 전송되지 않고 학습자의 적극적 이해를 통해 가능하다는 것이다. 구성주의 학습이론에서는 학습자의 학습은 학습자 자신의 선경험과 선지식에 기반하여 학습내용에 대한 이해를 발전시키고 그 과정에서 새로운 내용을 기존의 지식과 경험에 통합하고 재구성한다는 것을 핵심 내용으로 제시한다. 그러므로 학습자의 학습은 학습자의 주도적 참여에 의하여 학습자 자신이 새로운 지식을 탐색하고 이를 선지식과 연결할 수 있는 기회가 제공되어야 한다는 면에서 학습자의 학습은 탐구적 접근에 기반했을 때 효과적이라는 것이다. 셋째, 탐구적 접근은 교육의 목적 달성에 효과적이라는 점이다. 탐구적 접근을 통해 지리교과 지식 이상의 것을 학습할 수 있다는 점이다. 사회과교육의 목적은 학습자로 하여금 개인으로 시민으로서의 역량을 함양하는 데 있다.

개인으로, 시민으로 살아가기 위해서는 다양한 그리고 변화하는 사회에 적응할 수 있어야 한다. 이를 위해서는 사회현상에 대한 인식, 여러 사회문제의 해결, 사회에 대한 비판적 사고, 사회발전 및 변화를 위한 구성원 간의 의사소통 및 협업, 정보처리능력, 그리고 사회적 책임감 등 지리적 지식 이외의 다양한 영역에서의 인지능력과 기능, 태도 등이 요구된다. 특히 21세기 사회에서는 지식과 기능, 태도를 통합적으로 활용할 수 있는 '역량' 함양이 더 요구되고 있다. 이는 2022 개정 교육과정에도 반영된 부분이다(교육부, 2022b). 탐구적 접근에 기반한 학습을 통해서 학습자들은 다양한 사회 현상들을 인식하고 탐색하고, 참여할 수 있는 기회를 제공 받을 것이며, 탐구과정에서 비판적 사고, 의사소통, 정보처리, 협업 등의 능력을 키울 수 있고 나아가서 사회적 책임감, 문제해결력, 공동체 의식 등 함양을 기대할 수 있다. 또한, 탐구적 접근은 맥락에 따라 다양한 방식으로 이해될 수 있으나 일반적으로 탐구학습은 학습자가 학습과제에 기반하여 관련 질문을 제시하고, 정보를 수집하여 조사하며, 자료를 분석, 평가하여 결론을 도출하고 정당화하는 일련의 과정이라고 할 수 있다. 탐구에는 '절차적 특성'이 포함되어 있으며, 근거에 의해 과제를 탐구하고 결론을 도출해 내는 학습 과정이 강조된다. 그러므로 탐구적 접근에 기반한 학습이 효과적으로 수행되기 위해서는 자기 주도적인 학습자 학습수행과 탐구과제 제시가 수반되어야 한다.

3) 탐구학습의 방법

탐구학습은 학생들이 주도적으로 과제를 탐구하고 과제를 해결하는 과정에 대한 경험을 통해서 결과로서의 일반화 지식을 발견, 획득하고 스스로 탐구할 수 있는 방법에 대한 지식과 능력을 키우는 데 중점을 둔다. Massialas & Cox(1966)는 "탐구는 사실과 가치의 문제를 인식하는 과정이며, 문제의 근거가 될 수 있는 가정을 토대로 문제를 평가하는 것이며, 특정 기준에 의거하여 가정들을 입증하는 것이다. 이 과정이 반성적 사고이다"라고 하였다. 실증주의적이고 과학적인 접근이며 반성적 사고력을 함양하는 데 기여할 수 있음을 의미한다.

Roberts(이종원 역, 2013, pp. 17-18)는 지리 탐구의 특징과 탐구의 핵심요소를 제시하였다. 탐구의 특성으로는 다음 세 가지를 제시하였다. 첫째, 탐구는 일련의 기능이라기보다는 지리를 가르치고 배우는 하나의 접근법이다. 둘째, 무엇을 배우는가와 어떻게 배우는가는 밀접하게 관련되어 있다. 셋째, 학생들이 무엇을 배우는가는 그들이 교실로 들어설 때 이미 갖고 있던 지식, 지식의 활용 방법에 달려 있다. 탐구 과정은 지리를 학습하는 방법적 지식으로서 의미를 지니며, 탐구 내용과 탐구 방법 간의 관계성 그리고 학습자의 일상 생활에서 얻은 경험과 지식의 활용이 중요함을 말하였다.

탐구의 과정에 포함될 수 있는 핵심 내용 요소로는 크게 4가지를 제시하였다.

첫째, 탐구는 질문으로 시작한다. 학생들의 호기심을 자극하고 학습의 필요성 인식에 중점을 두었다. 무엇이 궁금한가? 무엇을 상상해 볼 수 있는가? 어떤 가설을 세시할 수 있는가? 어떤 문제를 탐구 과제로 설정할 수 있는가? 탐구과제를 어떻게 수행할 것인가? 등 다양한 측면에서 탐구 질문을 만들 수 있다.

둘째, 탐구에는 근거가 뒷받침되어야 한다. 탐구의 과정은 논리적 과정, 과학적 과정, 반성적 과정이어야 함을 강조한다. 탐구 과제 해결에 필요한 정보와 자료는 무엇인가? 관련 정보와 자료를 어떻게 조사, 수집할 수 있는가? 수집한 자료를 어떻게 처리할 것인가? 등 정보활용 및 처리 과정을 활용하여 근거에 기반한 탐구과정의 실행이 이뤄질 수 있도록 함의 중요성을 말한다.

셋째, 탐구에는 사고 활동이 포함되어야 한다. 탐구학습을 통해서는 결과로서의 지식 획득 뿐만 아니라 탐구과정에서의 인지 경험을 통한 사고력 함양 그리고 다양한 가치 분석과 가치의 명료화 등을 기대한다. 사회과 수업에서 탐구학습의 가치를 여기에서 찾을 수 있다. 학습자가 이미 지니고 있는 선지식과 선경험을 토대로 탐구과제 해결에 필요한 정보와 자료를 찾고, 탐구과제를 해결하는 과정에서 이해하다, 적용하다, 분석하다, 종합하다, 창안하다, 평가하다 등의 다양한 인지 활동을 하면서 생각의 힘을 키울 수 있도록 탐구학습을 설계하는 것이 중요하다고 하겠다.

넷째, 탐구는 성찰의 과정이다. 탐구과제의 수행에서 선지식, 선경험을 토대로 무엇을 더 알게 되었는지, 어떤 향상과 변화가 있었는지, 확장된 지식과 경험은 무엇인지 등을 성찰해 볼 수 있다. 그리고 탐구과제 해결의 의미와 가치를 비판적으로 성찰하면서 학습의 계속성을 구현해 볼 수 있을 것이다.

사회과 탐구학습의 전반적 과정은 과학적 탐구 절차를 활용하여 진행된다. 일반적으로 탐구과제 제시 및 인식 → 가설 설정 → 자료 수집 및 분석 → 가설 검증 → 결론 도출 및 일반화의 과정으로 진행된다. 탐구과제 제시에서는 학습주제를 토대로 탐구과제를 설정한다. 탐구과제 설정에서는 교육과정을 토대로 하며 학생들의 수준을 고려한다. 그리고 학생들이 탐구과제를 확인하여 충분히 인식하도록 한다. 탐구과제에 대해 충분히 인식한다는 것은 이후 가설 설정에서 중요한 역할을 한다.

가설 설정은 탐구과정에서 큰 중요성이 있는 부분이다. 가설 설정은 과제해결의 방향을 제시하고 탐구과정을 실제하는 안내자 역할을 한다. 또한, 가설을 설정함으로써 탐구과제 해결을 가설 검증으로 초점화하여 불필요한 정보 수집이나 분석 등의 과정을 줄일 수 있어서 효과적인 탐구과정의 실행에 도움을 준다. 그리고 가설의 설정을 통해서 학습자에게는 과제해결에의 동기와 호기심 유발의 효과를 기대할 수 있다. 그래서 가설 설정에서는 탐구과제와 관련된 지식과 정보들을 미리 충분히 살펴보고 이를 토대로 가설을 설정하는 것이 중요하다. 이렇게

했을 때 가설 검증의 과정을 실제적으로 실행할 수 있을 뿐 아니라 가설 검증의 결론을 도출할 수 있다.

자료 수집 및 분석은 가설 검증의 과정이라고 할 수 있다. 검증에 필요한 자료를 수집하고 실험을 설계하여 데이터를 얻을 수 있다. 문헌 자료 읽기, 관계자 면담하기, 온라인 자료 수집하기, 실험하기, 현장 답사하기 등 여러 가지 방법을 활용할 수 있다. 중요한 것은 가설 검증에 필요한 자료를 최대한 풍부하게 수집하는 것이며 탐구과제와 관련된 여러 관점을 포함한 자료들을 비교, 대조할 수 있도록 수집하는 것이다. 이를 토대로 가설 검증에 필요한 근거 자료들을 준비한다.

가설 검증은 수집, 분석한 자료를 토대로 가설이 맞는지 여부를 검토한다.

결론 도출 및 일반화에서는 가설 검증의 결과를 도출하고 도출한 결과를 토대로 탐구과제를 일반화하여 결론적인 일반화 지식을 제시한다.

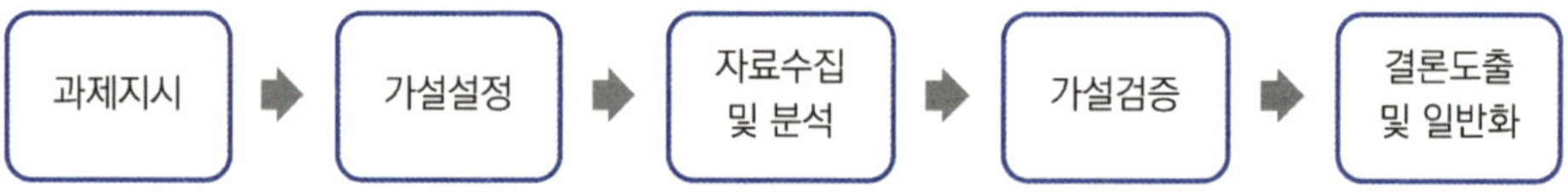

다만 연구자에 따라서 단계의 세분화 정도에서 차이가 있다. 탐구과제 제시 → 가설 설정 → 용어 및 개념의 명료화 → 자료 수집 및 탐색 → 가설 검증 및 증거 제시 → 잠정적 결론 및 일반화의 과정으로 제시하기도 한다. 특히, 용어 정의 및 개념화 부분이 포함되었는데, 탐구과제 해결에 필요한 주요 사실지식, 개념지식을 명확하게 인지하도록 한다. 이를 명확하게 하지 않으면 탐구과정 중 탐구 내용에 대한 혼란과 오개념에 따른 오류 발생의 가능성이 있기 때문이다. 탐구과제에 대한 공통적 이해를 도모하고 용어와 개념의 혼란에 따른 오해와 편견을 방지하고 탐구 결과 해석의 정확성을 확보하고 자료 수집 및 분석 과정에서 일관성 확보의 효과를 기대할 수 있다.

생각넓히기

1. '좋은 사회과 수업은 탐구학습을 추구한다' 라는 말에 동의하는가? 이유는 무엇인가? 전통적인 교사 설명 중심 수업과의 차이는 무엇인가?

2. 사회과 교육과정의 성취기준을 활용하여 탐구과제를 만들어 보자.

3. '기후변화의 영향' 주제로 탐구학습 모형 적용 수업안을 작성해 보자.

4. 탐구학습 모형 적용 수업안을 비평해 보자.

비평 항목	비평 의견
학습목표 설정은 적정한가?	
학습목표를 경험할 수 있는 학습과제 설정인가?	
학습목표 성취 여부를 판단해 볼 수 있는 평가인가?	
학습자 수준에 적합한 유의미한 수업인가? (수준과 흥미, 학습방법, 학습결과 등)	
탐구학습 모형이 적정하게 적용되었는가? 개선해야 할 부분이 있다면 무엇인가?	

4. 아래 탐구학습 단계에서 ㉠에 들어갈 말을 만들어 보자.

고령화의 사회적 영향

고령화 사회현상은 65세 이상의 고령 인구의 비율이 증가하면서 사회 전반에 걸쳐 나타나는 변화와 이에 따른 영향을 말한다. 출생률 감소와 평균수명의 증가로 인해 세계적으로 점차 심화되고 있는 현상이다. 다음은 교사의 '고령화 사회' 탐구학습 수업 설계이다.

단계	교수 학습 활동
문제파악	• 고령화 사회현상이 사회에 미치는 영향을 파악한다.
가설 설정	• ㉠ 탐구 문제와 관련하여 가설을 설정한다.
계획 및 탐색	• 제시된 가설의 적정성을 탐색한다. • 가설 검증을 위한 탐구 계획을 세운다.
가설 검증	• 수집된 자료의 적정성을 평가하고 수집된 자료를 분석한다. • 수집한 자료를 토대로 가설의 수용 가능성을 분석한다.
일반화	• 가설 검증을 통해 일반화 결과로 (㉠)을 도출한다 .

5. 예비교사 1은 4학년 (9) 지역문제를 해결하고 지역을 알리는 노력 단원에서 '지역의 자연환경, 어떻게 알려야 할까?'라는 주제로 (가), (나) 수업모형 중 하나를 선택하여 수업을 하려고 한다. 예비교사 1의 입장에서 적정한 수업모형을 선정하고, 그 이유를 설명해보자.

- (가) 수업모형은 학습자로 하여금 다양한 자료를 통하여 일반화 지식을 도출하도록 하거나 기존 지식의 타당성을 검토, 확인하는 능력을 키우는 데 적용된다. 이 수업모형은 과제 제시 → 가설 설정 → 탐색 → 가설 검증 및 결론 도출 순으로 진행될 수 있다.
- (나) 수업모형은 합리적 결정 능력을 함양하는 데 중점을 둔다. 개인적, 사회적으로 논의가 필요한 사항에 대해, 문제 상황을 파악하고 다양한 대안을 탐색하여 적정한 기준에 의해 대안을 평가한 후 가장 합리적 대안을 찾아야 한다. 여러 개의 선택 가능한 대안을 제시하고, 대안 평가에 필요한 평가 기준을 설정하는 일은 합리적 대안을 평가하여 결과를 도출하는 능력만큼이나 중요하다. 이 수업모형의 단계는 문제 제시 → 가치 탐구→지식 탐구 → 대안 평가→ 선택 및 결론 순으로 진행된다.

♣ 아래 읽기 자료를 참고하여 사회과교육의 탐구학습 방법을 모색해 보자.

읽기 자료

뉴질랜드 ○○○ 초등학교 탐구학습 사례

○○○초등학교는 탐구학습을 미래 학습 모델로 설정하고서 자기 주도적인 학습능력을 기르기 위한 중요한 과정으로 보고 있다. 좋은 탐구는 학생 스스로가 자기 주도적으로, 교사의 지원을 받아 학습을 진행시켜 가는 것으로 보았다. 미래 학습 과정은 모든 학습 영역에 적용되어질 수 있고 적용되어져야 한다는 신념을 가지고 추진되었다. 각 학습 단계는 30분에서 한 학기에 이르기까지 다양하게 진행되었으며, 이를 통해 지속적으로 기능, 사고력, 자기 주도적 학습능력의 발달을 기대하고 있었다. 이를 통해 학교는 학생들이 탐구력과 문제해결능력을 길러갈 수 있기를 기대하고 있었다. 즉 탐구능력을 핵심 학습수행능력으로 두고서 탐구학습을 강조하였다. 따라서 학생들의 탐구능력을 길러 주는 수업이 주된 모습이었다. 탐구학습은 여러 수업 부분에서 보였다. 주제중심의 수업 모형, 모둠별 논의와 논쟁을 통한 문제해결 수업 모형, 개인별 능력에 맞춘 다양한 수업 형태, 독서를 통한 수업 방법, 정보통신기술을 활용한 수업 방법 등에서 탐구학습을 찾아볼 수 있었다. 그리고 탐구학습을 지원하기 위해 e-learning 학습 환경을 구성하였다. ○○○초등학교의 탐구학습의 특징을 살펴본다.

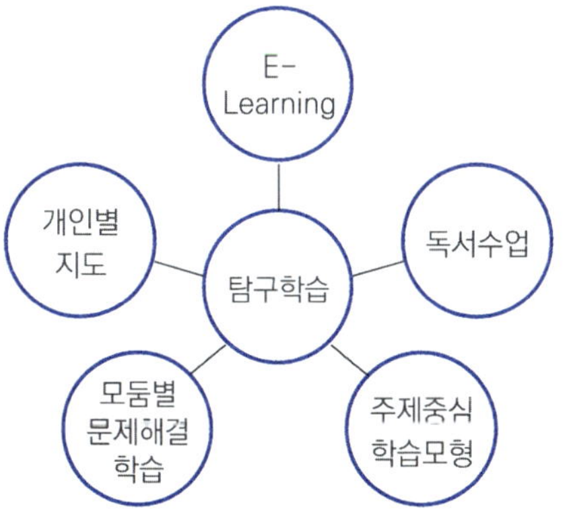

E-Learning 학습은 본 ○○초등학교에서 중점적으로 시설을 확보하여 실시하고 있는 교육이다. 모든 교실에 3~4대의 컴퓨터를 보유하고 있으며, 따로 컴퓨터실을 만들어 학생들의 자기 주도적 학습 탐구를 지원하고 있다. 컴퓨터를 활용하여 문제를 해결하거나 수업주제와 관련된 학습 사이트를 연결하도록 하여 스스로

학습하도록 하는 사이버학습도 동시에 이루어지고 있었다. 이러한 학습은 수업 중 동시에 이루어졌다. 즉 학생들의 학습 진도에 따라 컴퓨터를 이용하여 탐구학습을 하는 모둠, 사이버학습을 통해 학습을 보충하는 모둠, 컴퓨터를 활용하여 자료를 제작하는 모둠 등 다양한 형태의 모둠을 구성하여 모둠별로 주어진 과제를 해결하도록 하고 그 결과를 발표하도록 하고 있었다. ICT활용은 탐구학습을 보조 지원하는 주요 도구로 활용되고 있었다.

독서 수업은 도서관이나 교실에서 교사의 스토리텔링, 학생 스스로 도서를 활용한 주제 탐구방법 등으로 이루어지고 있었다. 뉴질랜드에서는 교과서가 없기 때문에 주된 학습 자료로 도서를 많이 활용하고 있었다. 스토리 쓰기, 읽기 수업 시간에도 독서 수업은 가장 흔히 하는 방법이었다. 독서 수업을 통하여 학생들이 스스로 책을 통해 내용을 분석하고 자료를 만들어 가면서 탐구학습을 하고 있었다. 대부분의 수업이 책을 읽고 책속의 내용을 글이나 그림으로 표현 또는 탐구 주제에 대한 내용을 분석, 수집하는 방법으로 독서 수업이 이루어지고 있었다.

주제중심 학습 모형에서는 앞에서 잠깐 설명한 대로 특정 주제를 중심으로 거의 1달여 동안 개념 정의, 관련 배경 지식 획득, 관련 자료 만들기 등의 활동을 하게 되는데 이러한 활동들은 주로 모둠별 협동 학습을 통해 이루어지고 있었다. 교사는 주제를 주고 학생들의 활동을 관찰하고 부족한 부분에 대한 도움자 역할을 하였고, 대부분의 활동은 학생들이 주도적으로 참여하여 문제를 해결하고 작품을 만들어 가는 탐구학습으로 이루어지고 있었다.

개인별 지도 학습에서도 결국 학습은 학생 자신이 하는 것이었다. 교사는 과제를 주고 과제에 대한 해결은 학생 스스로 하는 것이었다. 중요한 것은 교사는 학생 수준을 잘 파악하여 학생 수준에 맞는 과제를 부여하며 과제가 해결되면 다음 단계의 과제를 주면서 학습 결손을 예방해 갔다. 학습능력은 나이가 결정하는 것이 아니라 학생의 특성에 달려 있음을 모든 교사들은 충분히 인식하고서 학생 개인 지도를 통해 스스로 탐구할 수 있는 능력을 길러 주고 있었다.

사회과 학습내용 구성

	학년	사회 탐구	뉴질랜드 역사/지리
Level 1	1학년	우리를 도와주는 사람들에 대해 이해한다.	• 뉴질랜드 지도를 보고, - 자신의 위치를 안다 - 지역사회 이야기를 소개한다.
	2학년	우리 지역사회 안의 다	• 뉴질랜드 주요 도시를 보고,

	학년	사회 탐구	뉴질랜드 역사/지리
		른 문화를 이해한다.	- 로토루아를 위치화한다. - 뉴질랜드 지도를 보고 산맥, 강, 호수 등을 안다.
Level 2	3학년	필요와 욕구 간의 차이를 알고 우리가 다른 사람들에게 어떠한 영향을 미치는지 안다.	• BOP의 모습을 확인하고 - 뉴질랜드 화폐를 안다. - 뉴질랜드 국경일을 이해하고 국가를 부를 수 있다.
	4학년	사람들의 문화적 실천이 관습, 전통, 가치를 반영한다는 것을 이해한다.	• 지방 전설을 이야기한다. • 우리의 과거에서 주요 사건들을 발견한다. • 우리의 과거에 영향을 주었던 3-5명의 사람들을 조사한다.
Level 3	5학년	사람들이 자원의 이용과 접근에 대해 다른 결정을 하는 것을 조사하고 이해한다.	• 우리 세계의 주요 나라들을 확인한다. • 10가지 뉴질랜드 식물과 조류를 확인한다. • Key NZ 산업을 조사한다.
	6학년	사람들의 인식이 과거가 어떻게 기억되는 지를 결정한다는 것을 조사하고 이해한다.	• 위험에 처한 뉴질랜드 생물을 확인하고 연구한다. • 선거를 이해하고 정부의 정치가 행해지는 방법을 이해한다.

3. 문제중심학습과 문제해결학습

1) 문제중심학습의 의미와 등장

현재와 미래 사회에서 변화하는 사회에 적합한 능력으로 요청되고 있는 것으로 자기주도학습력과 문제해결력이 있다. 이러한 능력을 함양하는데 필요한 수업 모형으로 문제중심학습이 주목받고 있다. Barrows & Tamblyn(1980)은 문제중심학습을 '문제에 대한 이해나 해결책을 위한 학습활동의 과정으로 이뤄지는 학습'으로 정의하며, Levin(2001)은 '학습자가 실제 문제와 이슈들과 관련된 내용지식과 비판적 사고, 문제해결능력을 적용할 수 있도록 하는 교수법'으로 설명하며, Eggen & Kauchak(2001)은 '문제해결기술과 관련 내용을 활용하여 자기 주도적으로 학습할 수 있도록 설계한 교수 전략'으로 정의하였다(조연순, 우재경, 2003, p. 573에서 재인용). 문제중심학습은 실제적인 문제들을 중심으로 문제 인식과 해결 과정에서 관련 지식 습득, 비판적 사고력, 창의적 사고력, 다양한 시각에서의 문제해결력, 자기주도적 학습 능력, 협업 능력 등을 기를 수 있도록 설계된 교수·학습 방법이라고 할 수 있다.

문제중심학습의 등장은 캐나다 McMaster 대학교 의대에서 다양한 원인과 상황에 처해 있는 환자들을 처방하기 위해서는 보편적인 방법과 지식에 기반한 매뉴얼보다는 다양한 상황에서 문제의 원인을 진단하고 적정 처방을 결정할 수 있는 접근 방식의 활용과 이를 수행할 수 있는 능력이 필요하다는 데 있었다(조연순, 우재경, 2003, p. 572). 이후 사회에서 발생하는 여러 문제들에 대한 인식과 해결의 필요성과 연계되면서 여러 학문 분야의 교육 방법으로 도입되었다.

문제중심학습은 기존의 강의식 중심의 수업에서 나타난 수동적 학습과 실제 사회의 문제와의 단절성 등을 극복하고 여러 문제 상황에서 상황에 적절한 주체적 판단과 문제해결력을 지닌 학습자 양성에 중점을 두며 21세기 핵심 역량인 비판적 사고력, 협업력, 문제해결력 함양의 교수·학습 방법으로 주목받고 있다.

2) 문제중심학습의 특징과 교육적 가치

문제중심학습에 대한 연구는 그간 많은 연구자들에 의해 이뤄져 왔다. 조연순·우재경(2003, p. 575)이 정리한 문제중심학습의 특징은 다음과 같다.

첫째, 문제중심학습에서 학습은 문제설정으로 시작한다. 여기서 문제는 학습자들의 실생활과 관련성을 지닌 문제를 대상으로 하며, 심층적이고 복합적인 사고를 활용할 수 있는 비구조화된 문제로 표현된다. 문제중심학습의 목적이 해당 문제 해결의 결과를 얻는 것 이외에 문제해결과정에서 학습자의 인지과정 경험에 있기 때문이다.

둘째, 문제중심학습에서는 학생에게 능동적, 주체적인 역할을 부여하며, 교사는 교육과정 설계자, 조언자, 촉진자, 지원자의 역할을 한다. 다양한 문제 상황에서 문제의 상황을 파악하고 원인을 찾고 해결 방법을 모색하기 위해서는 학습자의 주도적 참여가 필요하다. 즉 학습자의 자기 주도적 학습을 요구한다. 반면, 교사는 학습자의 학습을 안내하고, 전문가로서 관련 지식과 탐구방법에 대한 조언 및 지원자의 역할을 하게 된다.

셋째, 문제중심학습은 궁극적으로 문제해결력과 자기 주도 학습력을 함양하는데 목적을 둔다. 문제중심학습의 등장 배경에서도 설명하였듯이 문제중심학습은 궁극적으로 문제의 상황과 원인을 파악하고 해결 방안을 강구하여 문제를 해결하도록 하는 과정에서 여러 인지과정을 경험하게 하는 데 목적을 둔다. 주도적 학습자로서 문제해결과정에서 협업과 관련 지식 및 방법을 획득하여 자기주도적 학습력과 문제해결력 등의 사고력 함양을 기대한다.

다음에서는 문제중심학습을 통하여 사회과교육에서 특별히 더 구현해 낼 수 있는 효과이다. 사회과교육에서 문제중심학습을 통해 얻을 수 있는 교육적 가치로 다음의 네 가지를 생각해 볼 수 있다. 첫째, 사회문제 해결에 필수적인 창의적 문제해결력 신장이다. 우리나라 사회과교육에서 창의성 교육은 1970년대 세계화, 정보화 사회화의 영향과 관련되어 있다. 개인의 생활 범위가 확장되고 사회 변화의 속도가 빨라지면서 지속가능한 사회를 위해서는 창의적 문제해결력이 필요하였다. 그래서 1980년대의 제4차 교육과정에서부터 창의적 문제해결력은 사회과교육의 목표로 제시되어 왔다. 문제중심학습은 문제를 인식하고, 문제의 원인을 파악하며, 문제의 해결 방안을 찾는 과정에서 논리적 사고와 창의적 해결책의 도출 등을 경험한다. 특히, 문제는 지역에 따라서 그리고 상황에 따라서 다른 양상을 보이기 때문에 해당 문제 해결을 위해서는 창의적 해결 과정과 방안이 모색된다.

둘째, 지속가능한 사회를 만들어가는 데 필요한 시민 양성에 기여할 수 있다. 문제중심학습에서는 학습자들이 지리적, 역사적, 사회적, 정치적, 경제적 문제를 파악하고 분석하고 해결책을 모색하는 과정에 참여한다. 이러한 경험의 성장을 통해서 궁극적으로 지역사회, 국가, 세계의 여러 문제들의 해결 필요성 인식과 태도, 능력을 지닌 시민 양성에 기여할 수 있다. 현실적인 사회문제에 관심과 해결을 위한 능력을 지닌 시민을 양성하는 데 필요한 교수·학습 방법으로 주목해 볼 수 있다.

셋째, 협력과 의사소통능력 함양에 기여할 수 있다. 2022 개정 사회과 교육과정에는 사회과교육의 핵심역량에 '의사소통 및 협업능력'이 제시되어 있다. 주도적 학습과 의견 제시 그리고 타인과 효과적 상호작용 능력을 의미한다. 이는 개인이 활동하는 사회 범위가 확대되고 사회현상과 사회문제의 다양성이 커지고 있는 상황에서 다양한 생각과 문화를 가지고 있는 사람들과 함께 살아가는 세상을 만들기 위한 노력이 훨씬 더 필요해지고 있다. 협력과 의사소통이 이러한 노력의 방법으로 여겨지는 것이다. 특히, 최근 기후변화와 같은 문제는 개인의 노력만으로는 해결이 어려운 크고 복잡하기 때문에 글로벌 차원에서 개인 간, 사회 간, 국가 간 협력에 의해서 해결이 가능한다. 문제중심학습은 사회에서 발생하고 있는 여러 문제들을 다루기도 하지만 문제해결에 필요한 이해집단들 간 상호 협력과 소통의 필요, 그러한 해결에 필요한 협력과 소통의 능력 신장을 기대한다.

넷째, 무엇보다도 문제중심학습에서는 자기 주도적 학습능력 신장을 기대한다. 자기 주도적 학습력은 학습자 자신의 웰빙적 삶을 위해서 필요하다. 특히, 최근의 지능정보화 사회에서 사회의 변화와 더불어서 많은 직업이 새로 등장하고 있는 사회적 상황에서 학습자 스스로 새로운 기술을 익히고 변화하는 환경에 적응하고 경쟁력을 갖추는 것은 개인에게 필요한 일이 되었다. 문제중심학습은 학습자에게 경험 가능한 실제적 문제 상황을 제시하고 해결자의 역할을 부여함으로써 학습자들이 학습에 대해 주인의식을 갖고 문제해결을 하도록 한다. 학습자 자신이 스스로 필요한 학습을 찾고 학습과정을 조절하면서 지식과 인지력을 키우고 효과적으로 평생학습자로 살아가도록 하는 데 기여할 수 있다. 그리고 자기 주도적 학습력을 지닌 개인은 주체적 사고와 협력적 역할을 통해서 시민으로서 역할도 기대할 수 있다.

3) 문제중심학습의 단계

문제중심학습의 단계는 각 학자마다 강조하는 요소에 따라 조금씩 다르지만, 문제를 중심으로 자기 주도적 학습 과정과 협업적 학습 과정을 반복적으로 적용한다는 면에 특징이 있다. 다음에서는 Barrows와 Tamblyn의 문제중심학습 과정과 조연순의 문제중심학습 과정을 소개한다.

(1) Barrows와 Tamblyn 문제중심학습 과정

Barrows와 Tamblyn(1980)은 문제중심학습의 초기 모형 개발에서 주도적 역할을 했다고 볼 수 있다. Barrows와 Tamblyn은 'Problem-Based Learning: An Approach to Medical Education'의 도서명에서 알 수 있듯이 의과 교육에 주로 적용하였으며 환자의 문제를 다루는 데 중점을 두었다. 실제적인 환자의 여러 가지 문제를 다루는 데 중점을 누면서 선동적인 교육방법과 다른 방법을 적용하면서 만들어진 방식이라고 할 수 있다. Barrows & Tamblyn이 제시한 문제중심학습 과정의 특성을 다음과 같이 정리해 볼 수 있다(조연순 외, 2004).

첫째, 문제 만나기에서 처음 문제 만나기를 강조한다. 보통, 교육에의 접근 방법에서는 미리 학습 과제에 대해 살펴보고 준비해와서 학습과제를 능숙하게 수행하는 방식을 사용한다. 그러나 Barrows와 Tamblyn이 제시한 문제중심학습에서는 사전 준비 없이 학생들에게 환자의 문제를 이용하여 학습을 시작하게 한다. 사전 준비 없이 새로운 문제를 접하게 함으로써 학생들이 그 문제에 대해 이미 알고 있거나 이해하고 있는 것이 무엇인지를 스스로 발견하도록 해야 한다는 것이다(Barrows(서정돈 · 안병헌 역), 2005, p.113). 이러한 방식은 새로운 문제를 처음 접하게 되면서 그간의 기억을 자극하면서 환자 문제와 관련해서 그간의 경험, 지식, 정보 등을 동원하게 되고 더 필요한 정보, 지식, 기술은 무엇인지를 파악하는데 도움이 된다는 것이다. 이를 Barrows(서정돈 · 안병헌 역, 2005, p.114)는 '동기 부여'라고 말한다. 또한, 처음 문제 만나기는 실제 상황을 고려한 것으로 병원에서 만나는 환자의 문제는 늘 새로운 문제일 수 있다는 것이다. 이는 교육에서도 마찬가지이다. 개인이 일상에서 접하게 되는 문제는 미리 준비해서 만난다기 보다는 새로운 상황에서 접하게 되는 새로운 문제일 것이다. 새로운 문제를 접했을 때 능동적으로 문제를 진단할 수 있는 능력을 키워간다는 면에서 의미를 찾을 수 있을 것이다.

둘째, 학습목표 설정에 모두가 참여한다. 학습목표 설정을 함께 수행했을 때 각자 문제 해결에 필요한 역할을 구체화할 수 있다는 것이다. 학습목표를 명확하게 하지 않을 경우 해당 문제 해결에 필요한 아주 다양한 사항들을 모두 포괄할 수밖에 없으며 일의 효율성이 낮아질 수 있음을 의미한다. 그래서 문제해결에 필요한 내용을 토대로 특정의 학습목표를 설정하고 이의 달성에 집중하는 것을 중요하게 여긴다. 여기에는 개인의 지향점과 공동의 지향점이 같이 포함될 수 있다. 이를 사회과교육과 연계하면 학습주제를 토대로 학습목표를 교사와 학생이 함께 설정할 수 있을 것이다. 다만, 학교 교육에서는 교육과정을 고려하여 교육과정의 성취기준 및 핵심역량 함양 등을 포함하여 적정의 목표를 설정할 수 있다. Barrows(서정돈 · 안병헌 역, 2005, p.118)는 학습목표 설정이 처음에는 어색할 수 있지만 학습과정의 효율성과 생산성을 깨닫게 되면 자연스럽게 학습목표 설정의 필요성을 인식하게 될 것이라고 말한다.

셋째, 문제중심학습의 과정에서 문제해결에 필요한 아이디어(가설), 사실 정보, 학습이 필요한 항목 즉 학습과제, 그리고 수행해야 할 일 등을 적시하고 실행한다(Barrows(서정돈 · 안병헌 역), 2005, p.119). 가설 설정을 통해서 과제를 명확하게 인식하고 과제 해결의 과정을 논리적으로 접근할 수 있게 한다. 그리고 가설 검증에 필요한 사실 정보 및 관련 자료를 수집하여 가설 검증에 필요한 근거를 마련하는 작업이다. 이 과정에서 학생들 간의 적극적 협력과 토의, 토론의 과정이 포함될 필요가 있다. 토의, 토론의 과정을 통해서 학생들이 문제해결을 위해 각자에게 더 필요한 것은 무엇인지를 파악하게 하는 것도 중요하다.

넷째, 학습과제에 대한 검토 부분에서는 학습목표와의 관계성을 충분히 고려하여 필요한 학습과제로 재정리하는 것이 필요하다. 학습의 범위와 깊이, 문제해결과의 관련성 등을 깊이 있게 검토해 보아야 한다. 학습과제에 대해 충분한 검토가 이뤄진 후에는 개인별 역할 분담을 하고 학습자 스스로 학습과제에 대해 직접 탐구할 수 있도록 한다. 개인별 과제 분담은 개인별 해결 과제 수를 줄이면서 더 깊이 있는 탐구를 가능하게 하고 자기주도적 학습력에 영향을 주며 다른 학생들과 의사소통력, 협업력에도 긍정적 영향을 줄 수 있다는 유익성을 지닌다.

다섯째, 학습과제 선정 이후에는 학습과제 해결에 필요한 학습자원을 선정한다. 과제 해결에 가장 적정한 자원을 결정할 수 있어야 한다. 문헌자료, 현장답사 장소, 자문가, 기타 온라인 자료 등을 토대로 적합한 학습자원을 선정한다.

이상에서 설명한 일련의 문제중심학습의 단계적 과정과 유의사항은 그간 전통적으로 적용해 왔던 사회과 교수 · 학습 방법과는 다름을 보인다. 학습자 주도의 문제해결력 함양의 변혁적 교수법으로 유용성을 지니고 있다고 하겠다.

(3) 조연순의 문제중심학습 단계

조연순은 문제중심학습을 우리나라 교육 환경에 맞게 체계화하여 적용하는데 큰 역할을 하였다고 할 수 있다. 다음에서는 조연순이 제시한 문제중심학습의 교수 · 학습 과정을 살펴본다(조연순, 2006, pp. 97-99). 조연순은 문제중심학습을 5단계로 제시하였다.

① 문제 만나기

'문제 만나기'는 학습자에게 문제를 제시하여 학습 동기를 부여하는 과정으로 학습의 동기이자 출발점이며, 계속해서 학습을 이끌어 갈 동인 역할을 한다. 그래서 '문제 만나기' 과정에서는 어떤 문제를 제시할 것인가 그리고 어떤 방식으로 제시할 것인가에 대한 검토가 필요하다. 일반적으로 문제중심학습에서 문제는 교육과정과 관련된, 학습자의 수준에 적합한, 실생활과 연계된 비구조화된 문제를 권한다. '문제 만나기' 과정에서는 '동기유발', '문제제시', '문제의 파악' 등의 하위 과정이 포함된다. 이 과정에서 문제에 대한 동기유발, 문제파악이 충분히 이뤄졌을 때 이후 학습자의 주도적 문제해결력을 기대할 수 있다. 그래서 문제중심학습에서 중요하게 여겨져야 할 과정이다.

② 문제해결계획 세우기

문제해결을 위한 계획을 세우는 단계로 문제해결에 필요한 학습 내용과 방법을 설계하는 과정에 해당한다. 이 과정은 앞의 문제 만나기에서 이뤄진 문제에 대한 이해를 토대로 진행될 수 있다. 문제의 상황, 문제의 원인 등 문제에 대한 이해를 토대로 문제해결에 필요한 내용과 방법을 설정하는 단계이다. 이를 위해 문제해결을 위해 '알고 있는 내용', '더 알아야 할 내용', '알아내는 방법'으로 세분화하여 체계적으로 계획할 수 있다.

③ 탐색 및 재탐색하기

탐색 단계는 문제해결계획을 세운 다음에 문제해결에 필요한 자료를 탐색하는 과정에 해당한다. 탐색 과정에서 자료 검색, 자료 수집, 자료 정리 등 여러 가지 관련 지식과 기술을 습득할 수 있으며, 기존의 지식과 기술을 활용할 수 있다. 재탐색은 초기 탐색에서 도출된 해결방안의 검토를 토대로 수정이 필요한 경우 다시 가설을 설정 및 탐색을 진행하여 해결방안을 도출하는 과정에 해당한다. 즉, 부족한 정보와 자료를 보완하기 위해 추가적으로 자료를 탐색하는 과정이라고 할 수 있다.

④ 해결 방안 구안하기

해결 방안 구안 단계는 탐색 단계에서 조사한 자료를 토대로 팀원들 간 토의, 토론의 과정을 거쳐서 문제 해결의 방안을 찾아가는 과정이다. 해결 방안 구안에서는 실천 가능성도 검토할 필요가 있다. 학습자들이 협력적 토의, 토론 그리고 논리적 해결 방안을 모색하도록 하는 것이 중요하다. 이 과정에서 팀별 활동의 적극성을 살려서 학습자들 간 의사소통능력과 협업능력을 키우는 것도 바람직하다.

⑤ 발표 및 평가하기

학생들은 해결 방안을 발표하고 공유한다. 이 과정에서 교사와 다른 학생들의 발표 결과에 대한 평가는 팀별 문제해결결과에 대한 신뢰성을 확보하고 실천적 행동으로 이어지게 하는데 중요한 활동에 해당한다. 문제중심학습은 실제 현실에서 발생하는 문제를 대상으로 하기 때문에 해결 방안도 실천가능한 것으로 제시되어야 하고 실천 가능성과 필요성이 있다는 신뢰를 얻게 하는 것은 이후 학생들의 실천력을 높이는 데 필요한 일이라고 하겠다.

4) 문제해결학습

문제해결학습에 대해서 국립국어원의 표준국어대사전에서는 ‘학생에게 어떤 문제를 주거나 학생 스스로가 문제를 찾아서 이미 얻은 지식과 새로 얻은 자료를 갖고 그것을 풀어나가는 학습법’으로 제시하고 있다. 박상준(2023)은 사회과에서 “문제해결학습(Learning to Solve Problems)은 학생이 직면하는 ‘일상적 문제’를 해결하는 사고의 과정을 가르치는 데 초점을 맞춘다.”로 제시하고 있다. 사회과에서 문제해결학습은 실생활과 연계된 복잡하고 비구조화된 문제를 토대로 문제

해결과정에서 관련 지식과 여러 가지 인지과정의 경험 그리고 문제해결력을 함양하게 하는 데 목적을 둔다. 그런 면에서 사회과의 문제해결학습은 문제중심학습과 유사함을 지닌다고 하겠다.

사회과 수업에서 문제해결학습은 일반적으로 **문제의 제시 및 문제 확인, 문제의 원인 파악, 문제해결계획 세우기, 문제해결을 위한 자료 수집 및 탐색**, 그리고 **문제해결 방안 제시 및 평가, 실천계획 세우기의 과정**으로 진행한다(박상준, 2023, p. 252; 최용규 외, 2005, p.139).

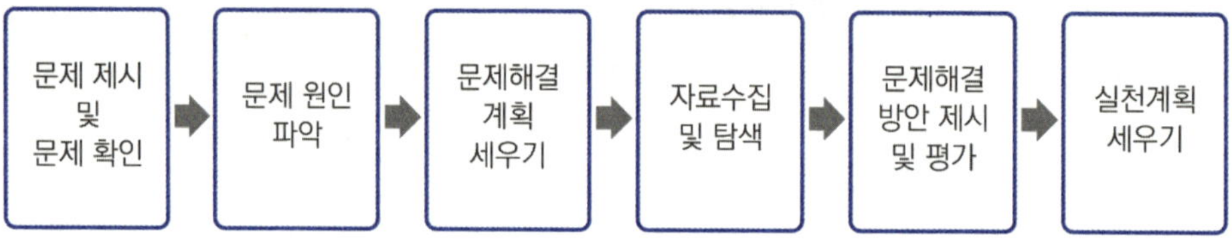

문제 제시 및 문제 확인에서는 학습과제로서 문제를 설정하는 과정이다. 왜 문제라고 할 수 있으며 왜 해결이 필요한지를 파악한다. 문제의 원인 파악하기에서는 문제의 사태 파악을 토대로 문제의 원인이 무엇인지를 찾는 과정에 해당한다. 문제의 원인 파악은 문제에 대한 깊이 있는 조사와 이해를 토대로 이뤄질 수 있으며 문제해결계획 수립의 기초가 된다. 이 단계에서 문제 원인에 대해 잠정적인 가설을 설정할 수 있고 문제해결 방안에 대한 잠정적 해결 방안을 설정할 수 있다. 문제해결계획 세우기 과정은 문제의 사태와 원인 파악을 토대로 문제의 해결 방향을 설계하는 단계이다. 이후 문제해결계획에 의해 관련 자료 수집 및 가설 검증의 과정을 수행하여 문제 해결 방안을 제시하고 평가하며 세부적인 실천 계획을 제시할 수 있다.

사회과 수업에서 문제해결학습은 문제중심학습과 명확하게 구분되지 않고 혼용되는 면이 있다. 이러한 배경에는 문제중심학습이 복잡한 사회환경에서 여러 가지 문제를 중심으로 문제를 정의, 해결 방법을 탐구하여 다양한 해결책을 찾는 일련의 과정에서 문제해결학습과 비슷한 과정으로 진행되는 모형으로서 특성을 지니고 있기 때문이다. 박남수(2010)에 의하면, 문제해결학습에 대한 다양한 견해가 있으며, 90년대 열린 교육이란 이름으로 행해지는 많은 수업을 넓은 의미의 문제해결학습이라고 보기도 하고, 문제해결이라는 단어의 의미에 초점을 두어 학생들이 문제를 해결해 가는 학습을 모두 문제해결학습으로 보는 견해, 그리고 학생들이 직면하고 있는 문제를 해결하는 과정에서 경험과 지식을 재구성해서 발전시키는 학습을 의미한다는 견해도 있다.

문제중심학습과 문제해결학습은 문제를 토대로 진행된다는 점, 문제의 해결계획과 실행으로 진행된다는 점, 문제 해결 방안을 제시한다는 점에서 유사함이 있다. 다만 굳이 구분하자면 문제해결학습의 문제는 명확성과 구체성을 지닌다는 점, 주어진 문제에 대한 원인을 파악하고 이를 토대로 구체적인 해결 방안을 찾는 데 중점을 둔다는 면에서 차이를 찾을 수 있을 것이다. 그러나 실제 사회과 수업에서 적용하는 문제는 복잡하고 열린 성격의 문제인 경우가 많으며, 정해진 답보다는 다양한 해결책을 탐색하고 그 과정에서 새로운 지식을 습득하도록 하는 데 중점을 두는 경우가 많다. 예를 들어, 조연순(2001)은 지역사회 문제 해결 프로젝트 등에서 창의적 문제해결력의 함양은 교과의 지식과 사고력을 통해서 키울 수 있음을 제시하면서 문제중심학습을 효과적인 방법으로 제시하기도 하였다. 그러나 조연순(2006, p. 70)은 문제해결학습과 문제중심학습의 차이를 아래와 같이 제시하였다.

> 문제해결학습에서는 학생들에게 미리 계획된 강의와 정보를 제공 후 이를 토대로 질문을 제시하고 해결책을 찾아가도록 한다. 이때 해결책은 이미 배웠던 중요한 교과 내용에 제한된다. 반면, 문제중심학습에서는 문제 상황이 먼저 제시되고 그 안에 교과 내용이 내재되어 있다. '복잡한 상황에서 어떤 지식과 정보가 필요한가?', '이 상황을 효과적으로 해결하기 위해서는 어떤 기술이 필요한가?' 등에 대한 결정권은 학생들에게 있다. 즉 문제 제시 형식과 시점에서 두드러진 차이가 있으며 문제해결과 관련된 정보, 기술, 지식을 결정하는 주도권이 교사와 학생 중 어느 쪽에 치우쳤는가에 따라 차이를 보인다.

조연순에 의하면, 문제해결학습과 문제중심학습은 학습자가 문제를 해결하는 과정에서 사고력을 키우는 교수・학습 방법이라는 면에서 공통점을 찾을 수 있지만, 두 방법에는 접근 방식과 목표에서 다소 차이가 있다는 것이다. 문제중심학습은 현실적이고 복잡한 문제들을 토대로 탐구를 진행하면서 결과로서의 지식을 획득하거나 문제해결력을 키우는데 기여한다. 여기에서 문제는 '해결이 필요한 문제(Problem)'의 성격도 지니고 있지만 목표 달성을 위해서 수행해야 할 '과제(Task)'로서의 성격도 지니고 있으며, 수행 과정을 통해 탐구력, 문제해결력, 자기주도력 등의 배양과 비판적 사고력 등의 인지능력 그리고 자료의 수집, 정리에 적용되는 정보활용능력의 함양 면에서도 긍정적 영향을 줄 수 있다. 문제해결학습은 해결이 필요한 문제의 해결 과정을 수행하면서 명확한 문제의 해결책을 탐색하는 데 중점을 둔다. 즉, 학습의 과정에서의 여러 가지 능력 배양도 중요하게 여기지만 문제해결 자체에 다소 초점을 두면서 사회의 여러 가지 문제들을 인식하고 이에 대한 관심과 해결에 필요한 참여 태도를 함양하는데도 중점을 둔다.

그럼에도 불구하고 현재 사회과 수업에서 문제해결학습은 문제중심학습의 성격을 많이 포함하고 있으며 실제 모형 적용에서도 유사함을 보이고 있다. 여기에는 오늘날 문제해결학습이 학습과정 차원의 성격 중심에서 문제해결력, 자기주도학습력, 비판적 사고력 함양 등 사회과교육의 목표 도달을 위한 교수・학습 원리로서의 성격 중심으로 이동하고 있는 데서 현재의 사회과 문제해결학습의 모습을 찾을 수도 있을 것이다. 향후 사회과교육의 문제해결학습에 대해 더 깊이 있는 논의와 정리가 필요하다고 하겠다.

생각넓히기

1. 사회과교육의 문제해결학습 모형을 정리해보자.

구분	내용
문제해결학습 모형 설명 (탐구학습 모형과 차이점 포함)	
문제해결학습의 단계	
문제해결학습의 필요성 및 효과	

2. 지역사회 문제들 중 하나를 선택하여 문제해결학습 모형 적용 사회과 수업안을 작성해 보자.

3. 문제해결학습 모형 적용 수업안을 비평해 보자.

비평 항목	비평 의견
학습목표 설정은 적정한가?	
학습목표와 학습과제 간 일관성이 있는가?	
학습목표 성취 여부를 판단해 볼 수 있는 평가인가?	
학습자 수준에 적합한 유의미한 수업인가? (수준과 흥미, 학습방법, 학습결과 등)	
문제해결학습 모형이 적정하게 적용되었는가? 개선해야 할 부분이 있다면 무엇인가?	

4. 의사결정학습과 논쟁문제학습

1) 의사결정 수업의 의미와 필요성

의사결정은 개인적 문제와 사회적 문제의 상황에서 합리적 과정으로 문제 상황을 해결할 수 있는 방안을 내리는 과정과 결정하는 행위를 말한다. 의사결정자가 자신의 경험, 지식, 가치를 활용하여 가장 적정한 대안을 선택하는 과정이기도 한다. 의사결정의 주체에 따라서 개인적 의사결정과 집단적 의사결정으로 나눌 수 있다. 의사결정학습은 학습자가 의사결정의 주체자로서 역할을 하면서 주어진 문제 상황을 파악하고 합리적 절차에 의해 최종의 대안을 결정하는 경험을 할 수 있도록 하는 교육 활동이며, 궁극적으로 학습자의 합리적 의사결정력을 배양하는 데 목적을 둔다.

Engle(1960)은 '사회과 수업의 핵심적 관심사는 의사결정의 질에 있다. 어떠한 결론도 이끌어 낼 수 없는 사실이라면 그다지 알아야 할 가치가 없다. 의사결정이 사회과 수업의 초점이 되어야 한다'라고 하였다(이광성 외, 2014). 의사결정능력은 사회과교육의 목표 '시민의 자질 함양'과 관련되어 있다. 학생들이 문제 상황에서 적정의 대안을 모색하고 합리적 해결 방안을 결정하는 능력을 키우는 데 중점을 둔다. 이를 통해서 학생 개인의 삶과 사회문제 해결과 지속가능한 발전에 기여하는 데 필요한 사고력과 판단력을 키우는 데 도움을 줄 수 있다. 의사결정력은 고등의 사고력에 해당하는 것으로 의사결정에 필요한 지식과 가치의 탐구, 정보 수집과 분석, 정리, 평가 등 일련의 관련 기능 습득, 그리고 비판적 사고력과 자기 주도적 학습력, 사회적 과제해결에 참여와 대안의 실천력 등을 함양하는 데 긍정성을 지닌다. 이러한 면에서 민주주의 사회의 주체적 시민으로서 역할력을 제고하는 데 기여할 수 있다고 본다.

사회과에서 의사결정능력 함양은 제7차 교육과정에서 교과의 주요 목표에 포함되었고, 2015 개정 사회과 교육과정과 2022 개정 사회과 교육과정에서는 사회과 핵심역량과 사회과교육의 목표로 제시되어 있다.

1. 사회과 성격

사회과는 시민으로서 갖추어야 할 자질을 함양하는 데 필요한 창의적 사고력, 비판적 사고력, 문제해결력 및 의사결정력, 의사소통 및 협업능력, 정보활용능력 등을 기르는 데 중점을 둔다.

2. 사회과 목표

(5) 인간과 사회현상을 파악하는 데 필요한 지식과 정보를 획득, 분석, 조직, 활용하는 능력을 기르며, 공동체 생활과 관련된 여러 문제를 합리적으로 해결하기 위한 탐구능력, 의사결정능력 및 사회참여능력을 기른다.

출처: 교육부, 2022b.

의사결정력은 시민으로서 역할을 위해 필요한 핵심 자질로 여겨지고 있다. 세계화, 지능정보화에 따른 사회변화에서 개인과 사회는 늘 새로운 의사결정의 상황에 직면하게 되는데, 상황의 복잡성이 커짐에 따라 합리적 의사결정력이 중요하다. 그래서 개인의 삶의 질을 위해서 그리고 민주주의 사회의 지속가능한 성숙화를 위해서도 각 개인의 주체적 의사결정력의 함양이 사회과의 중요한 과제로 요구되고 있다고 하겠다.

2) 의사결정 과정의 적용 원리

윤재풍(2000)은 의사결정 과정에서는 완전무결한 합리성을 기준으로 하기보다는 현실적인 여러 가지 상황적 제약의 가능성, 의사결정자의 대안적 범위 탐색에서의 제한성, 합리적 의사결정의 대안의 미래성 등의 특성을 고려할 필요가 있으며, 선택의 행위에서 준거틀의 필요성, 대안의 우선순위와 경중에 의한 의사결정 과정 수행, 그리고 대안 선택에서 나타날 수 있는 개인 간, 집단 간 갈등의 수반 가능성 등을 충분히 고려할 필요가 있다고 하였다.

이태근(1988)은 합리적 의사결정에서 합리성은 합목적성, 가치 합리성, 의사소통의 합리성 등의 의미를 포함하고 있다고 하였다. 합목적성은 목적에의 합리성을, 가치 합리성은 개인적, 사회적 가치에 비추어 보편성을, 의사소통 합리성은 개인 간, 집단 간 갈등의 해소와 협업적 아이디어 생성을 의미한다. 이외에 사회적 가치에의 부합성, 지속가능성 등이 포함될 필요가 있다.

모경환 외(2024)는 합리적 의사결정에서는 다음의 교수 원리가 적용되어야 한다고 하였다. 첫째, 사회과에서의 의사결정은 무엇보다도 합리적 해결을 위해 반성적 사고과정을 토대로 해야 한다. 둘째, 합리적 의사결정은 의사결정 상황과 관련된 정확하고 광범위한 사실을 바탕으로 해야 한다. 셋째, 어떠한 의사결정이 합리적 타당성을 얻기 위해서는 대안의 발생 가능성과 의사결정자의 유용성의 두 가지 조건을 충족해야 한다.

3) 의사결정 수업 모형과 적용 시 유의사항

의사결정 수업 모형은 인지적 측면과 정의적 측면의 지식과 가치가 모두 적극적으로 포함되어야 하는 학습이기 때문에 논쟁문제 수업 모형과 함께 종합적 성격의 모형이라고 한다. 다음에서는 Banks(1990), 권오정 외(2003), 차경수 외(2017)에서 제시한 의사결정학습 모형을 살펴본다.

Banks(1990)는 사실문제와 가치문제가 혼재되어 있는 사회문제를 합리적으로 해결하기 위해서 사실 탐구와 가치 탐구를 종합하여 의사결정하고 그에 따라 행동하는 의사결정의 과정을 제시하였다(모경환 외, 2024, p. 108; 박상준, 2022, p. 255에서 재인용).

의사결정 문제 확인: 의사결정할 문제 확인
사회 탐구: 대안의 확인과 예측에 필요한 지식 도출
가치 탐구: 문제와 관련된 대립 가치의 명료화
의사결정: 대안 확인, 대안 결과 예측, 대안 평가
행동: 의사결정에 따른 행위의 실천

권오정 외(2003)는 사회과 수업에서 의사결정 수업 모형 적용의 단계를 다음과 같이 제시하였다. 의사결정의 문제 상황을 제시하여 결정할 문제를 확인하는 단계, 문제의 사실적 측면과 가치적 측면을 분석하고 가능한 대안을 개발하는 단계, 문제에 포함된 사실적 측면과 가치 판단의 측면을 고려하여 관련 있는 평가기준을 사실적 기준과 가치판단의 기준이 고루 포함되도록 하여 평가기준을 정하고 평가 기준표를 작성하는 단계, 기준에 따라 각 대안에 대한 점수 매기기 및 평가 단계, 마지막으로 최종 대안을 선정하고 행동 계획을 수립하는 단계로 제시하였다.

결정상황 확인: 문제 상황 제시, 결정할 문제 확인
대안 작성: 문제의 사실적 측면과 가치적 측면 분석, 가능한 대안 개발
기준 작성: 평가기준에 대한 조사 및 결정, 기준표 작성
대안 평가: 기준에 따른 대안 평가, 선정된 대안의 장점과 단점 평가
최종 결정: 최종 대인 제시, 행동 계획 수립

차경수 외(2017)는 사회과 수업의 의사결정학습은 사회과학적 탐구과정과 가치 탐구과정의 두 과정을 포함하며, 합리적 의사결정을 위해서는 사실 인식에 필요한 지식과 정보가 필요하며 이를 위해서는 사회과학 탐구와 동시에 의사결정에는 선택해야 할 가치가 개입되기 때문에 가치 탐구의 과정이 필요하다고 하였다. 의사결정은 결국 이러한 두 개의 다른 성격의 과정을 거쳐서 최종적으로 이뤄진다고 할 수 있다.

문제 제기 → 지식과 가치의 문제 확인 → 사회 탐구에 의한 지식 획득 → 가치 탐구에 의한 가치 분석 → 대안 탐색과 결과 예측 → 선택 및 결론 → 행동

박상준(2022)은 의사결정학습 모형 적용에서는 다음의 사항들이 고려되어야 한다고 하였다.

첫째, 사회문제와 관련된 사실문제의 과학적 탐구를 통하여 사회문제와 관련된 지식의 이해를 증대한다.

둘째, 의사결정 수업은 사회문제와 관련된 대립 가치들을 명료화하고 가치의 대안을 비교, 분석하는 과정을 통해서 가치 탐구력을 키운다.

셋째, 사회문제를 합리적으로 해결하기 위해서는 사실문제와 가치문제를 구분해서 검증해야 하고 사실과 가치를 종합하여 문제의 해결책을 찾는 종합적 안목과 통찰력을 길러 주는 데 중점을 둔다.

넷째, 사회문제에 관심을 갖고 그것의 해결에 참여하는 태도를 형성하는 데 중점을 둔다. 또한, 사회문제를 해결하기 위해 다른 사람과 토론하고 상호작용하면서 의사소통능력과 상호협력하는 가치와 태도를 형성할 수 있음을 적극 활용한다.

이외에 합리적 의사결정에서는 '합리적'의 의미를 충분히 고려해야 한다. 이를 위해서 정확한 사실과 지식의 활용, 과학적 방법의 적용, 개인적·사회적 유용성 고려, 사회정의 등의 보편적 가치의 적극적 활용과 이에 기반하여 의사결정이 이뤄질 수 있도록 해야 한다. 그리고 의사결정학습에서 얻을 수 있는 학습효과, 즉 반성적 사고, 탐구, 문제해결 등의 고차적 사고력 함양, 합리적 근거에 기반한 의사결정능력, 지식과 가치의 연결, 학습자 주도성과 협업력, 의사결정 사항에 대한 실천적 행동 등이 충분히 함양될 수 있도록 한다. 이러한 능력은 주체적 시민으로 살아가는 데 필요하기 때문이다.

4) 논쟁문제학습 모형

사회적 이슈, 사회적 문제에 대한 비판적 토론과 토의, 가치 갈등을 해결하는 데 적용되는 모형으로 논쟁문제학습 모형이 있다. 의사결정학습 모형은 문제를 해결하는 과정에서 사실탐구와 가치탐구 활동을 포함하여 합리적 결정을 내리는 능력을 키우는 데 중점을 둔다. 두 모형 모두 사회적 이슈와 문제에 대해 협력적 토론과 토의, 다양한 관점의 분석을 토대로 합리적 대안을 도출한다는 면에서 공통점을 지닌다. 이를 통해 사회 문제에 관심과 문제해결력 함양, 시민성을 키우는데 긍정적 효과를 기대하게 한다.

논쟁문제학습 모형은 '논쟁(論爭)' 문제를 중심으로 찬반의 입장을 분석하여 문제를 해결하는데 중점을 둔다. 최근 사회는 더 복잡성과 다양성으로 변화하고 있어서 개인 간, 집단 간 이해 관계에 따른 갈등과 해결해야 할 사회적 쟁점이 많아지고 있다. 세계화에 따른 다양한 의견과 가치관이 공존하는 사회에서 사회의 평화와 지속가능한 발전을 위해서는 서로의 생각을 공유하고 합리적 해결 방법을 도출할 수 있는 능력과 사회적, 윤리적 가치에 기반하여 합리적 문제해결력을 지닌 시민성 함양이 요청되고 있는 것이다.

논쟁문제 수업의 과정은 연구자에 따라서 세부적인 과정에서 차이를 보여주고 있지만 일반적으로 문제 제기 및 확인, 논쟁문제 분석, 문제 해결 방안 모색의 3단계로 진행되며 세부적인 흐름은 다음과 같다(박상준, 2022; 이경한, 2016). 1단계 논쟁문제 제기 및 확인, 2단계 관련된 가치, 개념의 명료화, 3단계 용이의 정의, 4단계 정보 및 사실 확인, 5단계 가치 검토 및 분석, 6단계 방안 모색 및 일반화, 7단계 방안 검증 및 결론 도출의 단계로 진행해 볼 수 있다. 문제 제기에서는 논쟁문제 인식, 문제파악, 문제 해결 준비 및 계획 활동을 수행하며 이후 학습을 위해서 문제를 명확하게 인식한다. 논쟁문제 분석에서는 문제해결에 필요한 논쟁문제 분석이 핵심이며, 관련 개념 추출과 의미 파악, 정보 및 필요한 자료 조사 등이 포함된다. 또한, 논쟁문제에 대한 이해 관계자 간의 갈등 잇슈 파악, 문제 해결의 기준과 방향 설정 등이 포함되며 이때 자료 조사, 토의, 토론 등이 적극적으로 활용될 필요가 있다. 논쟁문제 해결 방안 모색에서는 수집한 자료, 문제 해결의 기준 및 방향성 등을 고려하여 합리적 해결 방안을 모색한다.

논쟁문제학습 수업 모형을 토대로 학생들의 사회적 쟁점에 대한 관심, 비판적 토의, 토론 실력, 실천적 문제해결력 함양 등을 기대한다.

생각넓히기

1. 아래 읽기 자료를 활용하여, ㉠에 들어갈 내용을 적고, '사회과 수업의 핵심적 관심사는 의사결정의 질에 있다'라는 말은 무엇을 의미하는지 말해 보자.

의사결정능력: 사회과교육의 핵심역량

교육과정에서 사회과 목표는 단순히 정보와 지식의 전수를 통해 주변의 세상을 알아가는 데 그치지 않고 사람들의 인격과 시민성 함양에 두고 있다. 즉, 훌륭한 시민을 양성하는 것이다. 시민은 주변의 지역사회에서 부터 국가, 세계에 이르기까지 사회의 여러 가지 사실과 현상을 파악할 뿐만 아니라, 사회 문제에 관심을 갖고 해결에의 참여에 적극성을 지닌 사람이다. 이러한 적극적 시민성을 형성하기 위해서는 사회를 통찰할 수 있는 지식, 올바른 사회인으로서 역할에 필요한 가치와 태도를 지니고 있어야 한다. 지식과 가치 및 태도는 지속적인 탐구와 토의, 토론을 통해서 검증의 과정을 통해 신뢰성과 타당성, 객관성을 지닌 결과로서의 생성물이다. 이러한 과정을 통해서 개인의 지식과 바람직한 가치와 태도 그리고 의사결정력이 신장될 수 있다. 이러한 과정의 경험과 결과로서의 능력을 키우는데 사회과의 특별한 역할이 필요하다.

사회과수업에서 학생들의 의사결정력을 함양하려면, 의사결정에 필요한 객관적 사실 정보를 찾고, 활용할 수 있어야 한다. 특히, 사회는 늘 변화의 과정에 있다. 그리고 사회마다 사회적 상황과 문제의 정도 및 양상은 다르다. 그래서 현재성과 지역성을 지닌 사실 정보가 필요하다. 교과서에 제시된 내용과 학습자가 암기하고 있는 지식만으로는 합리적 의사결정을 하기 어렵다는 것이다. 여기에서 의사결정력 함양을 위한 사회과 수업의 특별함이 적용되어야 한다. 어떤 방법을 사용해 볼 수 있을까? 이를 위해서는 (㉠). 학생들이 사실 정보와 주제 관련 지식을 얻기 위해서는 교과서 이외에 주제 관련 정보와 내용이 있는 자료들을 찾고, 활용해야 한다.

Engle(2003, pp. 9-10)은 사회과 수업에서 의사결정력을 향상시키려면 지적 수준을 높혀야 한다고 하였다. 관련하여 논리적, 합리적 의사결정능력을 키우기 위해서는 다음과 같은 논리적 오류를 고려해야 한다고 하였다.

- 주장을 사실인 것처럼 받아들이는 것
- 권위를 통해 어떤 진술의 진실성을 검증하려는 것

- 의견과 사실을 혼동하는 것
- 단순히 그럴듯한 설명을 충분한 설명으로 받아들이는 것
- 논쟁에서 핵심적인 단어를 사용하는 경우, 그 의미를 먼저 합의하지 않는 것
- 사실을 통해 답할 수 있는 질문과 가치를 통해 답해야 하는 질문을 혼동하는 것 등

훌륭한 시민성을 함양하기 위해서는 지속적으로 의사결정의 경험 기회를 제공해 주는 것도 중요하지만 의사결정이 과학적, 논리적, 합리적으로 이뤄질 수 있도록 관련 능력을 키우는 데 중점을 두는 것도 중요하다는 의미일 것이다.

더불어서 의사결정에는 논리적 의사결정에 필요한 사실정보와 지식 외에 가치 탐구가 수반된다. 의사결정에 필요한 가치는 사회과 수업을 통해서 형성될 수 있도록 해야 한다. 사회과수업에서 관심 가져야 할 부분이다. 특히, 최근에는 개인의 가치가 의사결정에 미치는 영향이 커지고 있으며, 과거에 비해 개인 중심의 가치 형성이 더 많아지면서 바람직한 개인의 가치 형성에 더 교육적 관심이 필요하다고 하겠다. Engle(2003, p. 10)은 "학생들이 자신의 의사결정에 내재된 가치 가정을 깨닫지 못한다면, 또 그가 가치문제를 다루는 방법을 배우지 못하도록 방치하는 것은 마치 순진한 양을 끌고 가는 꼴밖에 되지 않는다."고 하였다.

우리나라 사회과 교육과정에서는 '의사결정능력'을 사회과의 핵심 역량에 포함하였다. 이는 Engle(2003, p.10)이 언급한 "사회과 수업의 중심 관심사는 의사결정 능력을 배양하는 것이어야 한다."고 언급한 것과 관련지어 볼 수 있다. 과학자인 한스 셀리에(Hans Selye)는 "어떠한 결론도 도출할 수 없는 사실이라면 그다지 알아야 할 가치가 거의 없다."고 하였다(Engle, 2003, p. 10).

2. 아래 읽기 자료를 활용하여 의사결정학습에서 토론의 중요성을 말해 보자.

1. 합리적 의사결정과정으로서의 토론

우리는 살면서 다양한 의사결정의 상황에 직면하게 된다. 우리가 만나는 의사결정의 상황들은 지극히 개인적인 사항도 있지만 개인 간, 집단 간, 더 나아가서는 국가 간, 민족 간에도 나타날 수 있다. 이러한 의사결정 상황은 복잡한 이해관계가 얽혀 있는 경우가 많아서 심각한 갈등과 분쟁으로 이어질 가능성이 있다. 이렇게 부딪힌 의사결정 상황들을 합리적으로 해결할 수 있는 방법은 무엇일까?

개인이 어떤 의사결정 상황에 놓이면, 보통은 개인의 사정과 가치에 기반하여 의사결정의 대안을 찾아간다. 그러나 개인 간, 집단 간, 국가 간, 민족 간 등의 타자와 관계를 포함한 문제의 경우 합리적인 해결을 위해서는 서로의 입장과 가치, 처한 상황 등의 조사에 기반하여 고차적인 사고와 방법이 필요하다. 왜냐하면 의사결정 문제를 바라보는 입장의 차이와 해결 방법에 대한 생각이 다르기 때문에 합리적 의사결정의 과정에서 정의, 만족, 이해 등이 포함되어야 하기 때문이다. 이를 위해서는 무엇보다도 서로의 입장, 생각, 가치를 공유할 필요가 있다. 서로가 개방적 태도를 마음의 문을 열고 생각을 드러낼 수 있는 장이 마련되어야 한다. 이러한 장이 바로 '소통의 장'이다. 토론은 의사소통의 한 유형이라고 할 수 있으며 특히, 다른 의사소통 방식에 비해 문제에 대해 더 깊은 이해를 토대로 서로의 입장을 교류하고 서로에게 만족스러운 결과를 만들어 가는 데 기여할 수 있다. 결국 토론은 갈등과 대립, 분쟁의 가능성이 있는 문제의 상황을 가장 합리적이고 민주적인 의사결정을 만들어갈 수 있는 소통의 방식이라고 할 수 있다.

2. 토론의 필요성

토론이 필요한 이유는 무엇일까? 합리적 의사결정으로서의 토론은 단순한 지식 전달이 아닌, 학생들의 사고력, 문제 해결력, 협업 능력을 통합적으로 발전시키는 데 중점을 둔다. 이러한 접근은 학생들이 지식과 가치를 연결하고, 이를 실제 삶의 문제 해결에 적용하는 능력을 기를 수 있도록 돕는다. 즉, 합리적 문제해결, 의사결정력을 키우는 데 필요한 의사소통 방식으로서의 기능적 효과 뿐 아니라 사고력 함양에도 도움을 줄 수 있다는 것이다. 토론을 통해서 근거에 기반한 논리적 추론력, 토론 과정에서 경험하게 되는 다양한 토론자들의 토론 관점의 공유와 다양한 관점의 수용 태도, 다양한 관점을 종합하여 균형잡힌 결론 도출력, 토론 주제에 대한 논의 과정에서 경험하게 되는 비판적 사고와 반성적 태도 등은 토론에서 얻을 수 있는 주요한 효과들이라고 할 수 있다. 이러한 태도와 사고력 함양은 궁극적으로 협력적 태도, 사회적 책임감, 그리고 민주 시민성 함양과 밀접하게 관련되어 있다고 하겠다. 그러나 무엇보다도 사회에서 토론의 필요성은 토론을 통한 공생적 사회를 만들어가는 데 있을 것이다. 대화와 협상, 그리고 합리적 의사결정은 평화롭게 모든 사람들이 공생할 수 있는 사회를 만들어가는 데 필요하다는 데서 토론의 필요성을 찾을 수 있을 것이다.

3. 아래 읽기 자료를 활용하여 의사결정학습, 논쟁문제학습에서 토론·토의 활용의 교육적 가치를 말해 보자.

토론 · 토의 활동의 의의

1. 비판적 사고 가치 분석력 함양

- 토론 수업은 논제에 대해 개인의 관점과 의견을 제시
- 객관적 사실, 자료, 지식에 기반하여 근거에 기반한 의견 제시
- 개개인의 관점, 의견을 공유하면서 논제에 대해 심층적 이해와 관점, 가치 분석

2. 의사소통능력 및 합리적 의사결정력 함양

- 토론과 토의는 의사소통의 방법
- 자신의 의견을 명확하게 소신을 갖고 표현하는 활동
- 상대방의 의견을 경청, 수용하는 과정에서 의사소통의 기술과 의견의 존중 태도 함양
- 여러 사람들의 의견을 토대로 대화와 타협의 민주적 의사결정 과정을 경험

3. 상호 존중의 가치와 다양한 관점의 수용 태도 함양

- 토론과 토의에서는 다양한 의견들이 제시되고 경청
- 다른 의견에 대해 논리적 근거에 기반하여 설득력 있는 대화를 실천
- 상반된 의견에 대한 경청과 존중, 자신의 의견 표현의 과정에서 상호 존중과 시민성 함양

4. 문제해결력 함양

- 토론과 토의는 논제 해결에 중점을 둠
- 토론과 토의 과정을 통해서 논리적, 합리적 접근과 적합한 문제해결의 대안을 모색
- 실제 사회 문제에 대한 해결 방안 모색 등을 경험

5. 상생의 협력적 태도 함양

- 사회적 논제는 사회의 바람직한 발전을 위해 해결해야 할 과제임
- 사회적 논제 해결에 함께 참여하면서 상생의 협력의 가치 경험

4. 의사결정학습 모형의 내용을 정리해 보자.

구분	내 용
의사결정학습 모형 설명	
의사결정 수업 절차	
사회과교육에서 의사결정 학습의 필요성과 기대효과	

5. 최근 사회적 문제들 중 하나를 선택하여, 의사결정 수업 모형 적용 수업안을 작성해 보자. (예, 기후변화 대응을 위한 실천 사항 등)

6. 의사결정학습 수업 모형을 적용한 수업안을 보고 수업을 비평해 보자.

비평 항목	비평 의견
학습목표 설정은 적정한가?	
학습목표를 경험할 수 있는 학습과제 설정인가?	
학습목표 성취 여부를 판단해 볼 수 있는 평가인가?	
학습자 수준에 유의미한 수업인가? (수준과 흥미, 학습방법, 학습결과 등)	
의사결정 수업 모형이 적정하게 적용되었는가? 개선해야 할 부분은 무엇인가?	

7. 개념학습, 탐구학습, 문제해결학습, 의사결정학습 수업 모형을 비교하여 정리해 보자.

구분	개념학습	탐구학습	문제해결학습	의사결정학습
목표 및 내용				
과정 단계				
특성 및 중점사항				
효과적 적용에 필요한 방법 (예-토의, 토론, 현장 조사 등)				

8. 논쟁문제 수업 모형을 더 탐구하고 의사결정 수업 모형과 비교해보자.

구분	논쟁문제 수업	의사결정 수업
초점	논쟁적 사회문제를 다룸	문제 상황에서 합리적 의사결정을 내리는 데 중점
문제 성격	찬반 의견이 나뉘는 사회적 논쟁문제 중심	특정 상황에서 대안을 선택해야 하는 실제적 문제 중심
적용 단계		
학습 활동 특성	다양한 가치와 관점 분석, 토론 중심	다양한 대안의 탐색과 비교 다양한 대안 제시와 대안 평가 기준안 작성 적극적 토의, 토론 중심
학습효과		

9. 다음의 자료에 제시된 교수·학습 모형은 무엇이며, ㉠에 들어갈 말을 적어보자.

예비교사 1: 이번 수업안 작성에서는 6학년 (12) 지구촌 사람들 단원에서 '지구촌을 위협하는 다양한 문제' 주제로 수업을 설계해 보았습니다. 본 수업에서는 기후변화 문제, 생태계 파괴 문제, 에너지 문제 등과 같은 사회적 문제 해결에 필요한 능력을 함양하는 데 중점을 두었습니다.

예비교사 2: 지구촌 문제 해결에서는 찬반 의견이 대립되는 문제도 있을 텐데 이 부분을 어떻게 설계했는지 궁금합니다.

예비교사 1: 그 점을 고려하여 본 수업에서는 논쟁문제해결에 적합한 수업 모형을 선택하고, 단계별 발문도 준비했습니다.

단계	내용
문제 제기	• 기후변화 문제 해결에서 기후정의적 방법은 무엇인가?
개념의 명확화	• (㉠)
사실의 경험적 확인	• 기후변화의 차별적 영향
가치 갈등 해결	• 인간의 생존 보장, 생태환경 보전, 경제적 소득 성장의 가치 논의 및 분석
대안 모색 및 결론	• 기후변화 대응을 위한 대안 선택

참/고/문/헌

가톨릭대학교 교양교육원, 2007, 문제해결과 의사소통, 가톨릭대학교 출판부.

교육부, 2022a, 초 · 중등학교 교육과정 총론, 교육부 고시 제2022-33호(별책 1).

교육부, 2022b, 사회과교육과정, 교육부 고시 제2022-33호(별책 7).

권오정, 김영석, 2003, 사회과교육학의 구조와 쟁점, 교육과학사.

모경환, 한춘희, 허수미, 2024, 사회과교육론 및 지도법, 교육과학사.

박남수, 2010, 초기 사회과에서의 문제해결학습의 수용과 그 한계, 사회과교육연구, 17(2), pp. 65-76.

박상준, 2022, 사회과 교재연구 및 교수법, 교육과학사.

박상준, 2023, 사회과교육의 이해, 교육과학사.

배원자, 1990, 개념학습에 관한 전형모형, 고전모형 및 사례모형을 사회과에 적용한 학습효과, 교육심리연구, 4(1), pp. 33-54.

비고츠키연구회 역, 2020, 비고츠키 선집 11 흥미와 개념, 서울: 살림터.

서태열, 2005, 지리교육학 이해, 파주: 한울.

윤재풍, 2000, 조직학원론, 박영사.

이경한, 2016, 사회과 지리수업과 평가, 서울: 교육과학사.

이광성 외, 2014, 생각이 담긴 교육, 강현출판사.

이영민, 1999, 지리교육의 기본개념: 지리교사들의 인식과 재정립 방향의 모색, 대한지리학회지, 34(3), pp. 281-293.

이태근, 1988, 사회과 교수법, 교육과학사.

조연순, 2001, 교과를 통한 창의적 문제해결력 교육방법 모색: 문제중심학습, 한국교육, 28(2), pp. 205-227.

조연순, 2006, 문제중심학습의 이론과 실제: 문제로 시작하는 수업. 학지사.

조연순, 우재경, 2003, 문제중심학습의 이론적 기초: 지식관과 교육적 가치. 교육학연구, 41(3), pp. 571-600.

조연순, 제세숙, 백은주, 임현화, 2004, 초등학교 수업을 위한 문제중심학습의 교수학습 과정 모형 연구, 교육방법연구, 16(2), pp. 1-28.

차경수, 모경환, 2017, 사회과교육, 동문사.

최용규, 정호범, 김영석, 박남수, 박용조, 2005, 사회과, 교육과정에서 수업까지, 교육과학사.

한국교육과정평가원, 2011, 초등학교 교육과정 1차, https://www.kice.re.kr/boardCnts/fileDown.do?fileSeq=e4f6a2aadde556b4de068d4c49af3a71

한국교육과정평가원, 2018, 초등학교 교육과정 B. https://www.kice.re.kr/board Cnts/fileDown.

do?fileSeq=7dcb45ef8568dfa20539f9c2342fb989

한국교육과정평가원, 2020, 초등학교 교육과정 A. https://www.kice.re.kr/boardCnts/fileDown.do?fileSeq=4ab0d3369861d47d0f4ccee4cd191667

한국교육과정평가원, 2022, 초등학교 교육과정 A. https://www.kice.re.kr/boardCnts/fileDown.do?fileSeq=e3e36cfa9249b0ab8d8db94dc8b0d25f

Banks, J. A., 1990, *Teaching strategies for the social studies*, New York: Longman.

Barr, R., Barth, J. L. & Shermis, S. S., 1978, *The nature of Social Studies*, ETC Publications(최충옥, 전홍대, 조영제 역, 1993, 사회과교육의 이해, 서원).

Barrows, H. S., 1994, *Practice-based learning: Problem-based learning applied to medical education*, IL: Southern Illinois University, School of Medicine(서정돈, 안병헌 역, 2005, 하우드배로우스의 문제중심학습법, 성균관대학교 출판부).

Barrows, H. S. & Tamblyn, R. M., 1980, *Problem-based learning: An approach to medical education*, New York: Springer Publishing Company.

Dewey, J., 1910, *How we think*, Dover Publications(정회욱 역, 2011, 하우 위 싱크: 과학적 사고의 방법과 교육, 학이시습).

Engle, S. H., 2003, Decision Making: The Heart of Social Studies Instruction, *Social Studies*, 94(1), pp. 7-10((Reprinted(1960, Social Education, 24(7), pp. 301-06)).

Fogarty, R., 1997, *Problem-based learning & other curriculum models for the multiple intelligences classroom*, IRI/SkyLight Training and Publishing.

Gardner, H., 1983, *Frame of mind: The theory of multiple intelligences*. New York: Basic Books.

Howard, R. W., 1987, *Concepts and Schemata*, London: Cassell.

Massialas, B. & Cox, C. B., 1966, *Inquiry in the social studies*, New York: McGraw-Hill Book Co.

Roberts, M., 2013, *Geography through Enquiry*, Sheffield: The Geographical Association (이종원 역, 2015, 탐구를 통한 지리학습, 푸른길).

Smith, E. E. & Medin, D. L., 1981, *Categories and Concepts*, Harvard University Press.

[04] 사회과 수업의 실제

1. 지도 활용 수업

1) 지도의 의미와 활용 가치

(1) 지도, 삶의 도구이다.

사람들은 오래 전부터 자신이 다니는 길과 주변 지역의 지형지물을 마음속에 새겨 두고 삶에 활용하였다. 마음속에 새겨두었던 사실들을 그림이나 상징기호를 활용하여 돌이나 나무, 벽에 새겨 놓고 다른 사람들과 정보를 공유하기도 하였다. 이렇게 지도는 문자보다도 앞서 인간이 정보를 저장하거나 서로 나누는 도구로 쓰였다. 또한, 지도는 인간이 원초적 호기심 욕구를 충족하기 위해 새로운 곳을 찾아가는 데 도움을 준 상상의 도구였다. 인간이 취급하는 정보의 80% 이상은 지리・공간적 속성을 갖고 있으며, 지도는 인간을 둘러싸고 있는 80% 이상의 정보에 대한 접근 통로이자 이해의 출구 역할을 하고 있다(송규봉, 2011, p. 13). 공간 정보 전달에서 지도의 역할이 크다는 것이다.

사람들은 일찍부터 육지로, 바다로 이동하면서 보았던 지역의 특징들을 마음속에 새겨 두려고 노력해 왔다. 이러한 노력은 사람들만이 하는 것은 아니었다. 동물들도 길을 잃지 않고 넓은 지역을 안전하게 잘 다니기 위해 각자 나름의 기억 속 지도를 가지고 있다고 한다. 예를 들면, 연어의 경우 자신이 태어난 곳을 기억하여 강물을 거슬러 올라가는 것은 기억 속 '자기장 주소'를 가지고 있기 때문이라고 한다. 종족 번식에 좋은 최상의 환경과 위치 정보를 정확히 기억하여 후손들이 최고의 생존율을 누릴 수 있도록 확보한 생물학적 전략이라고 본다(송규봉, 2011, p. 19). 그 외 철새의 이동, 꿀벌의 비행, 참다랑어의 귀소 이동 등을 보면, 동물들도 생존과 후손들의 안전한 이동을 위해 정보를 기억하고 저장한 안내지도를 갖고 있었던 것으로 생각된다.

사람들은 삶의 과정에서 공간 정보가 필요했고 이를 위해 지도화의 욕구를 지속적으로 가지고 있었다. 특히 구석기 시대의 채집과 수렵 생활에서 먼 거리를 이동해야 하는 생활일수록 경험 환경에 대한 장소와 특성을 이미지로 표현하려는 욕구가 강했을 것이며, 이러한 욕구의 발현이 지도의 제작을 가져왔을 것으로 보고 있다(이희연, 1995; 織田武雄, 1990). 이렇게 지도는 인류 문명의 발달과 함께 해 왔으며 인류가 세계를 이해하고 삶을 살아가는데 필요한 도구로 활용되어 왔다. 즉, 인간의 삶에서 지도는 보편적인 삶의 도구로 쓰이고 있다. 사람들은 자기가 살고 있는 세상을 알고 싶어 하고, 그것을 기록으로 남기려는 욕구가 있다. 오늘날 지도는 단순히 길찾기 도구를 넘어 세상에 대한 이해 그리고 공간 정보를 활용하여 합리적 의사결정을 지원하는 도구로 자리잡고 있다. 특히 디지털 기술과 결합된 지도는 우리의 일상 생활에서 다양하게 쓰이고 있고, 지도의 활용 능력은 삶의 필수 능력으로 요구되고 있다.

(2) 지도, 세계에 대한 의미/생각 표현이다

지도는 인간의 과학 기술 발달에 따라 '부정확한 실재 표현'에서 '정확한 실재 표현'으로 발달해 왔다고 한다. 그러나 과연 지도는 실제 그대로의 표현일까? 와카바야시 미키오(2002, p. 75)는 "지도가 표현하는 세계란 '세계 그 자체'가 아니라 '인간에게 있어서의 세계', 즉 인간이 보고, 읽어 내고, 해석한 '의미로서의 세계'이다."라고 한다. 이는 모든 지도는 실재 자체라기 보다는 실재의 재현물이며, 이는 사람들이 장소를 어떻게 바라보고 해석하는지의 표상이라는 것이다. 즉 사람들이 사회를 바라보는 관점과 해석의 결과물로 지도를 보는 것이 더 적정하다는 말이다. 그래서 호리 준이치는 지도의 이러한 존재 방식을 가리켜서 "지도는 이미지의 표현이다"라고 말한다(와카바야시 미키오, 2002, p. 71에서 재인용).

현존하는 최고(最古)의 지도로 알려져 있는 차탈휘위크의 마을 그림이 암벽에 묘사된 것([그림 II-4])[1]이나 고대 바빌로니아인들이 점토판에 새긴 '바빌로니아 세계지도'[2]를 보면, 문명의 발달 초기에 이미 인간은 지도를 제작해서 사용했던 것으로 보인다(와카바야시 미키오, 2002, p. 43). '차탈휘위크 지도'에는 화산이 분출되고 있는 하산 닥과 그 아래 취락이 그려져 있다. 취락의 형태, 건물과 도로의 모습, 당시 사람들에게 관심의 대상이었던 것으로 보이는 화산 분출의 모습은 그 당시 지역의 모습과 사회, 문화의 모습 일부를 추정해 볼 수 있을 뿐 아니라 당시 사람들이 중요하게 여겼던 것을 가늠해 볼 수 있다.

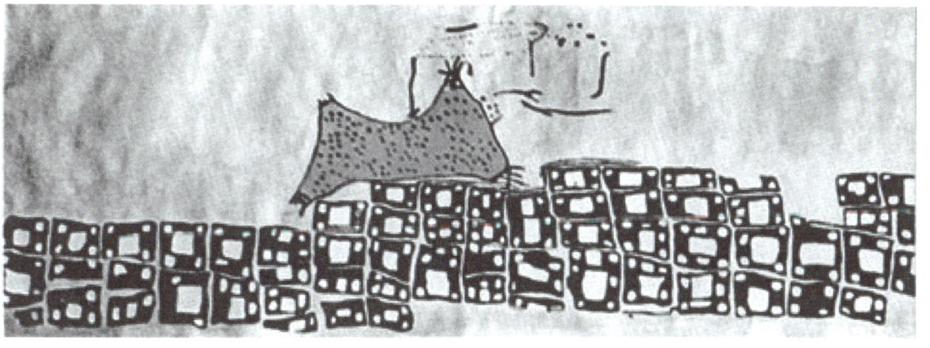

[그림 II-4] 차탈휘위크 지도의 일부. 위에는 하산 닥의 두 봉우리와 화산폭발 장면이 그려지고, 그 밑으로 주거지가 밀집되어 있는 모습이다.

출처: http://www.catalhuyuk.com

이와 같은 고대 지도들은 당시 사람들에게 관심의 대상이었던 사물이나 현상, 그리고 마음속에 간직하고 있었던 생각의 표현물 이었다고 하겠다. 또한, 문자가

1) 다음의 차탈휘위크Çatalhöyük에 대한 설명은 남영우 교수(2011)의 논문을 토대로 정리하였다. 차탈휘위크Çatalhöyük는 터키 아나톨리아 고원 남쪽에 위치한 신석기 시대의 유적지에서 발견된 지도이다. 영국의 고고학자 제임스 멜라트가 1961~65년에 걸쳐 발굴하면서 발견된 것으로 알려져 있다. 대략 기원전 6200년경으로 추정하고 있다. 차탈휘위크 사람들은 진흙 벽돌로 지은 직사각형의 집을 짓고 산 농경정착민으로, 5,000~1만 명 정도가 공동체를 이룬 것으로 추정하며, 학자들은 이 선사시대 주거지가 인류 최초의 고대도시일 것이라고 조심스럽게 추론한다. 차탈휘위크 지도는 발굴 당시 유적지 주택의 신전 중 한 곳의 벽화에서 발견되었는데 이는 조밀한 건물과 폭발하는 화산을 조감도로 표현한 지도형식이었다. 이 화산이 두 개의 봉우리를 가진 하산 닥(Hasan Dag, 3,253m)임이 밝혀졌는데, 이 화산은 당시 현지 주민들에게는 신이 내린 선물이면서도 공포의 대상이 되는 존재였다. 멜라트는 보고서에서 이 지도가 세계 최초의 지도임을 밝혔고, 마침내 지도학자와 역사학자들에 의해 벽화의 내용은 지도라는 사실이 입증되면서 지도학사(地圖學史)에 새로운 기록으로 남겨지게 되었다.

2) 바빌로니아 세계지도는 바빌로니아에서 제작된 것으로 추정되는 점토판 지도이다.

없었던 당시 사회에서 문자 이전에 이미 지도가 있었음을 의미한다. 사회에서 중요하게 여기는 것들을 시각화 하여 공유하고, 각자가 마음속에 지닌 생각과 정보를 나누고 소통하기 위한 매체로서 지도를 활용하였던 것으로 짐작된다.

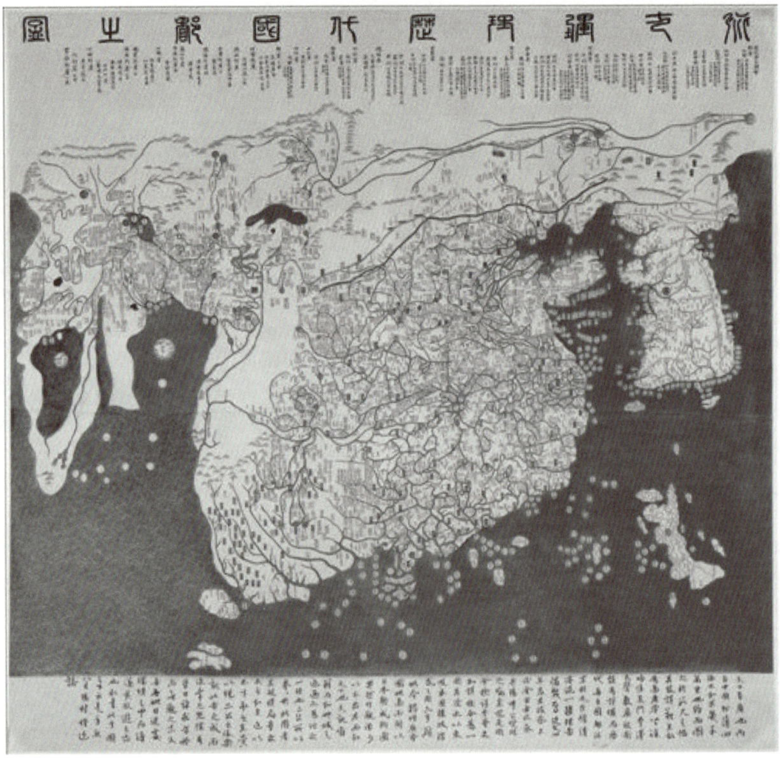

[그림 II-5] 혼일강리역대국도지도. 1402년(태종 2년) 조선에서 제작된 세계지도

우리나라의 지도를 살펴보자. 조선 전기는 지도 제작이 왕성히 활기가 있었던 시기였다. 국가적인 권위나 왕권 강화의 차원에서 그 원인을 찾아볼 수 있다. 세계지도가 제작되기도 하였다. 세계지리에 관한 과학적 지식에 의거한 지도와 중화관에 입각한 상상적인 세계관을 표현한 지도가 제작되었다(장의선, 2012, p. 98). 전자로는 혼일강리역대국도지도(混一疆理歷代國都之圖)가 있으며, 후자의 사례로는 천하도(天下圖)가 있다. 혼일강리역대국도지도에서 '혼일'은 '세계', '강리'는 '영토'로 전 세계를 의미하며, '역대국도'는 '대대로 내려온 나라들 및 그 수도'를

의미한다(장의선, 2012, p. 99). 혼일강리역대국도지도를 통해서 보면, 중국의 서쪽으로 유럽과 인도, 아라비아, 아프리카의 존재를 파악하고 있었다는 것을 알 수 있다([그림 II-5]). 이전의 중국 중심의 동아시아 지도에서 더 서쪽의 아프리카, 유럽, 아랍 등의 세계가 추가되면서 보다 넓은 세계관으로 당시 사람들의 세계에 대한 인식의 확장이 이루어졌음을 추정해 볼 수 있다. 이러한 표현은 당시 사회에서는 상당한 발전이면서 동시에 서쪽 세계에 대한 관심의 표명으로 볼 수 있다.

사람들은 각자의 경험에 의해 갖게 된 '마음 속 지도'를 갖고 있다. 지도를 만드는 사람은 실제 그대로의 현실 묘사라기 보다는 '선택과 의미화'로 세계를 재현한다. 즉 지도는 '세계에 관한 텍스트'라고 볼 수 있다(와카바야시 미키오, 2002, p. 78). 지도는 '세계에 대한 의미의 재현 텍스트'로서 매체 역할을 하며, 자신이 재현한 '의미로서의 세계'를 타인과 공유하고 소통하는 커뮤니케이션 매체 역할을 하기도 한다. 여러분은 마음 속에 어떤 지도를 갖고 있나요?

(3) 지도, 커뮤니케이션의 도구이다.

세계화, 정보화는 사람들의 이동 범위를 세계로 넓히는 데 영향을 미쳤다. 사람들의 이동 범위 확장 뿐 아니라 이동의 빈도를 촉진하고 있다. 그런데 사람은 자신에게 익숙한 곳에서 생활할 때는 지도가 없어도 불편하거나 불안함을 느끼지 않는다. 그러나 낯선 곳으로 이동하거나 낯선 곳에서 생활할 때는 장소에 대한 정보를 제공해줄 지도를 필요로 한다. 그래서 와카바야시 미키오(2002, p. 57)는 "지도적 공간은 자신이 환경에 대하여 소원한 '타자'였거나 어떤 환경에 관한 정보를 전달하고자 할 때 필요로 한다."고 하였다.

한 장소에서 다른 장소로 이동할 때는 '위에서 전체를 한눈으로 관찰하기' 즉 조감(鳥瞰)할 수 있을 때 편안한 마음으로 자유롭게 이동할 수 있을 것이다. 이때 지도를 활용하여 지역의 전체를 살펴보는 조감을 하면 주변 환경과 랜드마크를 파악하고 이동의 경로를 쉽게 파악할 수 있다.

이는 지도 출현의 배경이기도 한다. 즉, 지구상에서 늘 이동을 통해서 생존을 위한 삶을 영위해 온 인류는 이동의 경로 그리고 이동 장소에 대한 정보를 파악하는 것을 중요하게 여겼다. 이 때 지도의 도움이 필요했다. 지도는 장소에 대한 정보와 주변 환경에 대한 정보를 기호로 표현하여 서로 간 정보를 전달하는 타자와의 커뮤니케이션 도구로 활용되었다고 하겠다. 이에 대해 와카바야시 미키오(2002, p. 59)는 "지도적 공간은 바로 타자의 이해에 대하여 열린 표현이면서 동시에 타자와의 환경에 관한 정보를 공유하고 전달 가능성을 갖고 있으며, 지도상에 표현된 정보는 타자와 공유되고 타자에게 전달되는 '사회적'인 공간상이라고 할 수 있다."고 하였다. 이는 오늘날 우리가 주로 사용하는 지형도, 전철노선도, 관광안내도 등 지도의 주요 기능이기도 한다.

(4) 지도, 세상을 미래를 가상 세계를 상상하다

세계는 넓은 범위의 사회이면서 동시에 시시각각으로 변화한다. 사람들의 활동과 이동 범위도 다양해졌고 이동의 횟수도 증가하고 있다. 이를 우리는 세계화, 정보화가 가져온 사회현상으로 본다. 이러한 사회의 변화에 따라 과학기술은 사람들의 다양한 활동과 이동의 편의를 위해서 다양하고 정교한 지도를 만들고 있다. 과거의 지구본, 종이지도 이외에 디지털영상지도, GIS(Geographic Information System, 지리정보시스템) 등이 유용하게 활용되고 있다. 인공위성을 통해 실시간으로 세계를 볼 수 있게 되었고, 내가 있는 곳이 어디인지 가고자 하는 곳을 어떻게 가는지에 대한 방법을 실시간으로 파악할 수 있다. 이렇게 지도는 단순히 지구상의 지리적 위치를 나타내주는 도구로서만이 아니라 상상의 도구로서도 중요한 역할을 한다. 미지의 세계, 미래의 세계, 가상의 세계를 상상하게 하는 도구로서의 기능도 있다.

지도는 상상의 세계를 창조하는데 필요한 도구로 사용될 수 있다. 문학 작품, 영화, 음악, 그림 등에 등장하는 장소를 그림지도로 표현하여 상상의 이야기를 시각적으로 구성해 볼 수 있다. 예를 들어, 토마스 모어의 『유토피아』의 세계를 구체적으로 시각화하여 당시 사회의 이상향을 살펴보는 데 도움을 얻을 수 있다. 또한, 현재 우리의 유토피아와 비교하며 우리의 유토피아를 꿈꾸는데 활용할 수 있다. 또한, 지도는 미래의 가능성을 탐색하는 도구로 사용될 수 있다. 미래의 도시 설계, 미래의 지속가능한 사회 모습 등의 구상을 시각화하여 표현함으로써 구체성을 드러낼 수 있다. 예를 들어, 우리 마을의 에너지 자립마을로의 변화를 구상하면서 미래의 에너지 자립 마을의 모습을 지도화하여 제시할 수 있다.

지도는 시대와 사회의 모습과 생각을 반영하면서 인류 역사에서 나타났던 수많은 사실과 정보들을 담아왔다. 구석기 시대 사람들의 수렵, 채집, 어로 활동의 모습에서부터 신항로 개척과 미지의 세계 탐험의 과정, 산업혁명 이후 세계 곳곳에 나타난 삶의 모습 등 인류의 역사와 지리적 환경을 상상하게 해준다. 이제는 미지의 세계, 미래의 세계, 가상의 세계도 상상하게 하는 데 활용해 보자. 한비야는 "머릿속에 세계지도가 있어야 세계인"이라고 말한다. 세계지도를 보고 세계여행의 꿈과 여행의 여정을 설계했다고 한다. 넓은 세계를 무대로 살아야겠다는 꿈을 지도를 통해 갖게 되었다는 것이다. 자신의 머릿속에 담고 있는 지도의 크기가 꿈의 크기가 될 수 있는 것이다.

지도는 세계화 시대에 세상을 보는 시각을 넓히고 생각의 수준을 깊고 넓게 해줄 수 있고, 나아가서 삶을 변화시킬 지적인 역량을 가져다 주는 도구가 될 수 있다(송규봉, 2011, p. 34). 넓고 깊은 시각으로 세계에 대한 감수성을 키우고 세계에 대한 상상력을 활용하여 생활에서 요구되는 문제해결력, 창의력을 발휘할 수 있다.

지도가 단순히 세상의 모습을 담는 데 한정하지 않고, 여러분의 감정을 반영해준다면? 지도는 과거, 현재의 사회모습을 담아내는 도구일 뿐 아니라 사람들의 감정도 담아내고 있다. 그리고 사람들의 꿈도 담아내고 있다. 그간 지도를 읽고 지도가 안내하는 길을 따라가는데 익숙해 있었다면, 이제는 나의 지도를 그려보자. '미지의 세계를 탐험하는 상상의 지도', '미래의 꿈을 그려주는 로드맵', '나의 생각과 감정을 표현해주는 감정지도' 등 무한히 세계를 탐험하고 미래를 상상하는 지도를 가져보자. 자신의 마음속에 지닌 지도가 바로 나의 세계요, 자신의 생각 지도가 바로 자신의 미래일 수 있다. 내비게이션은 여러분의 취향에 맞는 그리고 여러분이 원하는 아름다운 길로 안내하지 않는다. 나의 길은 나의 지도로 찾아가 보자.

생각넓히기

1. 생활에서 지도의 쓰임새는 무엇인지 경험을 통해 말해 보자.
   예시, 지리 정보의 안내 도구/ 소통의 도구/ 세계에 대한 생각의 표현 도구
   미래 상상의 도구 이외

2. 도해력은 언어나 숫자로 전달이 어려운 공간 정보를 지도, 사진, 차트, 그래프 등의 시각적 도구를 활용하여 의사소통할 수 있는 능력을 말한다. 도해력의 가치와 사회과교육에서의 중요성을 말해보자.

3. 문학작품에 등장하는 장소들을 소설의 내용과 연계하여 상상하면서 지도상에 해당 장소를 찾아 표시해 보자. 해당 장소의 지리적 위치와 소설의 내용 간의 관계성을 찾아보자.

<table>
<tr><td>예시: 소설 『연금술사』주인공 이동 경로</td><td rowspan="3">

연금술사 주인공의 이동 과정

사막의 항구도시 탕헤르 도착
•사막에 대한 기대감과 두려움
•가진 것을 다 잃은 절망

⬇

사막 여정 중 (1)
•고난의 연속
•사막에 대한 경외심

⬇

사막 여정 중 (2)
•긍정적 마음가짐
•자연(사막)과의 조화

⬇

오아시스 도착
•인생의 일부
•지금 이 순간이자 추후의 기억 또는 추억

⬇

피라미드 도착
•자아의 신화를 찾는 마침표

</td></tr>
<tr><td></td></tr>
<tr><td>소설의 내용과 이동 장소 간의 관계성을 찾아보자.</td></tr>
</table>

4. 아래 전라남도 백지도에 행정구역명과 주요 지형을 넣어보자. 지도상의 지리정보를 읽을 수 있고 지리정보를 지도상에 표현한다는 것에는 어떤 유용성이 있는지 말해 보자.

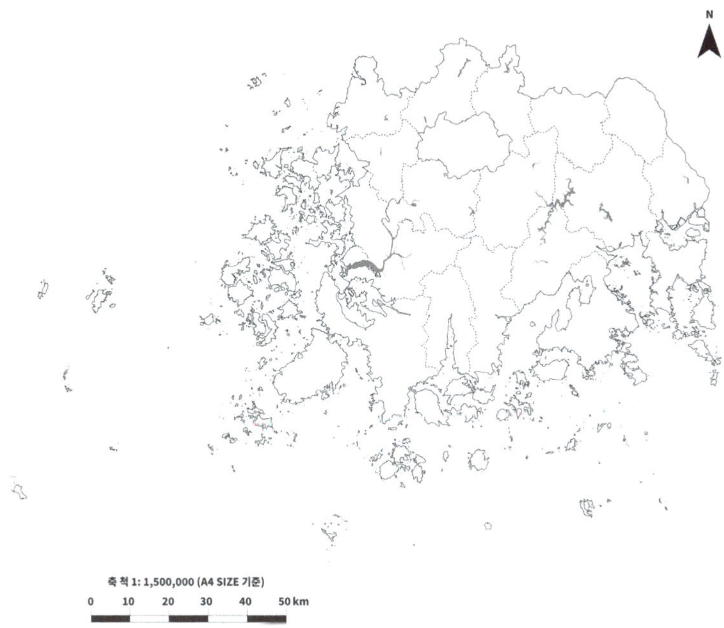

2) 지도학습

지도는 지구표면의 상태를 사용 목적에 따라 ① 사용하기 쉬운 크기로 축소하고, ② 지표면의 지형과 지물을 나타내기 위하여 기호를 사용하며, ③ 평면상에 표현한 그림이다. ①의 축척은 지표면의 특정 지역을 사용 목적에 맞게 일정한 비율로 축소하여 표현할 때 적용된 비율이다. 즉 축척은 실제 거리를 지도상 거리로 줄인 비율이며 단위는 cm이다. 주로 분수(예, 1/25000), 비례(1:25000), 막대법으로 표현한다. 1:25000 축척은 실제 25000cm 거리를 1cm로 줄였다는 의미이다.

②의 기호는 실제 지형과 지물을 상징화한 것이다. 지도는 지표 현상의 축소이지만 지도상에 표현되는 현상은 선택적일 수 있고 강조되어 표현될 수 있다. 그리고 실제 지형·지물은 기호로 표현된다. ③은 지도의 평면적 특성을 의미한다. 지도는 지구의 입체를 평면화한 것이다. 그래서 지도를 작성할 때는 지도투영법이 적용된다. 그간 우리가 많이 사용했던 세계지도는 원통 도법을 활용하여 만들 메르카토르 도법이 주로 활용되었으나, 오늘날에는 메르카토르 도법이 갖고 있는 양극 지방으로 갈수록 실제 영토에 비해 면적이 확대된다는 단점을 보완한 로빈슨 도법이나 패터슨 도법이 주로 사용된다.

그리고 지도는 사용 목적에 따라 일반도와 주제도로 나뉜다. 주제도는 특정 목적을 위해 특정 사항을 중심으로 제작된 지도이며(예를 들어, 인구분포도, 농작물 분포도 등), 일반도는 실제지역의 일반적인 내용을 담고 있는 지도이며 지형도가 대표적이다.

지도학습은 크게 두 가지 측면에서 이뤄지도록 한다(〈표 II-2〉). 첫째는 지도를 읽을 수 있도록 하는 것이다. 지도를 읽는 다는 것은 지도를 보고 지역의 지리 정보를 파악하는 것이다. 이를 위해서는 방위, 축척, 기호, 등고선 등의 개념지식을 갖추어야 하며, 이를 활용하여 지역의 지리 정보를 파악하는 것이다. 둘째는 지역의 지리 정보를 지도로 표현하는 것이다. 조사한 내용이나 특정 정보를 지도로 만드는 것이다. 예를 들어, 우리 지역의 장소 지도 만들기, 우리 지역의 자전거 도로 지도 만들기 등 그리고 최근 일반인들이 많이 하고 있는 '맵핑(Mapping)' 도 여기에 해당한다. 이러한 지도학습을 통해서 의사소통능력을 함양할 수 있다. 이를 특별히 '도해력(Graphicacy)'이라고 한다. 도해력은 시각적 도구인 'Graph'와 '문해력(Literacy)'을 결합한 것으로, 공간 정보를 지도, 사진, 차트, 그래프 등의 시각적 도구를 활용하여 의사소통할 수 있는 능력을 말한다. 문해력, 수리력 등과 함께 주요한 의사소통능력에 해당한다.

지도를 읽고, 지도를 제작하기 위해서는 지도를 구성하는 기본 요소들인 방위, 축척, 기호, 등고선 등의 의미와 쓰임새를 충분히 이해하는 것이 중요하다. 교사의 입장에서는 방위, 축척, 기호, 등고선의 의미와 쓰임새를 학생들이 쉽게 이해할 수 있는 방법이 무엇인지를 고민하게 된다.

〈표 II-2〉 지도학습의 주요 내용

개념	학습내용
방위	• 지도에서 방위표의 쓰임새를 이해한다. • 방위표의 의미를 이해한다. • 방위표를 활용하여 지역의 지리 정보를 파악한다. • 4방위와 8방위를 이해한다. • 방위표를 활용하여 지도를 만든다.
축척	• 축척의 쓰임새를 이해한다. • 축척의 의미를 이해한다. • 축척을 나타내는 기호와 기호의 의미를 이해한다. • 축척을 활용하여 지역의 지리 정보를 파악한다. • 대축척 지도와 소축척 지도의 의미와 쓰임새를 이해한다. • 축척을 활용하여 지도를 만든다.
기호	• 기호의 쓰임새를 이해한다. • 지도상의 기호의 의미를 파악한다. • 기호를 활용하여 지역의 지리 정보를 파악한다 • 지리 정보에 적합한 기호를 만들어서 지도를 제작한다.
등고선	• 등고선의 쓰임새를 이해한다. • 등고선의 의미를 이해한다. • 지도상의 등고선을 활용하여 지리 정보를 파악한다. • 등고선을 활용하여 지도를 만든다.

3) 지리정보(Geographic Information)

지리정보는 지구상의 특정 위치 그리고 위치에 따른 특성에 대한 모든 정보를 포함한다. 즉, 지리정보에는 대상의 지리적 위치를 나타내는 **위치정보**, 위치에 따른 다양한 특성을 보여주는 **속성정보** 그리고 다른 장소 및 현상들 간의 관계를 나타내는 **공간적 관계 정보**를 포함하며, 지리적 현상을 이해하고 분석하는 데 필요한 정보 역할을 한다.

전통적인 지리정보 획득 도구에는 주로 지도, 항공사진 등이 주로 활용되었으나 오늘날에는 GIS(Geographic Information System, 지리정보를 수집, 저장, 분석, 시각화하는 시스템), GPS(Global Positioning System, 위성을 기반으로 지구상의 정확한 위치를 제공하는 시스템), RS(Remote Sensing, 위성과 항공기를 통해 지표 정보를 수집하는 기술 원격탐사 기술), 드론 및 센서 기술(드론과 IoT 센서를 활용해 고해상도 지리 데이터를 실시간으로 수집) 등의 도구 활용이 확대되고 있다. 사회 변화, 기후환경 변화에 따른 환경문제, 교통문제, 주거지 안전문제, 도시계획 등의 여러 분야에서 효율적 문제해결과 의사결정에 유용하게 활용되고 있다. 오늘날 지리정보를 실시간으로 수집, 시각화해주는 여러 가지 기술들이 발달하면서 지리정보의 활용성이 증가하고 있을 뿐 아니라 효용성도 증가하고 있다. 농업, 환경, 산업 등의 여러 분야에서 지리정보 기반 의사결정과 문제해결의 사례가 늘어나고 있다. 특히, 최근 기후변화와 같은 환경 문제 해결에서 문제해결에 필요한 다양한 정보의 수집과 통계처리 그리고 효율적인 자원 관리 방법에 대한 정보 활용 등 인공지능 도구 발달과 더불어서 필요성과 유용성은 더욱 커지고 있다.

생각넓히기

1. 아래 지도에 표시된 방위표, 축척, 기호, 등고선을 활용하여 지리 정보를 파악해 보자.

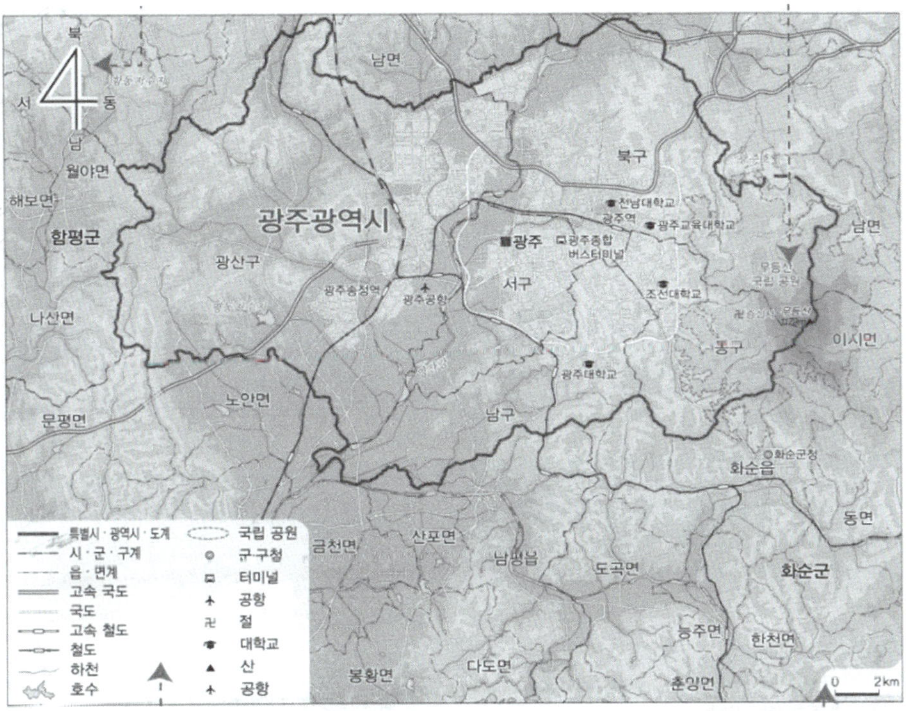

출처: 교육부, 2019, p. 33.

예시, 무등산은 광주의 동쪽에 위치해 있다.

2. 아래 지도와 같이 관심 주제를 정하고 관련 정보를 활용하여 주제도를 만들어 보자.
   예시) 독도의 식생 분포도

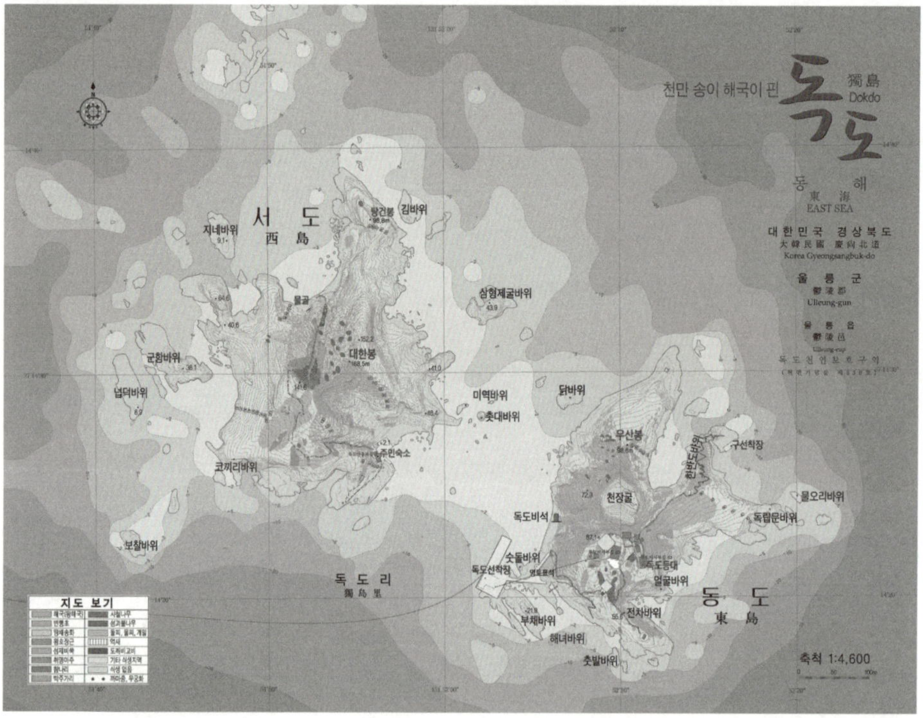

지도 제작: 안동립(동아지도 대표)

3. 현대적 지리정보 획득 도구를 알아보고 생활에서의 유용성을 찾아보자.

구분	도구 설명 및 활용 예시
원격탐사(RS)	
위성항법시스템(GPS)	
지리정보시스템(GIS)	
드론(Drone)	
기타:	

4. 우리나라 지형도를 만들고 지형의 특성을 탐구해 보자.

1. 행정구역 명 넣기
2. 산맥 표시하기: 함경산맥, 마천령산맥, 낭림산맥, 강남산맥, 적유령산맥, 묘향산맥, 언진산맥, 마식령산맥, 태백산맥, 광주산맥, 차령산맥, 소백산맥, 노령산맥 등
3. 산지 표시하기: 백두산, 금강산, 설악산, 태백산, 소백산, 지리산, 덕유산, 무등산, 한라산 등
4. 강줄기 표시하기: 두만강, 압록강, 청천강, 대동강, 한강, 금강, 낙동강, 영산강, 섬진강 등

♣ 아래 읽기 자료를 참고하여 GIS의 의미와 활용 방법을 모색해 보자.

읽기 자료 1

GIS(Geographic Information System, 지리 정보 시스템)의 의미와 활용

GIS(Geographic Information System, 지리 정보 시스템)은 지리적 데이터를 수집, 저장, 분석, 관리, 시각화하는 시스템이다. GIS는 지리적 또는 공간적인 데이터를 다루기 위해 개발된 소프트웨어, 하드웨어, 데이터, 인력의 통합 체계로서, 주로 지리적인 위치와 관련된 정보를 처리한다. 세부적으로 살펴보면 다음과 같다.

1. 데이터 수집 및 입력: GIS는 다양한 방식으로 데이터를 수집할 수 있다. 위성 이미지, 항공 사진, GPS 기기, 설문 조사 등을 통해 데이터를 수집하고 입력할 수 있다. 데이터 저장 및 관리: 수집된 데이터를 데이터베이스에 저장하고 관리하며, 효율적인 검색과 관리를 가능하게 한다.
2. 공간 분석: 공간 분석 기능을 통해 데이터를 심층 분석할 수 있다. 예를 들어, 특정 지역의 인구 밀도를 분석하거나, 최적의 경로를 찾는 등의 작업이 가능하다.
3. 데이터 시각화: 데이터를 지도 형태로 시각화하여 쉽게 이해할 수 있게 한다. 주제도, 분포도, 열지도 등 다양한 형태의 지도를 생성할 수 있다.
4. 모델링 및 시뮬레이션: GIS는 미래 시나리오를 예측하고 모델링하는 데 사용할 수 있다. 예를 들어, 홍수 위험 지역을 예측하거나 도시 계획을 세우는 데 도움을 줄 수 있다.

GIS는 다음의 분야에서 많이 활용된다.
도시 계획: 도시 개발 및 확장 계획을 세우고 관리하는 데 사용된다.
환경 관리: 자연재해 모니터링, 환경 보호, 생태계 연구 등에 활용된다.
교통: 교통 흐름 분석, 최적 경로 탐색, 교통 인프라 계획 등에 사용된다.
농업: 작물 생산성 분석, 농업 지역 관리, 토양 데이터 분석 등에 활용된다.
방재: 홍수, 지진, 산불 등의 자연재해를 모니터링하고 대비하는 데 사용된다.

GIS는 공간 데이터를 다루는 강력한 도구로서, 다양한 분야에서 중요한 의사결정을 내리는 데 큰 도움을 주고 있다. GIS 기술의 발전은 디지털 지도, 위성 이미지, 공간 데이터 분석 기술의 진보와 함께 지속적으로 발전하고 있다.

♣ 아래 읽기 자료를 참고하여 지도 제작과 활용 방법을 생각해 보자.

읽기 자료 2

왜 메르카토르인가?

-손일, 2014, 『네모에 담은 지구: 메르카토르 1569년 세계지도의 인문학』, 푸른길-

왜 메르카토르인가?(Why Mercator?)에 대해 저자도 다소 부담을 느낀다고 했다. "라틴어도 읽지 못하는 동양인 주제에, 그것도 서양 고지도학에 대한 훈련이 전무한 지형학자가 16세기 천재 지도학자의 삶을 쓴다는 것이 가당하기나 하느냐(p. 4)"며 이 책을 저술하기까지 많은 고민과 준비가 필요했음을 내비친다. 손일 교수는 자신의 이력에서도 밝히고 있듯이 지형학과 지도학에 대해 지극한 관심과 사랑을 품고 있다. 그런데 지형학과 지도학은 알고 보면, 지리학습을 위한 기초 지식 분야에 속한다. 지도를 읽을 수 없이, 자연지형을 볼 수 없이는 지리학습을 할 수 없다. 그런 면에서 지형학과 지도학에 대한 관심과 사랑은 알고 보면, 지리학에 대한 각별한 사랑을 품고 있음을 의미한다. 이 책은 저자가 지도를 담은 지리사랑을 표현한 작품으로 볼 수 있다.

메르카토르(Mercator, 1512~1594)는 지금까지 세상 사람들로부터 가장 많은 주목을 받아오고 있는 세계지도를 제작한 사람이다. 제작자의 이름을 본 따서 그 지도의 이름은 메르카토르이다. 메르카토르 지도는 그간 원형 지도의 틀에서 벗어나 장방형의 새로운 지도 형태를 보여준 원조이다. 둥근 지도에 비해 모서리의 왜곡이 극심하지만, 메르카토르 지도는 제책의 편리성, 벽걸이 지도로서의 균형감, 항해용 지도로서의 기능적 특성을 장점으로 갖고 있으면서 사람들에게 '네모 세계관'을 심어 주었다(p. 17). 그러나 1970년대 아르노 페터스(Arno Peters)는 메르카토르 세계지도에 내재된 유럽중심적·식민제국주의적 메르카토르 지도의 문제점을 제기하면서 일명 지도전쟁을 벌이기도 하였다. 더불어 본 저서의 저자 또한 면적, 거리, 방위가 지나치게 왜곡되는 치명적 결함을 지닌 메르카토르 세계지도의 장방형 제작을 극구 반대하기도 하였다. 그럼에도 불구하고 저자는 왜 메르카토르를 주목하였을까? 저자가 메르카토르에 주목한 이유를 다음의 네 가지 질문에 대한 대답을 통해 찾아볼 수 있을 것 같다.

1. 메르카토르 그는 어떤 사람인가?

저자는 고대에서 현대에 이르기까지 순수 지리학자 중 최고는 메르카토르라고 답한다. 그 이유를 종합과학의 성격을 지닌 지리학의 특성을 가장 잘 드러낼 수 있는 능력의 소유자에서 찾았다. 메르카토르의 성장 과정을 보면, 북서부 유럽권 안에서 여러 지역을 거주지로 하여 성장하였다. 해안지역과 내륙지역을 오가면서 다양한 환경에 적응, 그리고 무엇보다도 새로운 분야에 관심과 지적 자극을 주었던 동료와 스승과의 만남을 통해서 메르카토르의 재능이 발달하였다고 보았다. 즉 메르카토르는 오늘날 벨기에의 해안 도시인 안트베르펜에서 태어났다. 이후 더 해안지역인 뤼펠몬데로 이동하여 어린 시절을 보냈다. 안트베르펜과 뤼펠몬데는 모두 벨기에의 해안도시에 해당하는데, 당시 16세기 북서부 유럽 해상 무역의 발달로 많은 상인들이 거주했던 곳이기도 하였다. 이러한 위치적 영향은 후에 메르카토르의 상업과 관련한 지도 제작에 큰 영향을 주었을 것이다. 이후 뒤스부르크에서 스승 헤마 프리시위스를 만나 자신의 오랜 관심 분야였던 〈연대기〉와 〈우주지〉 집필을 시작하였다. 프리시위스는 메르카토르에 비해 수학자와 우주지(誌)학자, 그리고 과학자로서 유럽 전역에서 훨씬 더 큰 명성을 얻었던 학자였다. 프리시위스는 이미 독일의 페커 아피안(Peter Apian)이 발간했던 〈우주지〉의 수정판을 독자적으로 발간했을 뿐더러 경도 측정과 삼각측량 등 우주, 천문, 지리, 수학, 과학 등 다양한 영역에서 독보적인 지식을 갖추고 있었다. 그런 면에서 메르카토르는 스승인 프리시위스의 영향을 많이 받을 수 있었을 것이다. 이렇게 메르카토르는 거주지 환경의 영향과 스승의 영향으로 요즘 말하는 다학문에 걸쳐 융합적 지식을 두루 갖춘 인재였던 것이다.

2. 항해, 영토 분쟁 등 사회변화에서 메르카토르 지도의 등장 배경은 무엇이었는가?

저자는 에필로그에서 메르카토르에 대한 관심의 이유 중 하나는 '16세기라는 세계사적 전환기를 메르카토르라는 사람을 눈을 통해서 보고 싶었다'라고 하였다. 그 만큼 16세기 유럽의 변혁기에 대한 관심과 이러한 변혁기에서 지도의 역할을 찾아보고 싶었던 것으로 보인다. 그래서인지 사회변화에서 지도의 역할에 대한 부분을 본 저서에서 많은 분량을 할애하고 있다. 2장, 3장, 7장 8장이 모두 이에 대한 내용으로 이루어졌다.

저자는 왜 16세기 사회에 주목하였을까? 16세기는 14~16세기의 르네상스 이후 강력한 왕권을 중심으로 사회 체제가 안정되면서 새로운 지역에 대한 관심이 촉발되었고 대항해 시대가 개막되었다. 새로운 지역에 대한 관심과 대항해 시대를 열기 위해서는 필수적으로 지도의 발달이 이루어져야 한다. 이러한 면에서 이 시대는 지도학 발달의 전성기로 볼 수 있다. 저자는 지도학의 발달을 촉진했던 이 시대의 사회상을 설명하면서 당시 사회에서 지도의 역할을 조명해 보는 방식으로 글을 전개한다.

당시 유럽 사회에서 가장 인정받았던 초기 지도는 프톨레마이오스 지도였다. 프톨레마이오스 지도는 프톨레마이오스가 지은 『지리학』에 내재된 지도였다. 그리스 시대 저작이었던 프톨레마이오스의 『지리학』이 비잔틴 제국의 불안정을 기화로 많은 지식들에 의해 서유럽으로 전해지면서 주목을 받았다. 프톨레마이오스 지도는 가톨릭교회의 세계관이 반영된 중세의 TO지도나 선원들의 경험에 의거해 당시 제작에 사용되었던 포르톨라노(Portolano) 지도와는 차원이 다른 지구 전체에 관한 실질적이고 과학적인 지도였다(p. 55). 유럽 사회에 프톨레마이오스 지도의 등장은 "콜럼버스의 신대륙 발견보다도 더 격렬하게 인간의 정신을 흔들어 놓았다"라고 말한 어느 지도학자의 견해를 통해서 보더라도 당시 프톨레마이오스 지도의 등장은 새로운 지리적 발견과 보다 정밀해진 관측을 토대로 수정하고 보완해야 할 지리학의 역할과 필요성을 부추긴 일이었다.

칸티노(Cantino) 세계지도는15세기 말 고답적인 TO지도에서 벗어나 세 대륙의 위치와 방향, 그리고 해안선을 비교적 정확하게 묘사하여 당시 포르투갈의 주 교역 무대였던 인도양에 대해 정확한 정보를 얻게 해 주었던 프라 마우로(Fra Mauro) 지도를 더 혁신적으로 근대성 있게 보여주었다는 평가를 받는다(p. 59). 즉 칸티노 세계지도는 세계관에 기초한 세계지도에서 측량에 기초한 세계지도로의 전환을 알리는 획기적인 지도로 인정받고 있다(p. 60). 또한 이 지도는 그리스 시대 널리 이용되었던 원통 도법을 다시 활용했다는 것이다. 이는 중세를 지배하던 원형의 세계관을 탈피하겠다는 의지의 일면으로 해석해 볼 수 있다(p. 63). 이 지도에는 당시 유럽 세계에 알려진 것으로 보이는 유라시아 대륙 외에 브라질이 등장한다. 이는 당시 포르투갈이 인식하고 있었던 세계에 대한 표상이었음을 의미한다. 결국, 칸티노 세계지도는 프톨레마이오스의 아시아, 유럽, 아프리카 3대륙을 넘어서 아메리카를 등장시킨 최초의 세계지도라는 점에서 의미를 찾을 수 있다.

이 칸티노 세계지도를 더 정교하게 장방형의 지도로 제작하여 현재의 네모의 모습을 갖춘 것이 메르카토르 세계지도였다. 특히, 저자는 메르카토르 지도의 등장을 당시 16세기 사회의 문화사적 관점에서 풀어낸다. 즉 당시 유럽 사회는 직인(職人) 문화와 지적 문화가 존재하고 있었다. 공방에 기초를 둔 훈련 방식과 대학에 기초를 둔 훈련 방식의 결합으로 볼 수 있는 이론적 연구와 실험적 연구의 결합의 촉진이었음을 강조하였다. 즉 메르카토르의 이러한 역할에는 앞에서도 얘기했듯이 당시 메르카토르가 생활했던 안트베르펜, 루뱅의 영향을 강조하여 제시한다. 16세기 권력, 자본, 정보, 지식의 총본산이라고 할 수 있는 안트베르펜, 학문의 중심지였던 루뱅 대학에서의 공부는 당시 사회변화에 대한 충분한 인식과 지도의 필요성을 절감하게 하였을 뿐더러 지도제작의 기술과 학식을 익히기에 더없이 풍요로웠던 환경의 영향을 강조하였다.

3. 메르카토르 세계지도는 상업(무역) 발달에 기여하였는가?

저자는 브뤼헐(Pieter Bruegel)의 그림을 활용하여 16세기 저지 국가에서 나타나는 상업화, 수량화, 과학화의 흐름이 있었음을 설명한다. 이러한 세계화(?)를 주도하는 신항로 개척과 해외 탐험, 식민지 개척과 같은 사회적 흐름에서 지구의와 지도에 대한 수요는 급격히 증가하였다. 메르카토르 역시 당시 순수 학문적 논의에 머물고 있던 지도학을 수량화, 과학화, 상업화로 내딛게 하는 데 큰 역할을 하였다고 볼 수 있다.

메르카토르가 이러한 서유럽 사회적 변화의 중심에서 새로운 지도학의 역사를 쓰게 된 배경은 안트베르펜과 관계가 깊다. 메르카토르는 안트베르펜에서 어린 시절을 보냈을 뿐 만 아니라 성장해서 다시 안트베르펜에서 생활하였다. 안트베르펜은 16세기 초 · 중분 저지 국가에서 상업지도학의 중심지였다. 당시 안트베르펜은 인구 5만 명 정도의 작은 항구 도시였지만 포르투갈 사람들이 동방에서 가져온 후추, 계피, 설탕 등의 물건들을 남부 독일의 금, 은, 동과 교환하던 장소였으며, 잉글랜드와 포르투갈의 모직물 교역지로, 나중에는 저지 국가들의 리넨과 양모가 수집되고 수출되는 세계적인 교역도시로 변모하였다(p. 102). 결국, 안트베르펜은 서유럽 최대의 교역도시가 되었다.

안트베르펜에서 상업지도학의 발달은 시대적 요청이었다. 14세기까지 유럽 지도 발달을 주도했던 지역은 베네치아, 로마, 볼로냐 등 이탈리아의 주요 도시들이었으며, 15세기 들어서면서 뉘른베르크, 아우크스부르크, 바젤 등 남부 독일과 스위스의 도시들에서 지도학이 꽃피워졌다(p. 112). 그러나 16세기 중반이 되면서 지도 제작의 주요 도시는 저지 국가의 안트베르펜으로 옮겨갔다. 안트베르펜을 중심으로 이루어진 해상무역의 발달은 지도학의 발달을 부추겼다.

한편, 후발 해양국 잉글랜드의 입장에서는 강대국들과의 마찰을 피하면서 아직 그 어느 나라도 영유권을 주장하지 않던 북방 해역을 관통해 태평양에 이르는 항로를 찾기 위해 북방항로 탐험을 시작하였다. 이 무렵 북방 항로를 긍정적으로 그려 놓은 오르텔리우스의 세계지도, 메르카토르의 세계지도 등이 주목을 받았다. 왜 잉글랜드에서 국가적 운명을 좌우하는 상황에서 메르카토르의 세계지도가 가장 관심을 받았을까?

16세기 잉글랜드의 북방 해역 탐험은 '북동 항로냐, 북서 항로냐'의 논쟁으로 시작되었다. 당시 북동 항로 탐험은 전적으로 런던 상인들에 의해 주도되고 있었다. 이는 새로운 양모 시장을 중국과 타타르 지방에서 찾으려던 런던 상인들의 기대와 북서 항로에 대한 런던 상인들의 우려가 결합된 결과였다(p. 279). 이러한 항로 개척에는 당시 북극 지역과 북방 항로에 대한 다양한 견해와 개념에 있었다. 그 중에서도 메르카토르는 아메리카는 섬이 아닌 대륙이며, 아시아와는 해협에 의해 분리되어 있는 거대 대륙이라는 입장으로 북서 항로가 북동 항로에 비해 훨씬 더 가깝게 도달할 수 있는 적정의 항로임을 제시하였다. 특히 메르카토르의 새로운 투영법으로 만들어진 1569년의 메르카토르 세계지도는 향후 잉글랜드의 북방 항로 탐험에 여러모로 영향을 미쳤다. 동시에 메르카토르의 세계지도는 항해도로 사용될 완벽한 준비를 마치게 되었다고 할 수 있다.

4. 메르카토르 세계지도는 비난받아야만 하는가?

패터스도 그의 도법을 둘러싼 논쟁도, 기술적으로나 지적으로나 심각한 오류를 범했고 그 과정에서 세계를 지도에 옮기는 일과 관련된 중요한 진실이 드러났다. 세계지도는 어느 것이나 불완전하고 태생적으로 선별적이라는 점, 그래서 불가피하게 정치에 희생된다는 점이다(브로턴, 2014).

16세기 제작 이후 메르카토르 지도는 상업지도학의 발달을 이끌어내면서 해상에서 뿐 아니라 실내 벽걸이용 세계지도로서도 많은 인기를 얻었다. 그러나 20세기 후반, 고위도에서의 면적 확대하는 극단적인 약점 때문에 전문가들마저도 이 지도의 위험성을 경고하기에 이르렀다. 위의 브로턴의 언급은 이러한 사실을 가장 잘 드러내준다. 메르카토르는 직선의 항정선이라는 탁월한 속성을 제공하기 위해 지구의 일부를 해도로 옮기면서 엄청난 왜곡을 만들어 내고 말았나는 것이다. 유럽은 너무나 크고 러시아는 거의 괴물 수준이나 인도나 말레이 반도는 너무나 축소되어 눈에 띄지 않을 정도이다(p. 393). 그리하여 지도학자 패터스를 비롯하여 많은 전문가들로부터 메르카토르 도법 오류의 심각성을 지적받아 왔다.

이러한 사실은 국내에서도 나타난다. 메르카토르 도법으로 지도를 제작할 경우 한반도의 면적은 상대적으로 축소되어 표현된다. 그럼에도 불구하고 현재까지 사회과부도 내 지도는 대부분 메르카토르 도법으로 그려진 세계지도를 담고 있다.

또한 교육 환경 게시로 사용되는 세계지도도 마찬가지다. 이러한 왜곡을 담은 메르카토르 세계지도의 사용을 경고한다(p. 397).

그렇다면, 왜 저자는 메르카토르를 주목하였을까? 본 도서에서 저자는 메르카토르에게 2가지 업적에 대해 높이 평가하고 있다. 첫째는 메르카토르의 삶 자체에 대한 평가이다. 메르카토르는 안트베르펜에서 태어나 뤼펠몬데, 스헤르토헨보스, 루뱅, 뒤스부르크 등 유럽 북부의 영역을 두루 이동하면서 수학과 천문학을 익혔다. 동시에 해상 무역의 중심지 역할을 했던 안트베르펜을 중심으로 상인들과의 교류와 경험은 지도 제작의 필요성과 방법 획득에 큰 영향을 주었다. 그러한 지식과 경험은 지도 제작에 대한 메르카토르의 열정이 전제되어 있었기 때문에 가능했을 것이다. 둘째는 메르카토르 도법의 창시자이자 지도학 발달의 시조라는 점이다. 메르카토르가 이러한 평가를 받기까지에는 지도에 대한 관심, 열정, 그리고 사회적 필요에의 부응이라는 여러 가지 헌신이 있었다. 또한 자신의 탁월한 수학적·제도적 능력이 뒷받침되어 3차원의 우리 지구를 2차원의 평면에 펼칠 수 있는 지도를 구현해 낼 수 있었던 것이다. 메르카토르는 이러한 문제해결을 위해 무려 25년 동안이나 씨름하면서 자신의 지도를 완성했다고 한다. 완성된 지도는 위에서 설명했듯이 수 세대를 걸쳐 선원들의 나침반 역할을 하였고, 지구촌 수많은 사람들에게 지구의 이미지를 심어 주는 데 주도적 역할을 해 왔다.

이렇게 저자는 메르카토르의 삶과 당시 메르카토르 세계지도의 제작 배경, 그리고 사회로부터 어떻게 인정을 받게 되었으며, 동시에 당시 사회에 어떠한 영향을 주었는지를 일반화된 사실 위주의 나열이 아닌 다양한 역사적 사실들을 활용하여 재미있게 이야기로 전해준다. 저자는 메르카토르의 인물과 메르카토르의 세계지도에 대한 감미로운 글 읽기를 선물하고 있다.

또한, 이 책은 인류 역사에서 '지도'의 의미를 되새기고 그 중요성을 다시 평가하게 해 주었다는 데서 큰 의미를 찾을 수 있다. 그리고 저자는 지도의 의미를 되찾는 데서 현재 지리학이 처한 무용론을 불식시키고 법고창신의 정신으로 지리학의 유용성을 사회에 인식시키고 싶은 숨은 마음을 충분히 보여주고 있다.

출처: 김다원, 2015a.

2. 인공지능 도구 활용 수업

1) 인공지능(Artificial Intelligence: AI) 도구 활용

인공지능은 21세기 사회변화의 원동력이며 자연스럽게 모든 산업을 변화시키고 있다(Holmes et al.(정제영, 이선복 편역), 2019). 자신의 의지와는 별개로 인공지능에 대한 관심과 활용력이 요청되고 있다. 최근 인공지능의 기술적 발전은 빠르게 성장하고 있으며, 시간이 지날수록 발전의 속도는 빨라지고 있다. 이에 따라 인공지능에 대한 인식, 인공지능 융합 방법에 대한 지식, 인공지능 기술 활용능력의 함양에 이르기까지 교육에서 이에 대한 준비와 대응이 필요하다는 사회적 요구가 커지고 있다. 즉 인공지능 시대에 무엇을 가르칠 것인가, 어떻게 가르칠 것인가 그리고 무엇을 어떻게 평가할 것인가에 이르기까지 인공지능의 등장에 따라 교육에서의 변화도 요구되고 있다.

교육부의 2022 개정 교육과정에서는 개정의 배경으로 '인공지능 기술의 발달', '사회변화의 복잡화 및 불확실성 증가', '학생 개개인의 특성 중심의 맞춤형 교육의 필요성 증가', '교육과정의 자율화 및 분권화 활성화' 등 교육의 방향을 제시하였다(교육부, 2022a). 국제사회에서도 OECD에서는 OECD 2030 프로젝트에서 기술(Skills)적 측면에서 디지털 매체 활용능력, 지식(knowledge)적 측면에서 과학과 인문학적 지식, 태도(attitudes)적 측면에서 창의력 및 응용력, 가치(values)면에서 디지털 윤리와 사회적 책임을 제시했다(OECD, 2018). 그리고 UNESCO(2021)에서는 향후 교육의 혁신은 과학적 문해력, 인문학적 문해력과 더불어 디지털 문해력 함양을 통해서 적극적인 시민의식과 민주적 참여를 촉진해야 함을 명시하였다. 이를 위해서 학교는 디지털 기술을 활용하여 보다 정의롭고 형평성 있고 지속가능한 미래를 만들어 가는데 기여해야 한다는 것이다.

인공지능은 인간과 같이 사고하고 학습하고 판단하는 인간의 능력을 인공적으로 구현한 컴퓨터 프로그램으로 현재 우리 사회에 나타난 큰 변화이면서 우리 사회의 변화에 큰 영향을 줄 수 있는 기술로 받아들여지고 있다. 스마트폰, 에어컨,

TV 등의 가전제품과 자동차 등에서도 인공지능 기술을 흔히 찾아볼 수 있으며 편리하게 생활에 도움을 받고 있다. 뿐만 아니라 최근에는 우리가 원하는 그림, 글을 그려주기도 하고 우리가 원하는 정보들을 찾아주기도 한다. 세계에 있는 여러 가지 정보와 자료를 활용하여 우리 사회에 나타나는 여러 가지 사회현상들을 파악할 수 있고, 사회문제들을 해결하는 데도 도움을 주고 있다. 최근에는 기후변화 예측, 기후변화에 따른 전략적 대응 방안 등에 이미 인공지능이 깊숙이 들어와 있다. 기후변화의 특성 파악과 이에 대한 대응 방안을 마련하는 데 AI가 도움을 주고 있다(Marr, 2021; 김귀식, 신영준, 2021에서 재인용). 그래서 사회교과에서는 인공지능 기술을 비롯하여 여러 가지 정보들을 활용할 수 있는 '지식 정보처리 역량' 함양을 교육의 목표에 포함해 오고 있다(교육부, 2015, 2022a). 사회과 지리 영역의 기후환경 교육은 기후변화에 따른 대응력 차원에서 중요하게 여겨지고 있다. 그간 기후에 대한 교육 중심에서 기후의 변화, 기후변화에 따른 환경의 변화, 기후변화에 대한 대응의 필요성 인식과 실천적 방안 탐색 등으로 기후환경 교육의 영역을 심화 확장하는 방향으로 제시되고 있다(교육부, 2015, 2022b). Matthewman & Morgan(2013)은 오늘날 지리교육은 글로벌 환경 변화에 따라 학생들이 기후변화를 비롯한 환경 문제를 실질적으로 이해하고 이에 대해 준비할 수 있도록 지리교육의 재정향이 필요하다고 하였다.

2) 사회과교육에서 인공지능 도구 활용 수업의 교육적 효과

현재 우리나라 교육에서 인공지능에 대한 교육은 크게 '인공지능 자체에 대한 교육'과 '인공지능 활용에 대한 교육', '인공지능 융합 교육'으로 이뤄지고 있다(김태령 외, 2020; 최숙영, 2023)(〈표 II-3〉). '인공지능 자체에 대한 교육'은 인공지능을 하나의 교과로 지도하는 교육으로, 주로 관련 교과에서 내용으로서 인공지능에 대한 교육이 이뤄지고 있으며, '인공지능 활용에 대한 교육'에서는 인공지능 기술을 활용하여 교과의 내용을 학습할 수 있는 방법에 대한 지식과 실제 활용을 통해서 교과학습을 실행하는 방식으로 이뤄지고 있다. 즉 각 교과의 교수

학습 과정에서 학습내용을 효과적으로 학습하도록 하는 데, 관련된 인공지능 도구와 플랫폼을 활용하여 학습자의 학습을 도모하는 데 중점을 두며, 교사에게는 인공지능 도구를 활용하여 교육과정 운영, 교수 학습 활동 전개, 평가에 이르기까지 교육 전반의 효율성을 추구하는 데 활용된다.

최근 교육부에서는 '인공지능 융합 교육'을 용어로 사용하고 있다(교육부, 2020). 이주영(2022)은 교육 분야에서 '융합'을 '서로 합쳐짐'이라는 의미를 포함하는 '통합'에 교과 간 연계, 연결의 의미가 확장된 것, 그리고 문제해결의 과정에서 각 분야의 연결을 통해 새로운 것을 만들어 가는 능력과 행위라는 방법적, 과정적 측면을 의미 있게 고려하는 것으로 정의하였다. '인공지능 융합 교육'의 의미와 관련하여 전수진 외(2020)는 '인공지능 융합 교육'은 인공지능과 두 가지 이상의 학문 또는 산업 분야가 융합되어 주어진 문제를 해결하고자 하는 교육으로 정의하였고, 이주영(2022)은 '교과와 인공지능의 지식(기능과 태도 포함)을 연결 또는 연계하여 새로운 것을 만들어 내는 능력을 기르고 그 과정을 체험하는 교육'으로 정의하였다. 이상을 종합하면, '인공지능 융합 교육'은 인공지능과 두 가지 이상의 학문 또는 산업 분야가 융합되어 주어진 문제를 해결하고자 하는 교육을 의미하며, 인공지능에 대한 원리와 기술, 도구의 이해를 토대로 다양한 교과의 내용과 관련 문제들을 새로운 관점으로 바라보고 창의적인 해결 방안을 제시할 수 있도록 하는 것으로 정의할 수 있다.

〈표 II-3〉 인공지능 교육의 유형

구분	내용
인공지능에 대한 이해 교육	• 인공지능 개념과 원리, 기술, 도구, 영향의 이해, 대도에 중점 • 인공지능 지식과 기능을 학습하는 데 중점 • 인공지능 활용을 위한 기초 소양 함양을 목적으로 하는 교육
인공지능 활용 교육	• 인공지능 기술과 도구의 활용에 중점 • 인공지능 도구를 활용하여 교육목적을 달성하거나 교육문제를 해결 • 개별화, 맞춤형 콘텐츠로서 인공지능 활용 교육 • 교과 교육에 인공지능을 활용하여 교과 목표 달성을 지원하는 교육 • 인공지능 기술과 도구의 내용 면 활용과 방법 면 활용으로 구분 • 교육과정, 교수 학습 과정, 평가 등 교육 전반의 에듀테크 관점

구분	내용
인공지능 융합 교육	• 인공지능에 대한 원리와 기술, 도구의 이해를 토대로 주제학습 및 문제해결 • 다른 교과와 인공지능을 융합하여 교육, 여러 교과 및 학문 분야의 지식, 태도, 능력을 통합하여 학습을 촉진 • 인공지능 내용과 인공지능 활용 교육의 특성 포함

자료: 김동심 외, 2023; 최숙영, 2023을 토대로 연구자가 수정 후 제시함.

다음에서는 선행 연구 리뷰를 토대로 인공지능 융합 교육에 중점을 두고 이에 대한 세부적인 효과들을 살펴본다. 첫째, 인공지능 융합을 통해서 학습자의 문제해결력과 창의력 함양을 기대할 수 있다(교육부, 2020; 최숙영, 2023). 특히, 많은 정보와 자료를 활용할 수 있고 현장성을 반영할 수 있는 인공지능 융합은 복잡한 문제들을 합리적으로 해결하는 데 유용성을 갖고 있다. 학습자의 문제해결력 함양을 위해 인공지능 융합은 교육적 효과성을 지니고 있다고 하겠다.

둘째, 인공지능 융합은 학습자와 학습자, 학습자와 인공지능 간 협업력을 향상시키는 데서 긍정적 효과를 기대하고 있다(최숙영, 2023). 협업력은 현재뿐만 아니라 미래 사회의 핵심역량으로 요구되고 있다. 사람들의 생활 범위가 확장되고 사람들 간 교류가 증가하면서 함께 해결해야 할 과제들도 많아지고 복잡해지고 있다. 이러한 과제를 해결하기 위해서는 사람들 간 그리고 인간과 비인간 간의 협업이 필요하다는 것이다. 교육부에서 추진하고 있는 인공지능 교육의 역할에서 인간과 인공지능 간 '상호교류'를 통한 소통과 협업의 효과를 포함하였다(교육부, 2020).

셋째, 인공지능 융합은 복잡한 개념을 시각화하여 보여주거나 현실 세계에서 불가능한 가상의 체험을 제공해 주면서 경험의 범위를 확대해 주고 구체화해 준다. 그래서 학습자 주도의 적극적인 상호작용과 이를 통한 학습효과를 제고할 수 있다(Holmes et al.(정제영, 이선복 편역), 2019). 인공지능 기술은 AR(Augmented Reality, 증강현실), VR(Virtual Reality, 가상현실) 이외에 여러 가지 도구들을 포함한다. 이러한 기술의 활용을 통해서 언제 어디서든지 학습주제 탐구에 필요한 정보와 자료를 획득할 수 있고 대상과 소통할 수 있는 환경이 마련될 수 있어서 학습자 주도의 적극적인 학습활동을 촉진할 수 있다(Willis, 2023). 여기에는 간접 체험, 시뮬레이션 효과, 다양한 감각의 활용 등이 포함될 수 있다.

넷째, 정보를 활용하여 사회현상을 파악하고 의사소통하는 데 필요한 정보활용 능력 함양에 긍정적 효과를 갖고 있다. 데이터를 포함한 여러 가지 정보는 사회현상을 파악하고 문제를 해결하는 데 필요한 것으로 어떤 정보를 어떻게 활용하느냐에 따라 결과의 신뢰성과 정확성은 달라질 수 있다. 인공지능 기술의 활용을 통해서 전 세계의 다양한 정보를 획득할 수 있으며, 이러한 정보들을 생성, 조직하고 활용, 분석하여 필요한 결과를 획득할 수 있는 능력을 키울 수 있다.

다섯째, 사회과교육에서 생성형 인공지능 도구의 활용은 변혁적 교육의 잠재력을 지니고 있다(Lee etals., 2025). 개인화된 콘텐츠의 사용, 맞춤형 학습 경로 활용, 실시간 데이터 기반 경험 학습, 대화형 학습 환경 조성 등 여러 가지 면에서 최근 사회과 수업에서 지향하고 있는 학습 환경을 지원할 수 있다.

이외에 인공지능 기술은 학생들의 학습 과정과 결과 분석을 토대로 맞춤형 교육을 지원할 수 있다고 본다(Holmes et al.(정제영, 이선복 편역), 2019). 인공지능 보조교사 시스템의 도움을 받아서 학생 개인의 필요 수준의 학습을 지원하면서 학생의 개별화된 수업 관리가 가능하다는 것이다. 더불어 사회교과 내용을 토대로 논리와 사고하는 것을 학습하여 학습내용에 대한 깊은 이해와 전이를 향상시킬 수 있다.

3) 기후환경 수업에서 인공지능 도구 활용

기후환경 수업에서 사용할 수 있는 인공지능 도구 활용을 살펴보면 다음과 같다(〈표 II-4〉). 먼저 자신의 생각이나 의견, 조사한 자료를 창의적으로 표현하는 데 생성형 인공지능 또는 이미지 생성형 인공지능 등을 사용할 수 있다. 생성형 인공지능은 키워드를 이용하여 원하는 상황에 대한 문장, 가사, 기사 등을 생성할 수 있는 콘텐츠 생성 기술이다. 이미지 생성형 인공지능은 클라우드 방식의 그래픽 디자인 또는 웹툰을 제작할 수 있는 기술로, 이 도구를 사용하여 전문적인 디자인 경험이 없는 사람들도 프레젠테이션이나 광고 자료와 같은 콘텐츠를 쉽게 만들고 쉽고 빠르게 캐릭터와 배경 등을 조합하여 만화 형태의 콘텐츠를 제작할 수 있다. 이와 같은 인공지능 기술은 사회과 '우리 지역(또는 우리나라, 세계)의 기후 특성', '기후변화 관찰 및 예측', '미래 기후변화 문제에 따른 해결 방안' 등의 학습주제를 깊이 있게 이해하고, 창의적으로 자신의 생각을 표현하는 데 매우 유용하다. 학생들은 이미지 생성형 인공지능과 같은 기술을 사용하여 기후변화에 따른 문제와 해결 방안을 시각적으로 표현한 인포그래픽이나 포스터를 제작함으로써 복잡한 정보를 쉽고 명확하게 전달하는 방법을 배울 수 있다. 생성형 인공지능을 활용하면 기후변화의 영향에 대한 설명이나 대응 방안을 제시하는 글을 효과적으로 작성하는 법을 배우며, 기후변화 주제를 바탕으로 한 웹툰을 제작하여 이야기 형식으로 정보를 전달하는 창의적인 접근 방법을 탐색할 수 있다. 이러한 활동은 학생들이 기후변화에 대한 복잡한 개념을 이해하고, 이를 해결하기 위한 창의적인 생각을 개발하는 데 도움을 줄 뿐만 아니라, 인공지능 기술을 활용하여 자신의 생각과 해결책을 효과적으로 표현하는 능력도 함께 향상시킬 수 있으며, 인공지능 기술이 어떻게 창의적인 콘텐츠 제작에 기여할 수 있는지를 실질적으로 경험할 수 있다.

또한, 현대사회가 복잡해짐에 따라 기후환경 교육에서 학생들이 실제 환경 데이터를 수집, 분석하고, 그 결과를 통해 환경 문제에 대한 인식을 높이고 해결 방안을 모색하는 과정이 요구된다. 이러한 측면에서 데이터 분석 및 시각화를 위한 인공지능 도구로 네이버 데이터랩, 엔트리의 데이터 분석, 상권정보 시스템 등을 활용할 수 있다. '네이버 데이터랩'은 네이버가 제공하는 빅데이터 분석 서비스로 다양한 데이터와 통계 정보를 분석하고 시각화할 수 있는 도구이며, '엔트리(Entry)'의 데이터 분석 기능은 유용한 정보를 발굴하고 결론적인 내용을 알리며 의사결정을 지원하는 것을 목표로 데이터를 정리, 변환, 시각화할 수 있는 블록을 의미한다. 인공지능 기술을 활용한 데이터 분석은 학생들에게 데이터 과학과 통계학의 기초를 소개하며, 이를 통해 학생들은 데이터의 수집, 처리, 분석, 해석하는 과정을 학습할 수 있다. 이 과정에서 학생들은 인공지능 도구를 활용하여 데이터를 이해하고, 이를 바탕으로 정보에 기반한 결정을 내릴 수 있는 능력을 갖출 수 있다. 예를 들어, 지리 영역에서 데이터 분석을 통한 인공지능 융합 교육은 단순히 지리학적 지식을 넘어서 데이터 리터러시를 키울 수 있다.

이외에, 기후변화 예측, 환경 데이터 분석 및 시각화 등의 작업 수행을 위한 인공지능 모델 개발 및 예측을 위한 인공지능 도구로 엔트리의 이미지/텍스트 분류 모델과 선형회귀 모델이 있다. 이미지 모델 학습 기능은 직접 입력한 이미지를 학습 데이터로 삼아 일정한 기준에 따라 분류하고, 그 기준에 맞춰 모델을 학습시켜 자신만의 모델을 만들어 볼 수 있는 기능이며, 텍스트 모델 학습 기능은 텍스트를 학습 데이터로 삼아 일정한 기준에 따라 분류하고, 그 기준에 맞춰 모델을 학습시켜 자신만의 모델을 만들어 볼 수 있는 기능이다. 예측(선형 회귀) 모델은 예측 변수와 종속 변수로 구성되며, 이 둘은 선형 방식으로 서로 연관 지어 선택한 속성에 대한 예측값을 알려주는 모델이다. 인공지능 모델을 활용하여 환경 관련 이미지를 분류하고 기후변화의 영향을 시각적으로 보여줄 수 있으며, 텍스트 모델 학습 기능은 텍스트 데이터를 학습하여 기후변화에 대한 뉴스 기사나 연구 보고서의 내용을 분석하고 요약할 수 있다. 또한, 선형회귀 모델은 기후변화와 관련된 다양한 요소들, 예를 들어, 온도 상승, 해수면 상승 등의 변화를 예측하는 데 활용될 수 있다.

〈표 II-4〉 기후환경 교육에 적용할 수 있는 인공지능 도구

인공지능 도구	내용
엔트리 인공지능 블록	1) 이미지 분류 모델 이미지 모델 학습 기능은 직접 입력한 이미지를 학습 데이터로 삼아 일정한 기준에 따라 분류하고, 그 기준에 맞춰 모델을 학습시켜 자신만의 모델을 만들어 볼 수 있는 기능이다. 2개 이상의 클래스를 입력하고, 클래스당 5개 이상의 데이터를 학습시키면 모델 학습하기 버튼이 활성화된다. 환경 관련 이미지를 이용하여 기후 현상을 분류할 수 있다. 2) 텍스트 분류 모델 텍스트 모델 학습 기능은 텍스트를 학습 데이터로 삼아 일정한 기준에 따라 분류하고, 그 기준에 맞춰 모델을 학습시켜 자신만의 모델을 만들어 볼 수 있는 기능이다. 입력한 텍스트를 클래스로 직접 분류하고 학습시키면 새롭게 입력되는 텍스트를 분류할 수 있는 모델을 만들 수 있다. 텍스트의 의미가 아니라 형태가 얼마나 비슷한지를 기준으로 분

인공지능 도구	내용
	류하는 방식이며, 모델이 학습할 텍스트는 직접 작성하거나 txt, csv 파일로 올릴 수 있다. 텍스트 모델 학습을 이용해서, 기후변화에 관한 뉴스 기사의 범주를 분류할 수 있다. 3) 예측: 숫자(선형회귀) 모델 예측 모델도 분류 모델과 같이 지도 학습에 해당한다. 분류 모델과 다른 점은 모델이 보여주는 결과가 어느 클래스로 분류할지가 아니라 선택한 속성에 대한 예측값을 알려주는 모델이다. 기계학습에서 가장 일반적인 회귀분석 유형이라고 할 수 있는 선형회귀는 예측 변수와 종속 변수로 구성되며, 이 둘은 선형 방식으로 서로 연관 지어져 있다. 선형회귀는 가장 적합한 선, 즉 최적 적합 선을 사용한다. 이산화탄소 농도 등 기온에 영향을 미치는 요소들을 학습시켜 미래의 평균 기온 등을 예측해 볼 수 있다.
엔트리 데이터 분석	데이터 분석(data analysis)은 유용한 정보를 발굴하고 결론적인 내용을 알리며 의사결정을 지원하는 것을 목표로 데이터를 정리, 변환, 시각화하는 과정을 의미한다. 엔트리에서는 데이터 분석 블록 카테고리의 블록 꾸러미에서 '테이블 불러오기' 버튼을 클릭하면 팝업 창이 나타난다. 작품에서 활용하고자 하는 테이블을 선택하고 '추가' 버튼을 클릭하면 데이터 분석 블록이 블록 꾸러미에 표시된다.
생성형 인공지능 (뤼튼, AskUp, ChatGPT 등)	키워드를 이용하여 원하는 상황에 대한 문장 등을 생성할 수 있는 인공지능기반의 콘텐츠 생성 기술이다. 인공지능과 딥러닝 기술을 같이 이용하기 때문에 문맥과 의미를 담아내는 품질이 매우 뛰어나다. 글쓰기뿐만 아니라 질문에 의미를 살리면서도 키워드나 주제 등을 살려 콘텐츠를 생성할 수 있다. 블로그 글, 제품 리뷰, 인사말, 자기소개서, 코딩 수정 등에 활용되고 있다.
네이버 데이터랩	네이버가 제공하는 빅데이터 분석 서비스로 다양한 데이터와 통계 정보를 분석하고 시각화할 수 있는 도구이다. 네이버 통합검색에서 특정 검색어가 얼마나 검색되는지 그 추이를 확인할 수 있으며, 확인하고 싶은 검색어를 기간별, 연령별, 성별로 조회할 수 있다.
이미지 생성형 인공지능 (투닝, Dall-E, 캔바 등)	이미지 생성형 인공지능은 인공지능 웹툰 제작, 클라우드 방식의 그래픽 디자인 등 텍스트를 입력하여 이미지를 만들어 내거나 기존 이미지를 다른 스타일의 이미지로 변경할 수 있는 기술이다. 미리 제작된 템플릿을 활용해 쉽고 빠르게 캐릭터와 배경 등을 조합하여 만화 형태의 콘텐츠를 제작하거나, 전문적인 디자인 경험이 없는 사람들도 프레젠테이션이나 광고 자료와 같은 콘텐츠를 쉽게 만들 수 있도록 도와준다. 웹사이트에 접속하여 캐릭터, 배경, 효과 등을 클릭하는 동작만으로 누구나 멋진 웹툰을 만들 수 있으며, 얼굴 사진이나 그림으로 자연스럽게 말하는 영상을 제작할 수 있다.
티처블 머신 (Teachable Machine)	티처블 머신은 누구나 머신러닝 모델을 빠르고 간단하게 만들 수 있도록 제작된 웹 기반 도구이다. 머신러닝 코드를 작성하지 않고도 컴퓨터가 이미지, 사운드, 포즈를 인식하도록 컴퓨터를 학습시킬 수 있다. 회원가입

인공지능 도구	내용
	없이 사용할 수 있으며, 이미지를 학습시킨 후, 새로운 이미지를 학습된 모델로 분류할 수 있다.
기후정보포털 (기후변화 시나리오)	기후변화 시나리오는 기상청에서 제공하는 미래기후 전망정보이다. 온실가스, 에어로졸 변화 등 인위적인 원인으로 발생한 기후변화를 전망하기 위해 온실가스 농도, 기후변화 수치모델을 이용하여 산출한다. '미래에 한반도 지역의 온대 기후가 아열대 기후로 바뀐다는 말이 사실일까?'와 같은 막연한 의문에 대해 불확실성을 잘 이해하여 신뢰할 수 있는 의사결정을 돕는 것을 목적으로 한다.
MRI of the Earth	구글의 Arts & Culture 프로젝트의 일환으로 제작된 이 프로젝트는 MRI 기법을 사용하여 지난 50년 동안 인간의 활동으로 인해 손상된 지구 곳곳의 모습을 보여주고, 극단적인 기후 관련 사건이 50년간 이어져 온 기후변화 데이터(인구, 기온, 이산화탄소 등)와 어떻게 연결되는지 시각화해서 보여준다.
바다 환경을 위한 인공지능 (AI for Oceans)	이 도구는 비영리재단인 code.org에서 제작된 인공지능과 머신러닝을 학생들이 쉽게 학습하기 위해 제작된 도구이다. 학생들은 이 도구를 통해 인공지능에서 데이터의 중요성과 머신러닝의 학습방법에 대해 배우며, 인공지능 시스템이 사회에 미치는 영향과 멸종위기 동물을 보호하기 위한 방법을 고민할 수 있다.
Climate Change Impact Filter	구글의 Arts & Culture 프로젝트의 일환으로 제작된 이 프로젝트는 곤충, 조류, 파충류, 포유류, 식물 등의 생물이 기후변화로 인해 멸종되는 과정을 인공지능 예측과 시뮬레이션을 통해 간접적으로 체험시켜 준다.

출처: 전인성, 김다원, 2024, pp. 11-12.

생각넓히기

1. AI 도구 활용 수업과 관련하여 디지털 소양 교육의 의미와 필요성을 논의해 보자.

2. 아래 자료 및 관련 자료를 탐색하여 디지털 기기 활용 수업, 인공지능 도구 활용 수업의 교육적 효과를 토의해 보자.

올해부터 AI 활용 홍수예보…예보지점도 223곳으로 대폭 확대

'2024년 여름철 홍수대책' 발표…홍수경보 인근 지날 때 내비 안내
다목적댐 20곳에 홍수조절용량 최대 61억 4000만㎥ 확보

2024.05.16 환경부 본문듣기 가가

환경부는 인공지능(AI)을 활용해 더 빠르고 촘촘한 홍수예보를 추진해 예보지점을 그동안 대하천 중심 75곳에서 지류·지천을 포함한 223곳으로 대폭 확대한다.

또한, 내비게이션 안내, 침수우려지역 확인 등을 통해 정보를 쉽게 알 수 있게 제공하고, 다목적댐 20개에 홍수조절용량 최대 61억 4000만㎥의 물그릇을 확보한다.

환경부는 16일 정부서울청사에서 올해 여름철 홍수피해 예방을 위한 환경부의 여름철 홍수대책을 발표했다.

최근 기후변화에 따른 이상기후로 예측하기 어려운 집중호우 등이 자주 발생하고 있으며, 홍수에 대한 사전 대비의 중요성이 커지고 있다.

이에, 환경부는 집중호우에도 홍수대응 방안이 실제 현장에서 작동할 수 있도록 관계기관 간 긴밀히 협조해 여름철 홍수대책을 추진한다.

2050 학교에 필요한 변혁

- 협동, 돌봄, 변화를 위한 플랫폼
  - 미래를 위한 통찰력의 원천, 혁신은 필수적
- 교실에서 학습자 커뮤니티로
  - 교실에 구속받지 않고 친국 및 사람들과 지속적 상호작용에 참여
- 수업은 학습자의 학습을 위한 방법에 중점
  - 학습적 효과를 위한 다양한 방법의 활용
- 디지털 기술의 활용으로 학생들의 관심과 질문을 다른 사람과 연결
- 협력의 문화 구축
  - 학교는 공적 장소이자 협력적 환경으로 혁신

출처: UNESCO, 2021.

3. 아래의 인공지능 도구 활용 수업의 실행에서 유의해야 할 사항들을 토대로 관련 내용을 더 찾고 수업에서 개선 방법을 모색해 보자.

- AI에의 과도한 의존성
- 정보 및 콘텐츠의 부정확성과 편향 문제
- 데이터 소유권 문제
- 전통적인 교수·학습 기술의 약화 우려 등

4. 다음의 초등 사회과 교육과정의 기후환경 내용 학습에 활용할 수 있는 인공지능 도구를 적어보고, 수업안을 설계해 보자.

학년군	중영역	2022 개정 사회과 교육과정 성취기준	학습 내용	인공지능 도구
3~4	(5) 지도로 만나는 우리 지역	[4사05-02] 지도에서 우리 지역의 위치를 파악하고, 우리 지역의 지리 정보를 탐색한다.	우리 지역 기후환경의 변화	예시) 생성형 AI(뤼튼 등)
			우리 지역 미래 기후환경 변화 예측	예시) 이미지 생성형 AI(투닝 AI 등)
	(9) 지역문제를 해결하고 지역을 알리는 노력	[4사09-01] 생활 주변에서 찾을 수 있는 여러 가지 문제를 파악하고, 그 문제를 합리적으로 해결하는 능력을 기른다.	기후변화에 따른 우리 지역의 대응 노력, 방안	
5~6	(2) 우리나라 지리탐구	[6사02-01]우리나라의 계절별 기후 특징을 자료에서 탐구하고, 기후변화로 인한 자연재해의 심각성을 이해한다.	우리나라 기후변화의 특성과 문제점, 해결방안	
			우리나라의 자연재해 발생과 문제점, 해결방안	
	(10) 세계의 자연환경	[6사10-02] 세계의 다양한 기후를 알아보고 기후 환경과 인간생활 간의 관계를 탐구한다.	기후변화 예측과 이에 따른 대응 방안	
	(12) 지구촌 사람들	[6사12-02] 지구촌을 위협하는 다양한 문제들을 파악하고, 지속가능한 미래를 위한 해결 방안을 탐색한다.	지구촌 차원의 기후변화 현황과 문제	
			향후 지구촌 기후변화 예측	
			기후변화에 따른 지구촌 사람들의 대응 노력	

3. 도서 및 사진 활용 수업

1) 스토리텔링 기법의 의미와 활용

도서 및 사진 활용 수업에서 스토리텔링 기법의 활용은 학습적 효과를 극대화하는데 도움을 준다. 단순한 사실의 전달이 아니라 이야기를 통해 정보에 맥락을 부여하여 학습자의 내용에 대한 이해를 도모하고 감정적 몰입, 개념 이해 등의 효과를 기대할 수 있다.

스토리텔링(storytelling)은 이야기(story)를 만들어서 표현하고(telling) 공유하는 과정이다. 단순히 정보의 전달이 아니라 이야기를 만들고 활용하여 학습 내용을 쉽고 흥미롭게 전달하는 방법이다. 독자 또는 청자에게 전달하고자 하는 사실, 개념, 정보 등을 이야기의 구조를 활용하여 재미있고 생생하게, 그리고 설득력 있게 전달하는 것을 말한다. 이야기의 표현과 공유의 과정에는 청각적, 촉각적, 시각적, 후각적, 미각적 감각 등이 활용되어 마치 직접 경험을 하는 것처럼 생생하게 전달할 수 있다는 장점이 있다.

스토리텔링은 목적을 갖고 스토리를 만들고 스토리를 텔링하면서 독자 또는 청자와 소통한다. 그래서 스토리텔링은 늘 독자와 청자의 수준을 고려하게 되며, 사람들과 소통을 위한 방법을 찾는다. 사람들은 감성과 체험에 기반한 지식과 정보에 더 이끌린다(이상민, 2009). 자신과 무관한 상황의 정보와 지식보다는 자신의 경험 안에 들어올 수 있고 간접적이나마 자신이 내용의 주인공이 되어서 체험할 수 있는 상황에 더 몰입하고 공감하고 내용에 대한 이해를 알 수 있다는 것이다. 특히, 내용에 대한 이해는 단편적인 지식을 통해서 보다는 맥락적 상황 안에서 이야기의 흐름을 통해서 논리적 연결 구조를 갖고 내용을 맥락적으로 이해할 수 있다. 복잡하고 추상적인 개념에 대해서도 이야기의 상황 안에서 직관적으로 이해할 수 있다. 예를 들어, 가상의 다문화 사회에서 벌어지는 문화 간 갈등의 발생과 원인, 문제적 상황, 그리고 해결을 위한 사람들의 노력 이야기를 통해서 다문화 사회의 모습과 문제 그리고 해결 방안을 가상의 사회적 상황에서 다소 구체적으로 경험할 수 있다. 독자가 이야기의 주인공이 되어서 문제적 상황을 직시하고 어려움을 느끼고 해결과정에 참여 등 간접 경험을 할 수 있다.

칩 히스 · 댄 히스(안진환 · 박슬라 역, 2007; 이경한 외, 2024)는 스토리에 대한 효과를 다음과 같이 제시하였다([그림 II-6], [그림 II-7]). 먼저, 스토리는 실제 삶의 상황에 가까운 형태로 만들어 보여줌으로써 시뮬레이션을 경험하게 하여 행동할 준비를 갖추게 할 수 있다는 것이다. 언제 어디에서 어떤 일이 발생하고 있는지, 어떻게 진행되고 있는지, 어떤 문제가 발생하고 있는데, 왜 해결해야 하는지, 어떤 해결 방법을 모색해 볼 수 있는지 등을 경험해 볼 수 있다. 이러한 상황에 대한 인식과 관련 정보와 지식은 사람들로 하여금 자신의 주변 상황을 살펴보게 하고 행동의 필요성과 방식을 생각하게 하는 데 도움을 줄 수 있다는 것이다.

둘째, 스토리는 머릿속에 큰 그림을 그리면서 경험의 세계를 확장하게 한다. 어린이들은 대부분 동화책 읽기를 즐겨한다. 이 시기에 행하는 동화책 읽기는 그냥 '재미'있어서 하는 행위인 경우가 많다. 어린이들은 이야기를 읽으면서 이야기 속 내용을 머릿속에 그림으로 그려간다고 한다. 이야기 안에서 여러 가지 상황들을 경험하고 주인공의 말과 행동에 공감하며 자신의 경험의 세계를 확장하면서 큰 그림을 그려가는 것이다. 그리고 또 다른 경험 세계에 도전하기도 한다. 즉, 어린이들에게 동화책 읽기는 수동성을 지닌 능동적인 활동이며 흥미로운 경험의 확장인 것이다.

셋째, 스토리는 문제해결을 지원할 수 있다. 스토리는 시뮬레이션을 경험하게 해주기 때문에 문제 발생 배경, 원인, 문제적 상황, 문제해결 과정, 문제해결 방안을 살펴볼 수 있다. 현실의 복잡한 상황을 단순화하여 스토리로 만들어 제공함으로써 상황에 따른 문제의 원인 파악, 문제의 해결 방안을 탐색하는 방법을 학습하는 데 유익성을 지닌다. 독자 입장에서 자신의 주변의 문제에 대해 문제해결의 계획을 머릿속으로 생각해 볼 수 있으며, 문제의 상황에 맞게 해결 방안을 모색할 수 있는 아이디어를 얻는 데 유익성이 있다는 것이다. 칩 히스 · 댄 히스(안진환 · 박슬라 역, 2007)는 '정신적인 시뮬레이션 연습 하나만으로도 육체적 연습을 통해 얻을 수 있는 혜택의 3분의 2를 얻을 수 있다'고 하였다.

넷째, 스토리는 이후의 모습을 상상하게 하며 지속적인 변화를 이끌어내는데 영향을 줄 수 있다. 스토리는 발단→전개→절정→결말의 구조를 가진 서사이지만 결말 이후의 이야기를 상상하게 한다. 미래에 대한 상상일 수도 있고, 이후 전개될 내용에 대한 상상일 수도 있다. 사람들은 스토리 결말 이후의 상황을 자신의 주변 상황에 적용하여 상상할 수 있다. 그리고 이후의 변화를 상상하거나 다른 상황에 적용시키면서 생각과 행동의 변화를 불러일으키고 지속적인 사회변화에 참여할 수 있다.

스토리 효과

- 내용의 시뮬레이션
- 행동 동기 유발
- 내용의 가시화
- 문제해결의 맥락 제공
- 미래에 대한 상상과 변화

[그림 II-6] 스토리의 효과

스토리 활용 수업

- 주제 관련 스토리 활용
- 주제 관련 스토리 만들기
- 디지털 스토리 영상 만들기
- 가상의 문제해결 이야기 만들기
- 시사자료, 정보 활용 이야기 만들기

[그림 II-7] 스토리 활용 수업 방법

사회과수업에서 스토리텔링 기법의 활용은 지리적 환경, 역사적 사건, 사회적 이슈, 다양한 문화, 정치와 경제 개념 등의 분야에 다양하게 적용해 볼 수 있다. 사회적 상황과 문제에 대한 공감, 비판적 사고, 문제해결력 함양 등의 목적에 맞게 유용하게 활용해 볼 수 있다. 학습 주제와 관련된 시사 자료, 동화 및 관련 도서, 인터뷰 내용 등을 수업 내용에 맞게 내용의 전체 또는 부분을 활용할 수 있을 것이며, 내용과 정보를 학생들의 이해와 수업내용에 맞추어 이야기의 형식을 만들어서 스토리텔링을 해볼 수 있다. 예를 들어, 지구 온난화에 대응적 실천력 함양에 목적을 둔 수업을 전개할 경우, 지구 온난화의 실제 현황, 지구 온난화에 의한 인간과 생물의 문제 상황, 지구 온난화에 대응하기 위한 실천 방안의 과제 수행에 필요한 내용을 하나의 도서를 선정하여 또는 여러 개의 관련 도서와 자료를 선정하여 맥락에 기반한 스토리텔링의 형식을 활용하여 진행할 수 있다.

2) 도서 및 사진 활용 수업의 의미와 효과

도서 및 사진 활용 수업은 탐구 주제와 관련된 내용 탐구를 위해서 관련 도서 및 사진을 활용하는 수업이다. 수업에서 도서와 사진의 활용은 교과서 내용 범위를 넘어서 관련 내용을 더 넓게 살펴볼 수 있다는 측면과 시사정보와 자료를 만날 수 있다는 면에서 유용성을 지닌다. 여기에서 도서는 정보와 지식, 문화를 전달해 주는 매체이며 문학작품, 교양도서, 전문 학술도서 그리고 전자책, 오디오북 등을 모두 포함한다. 사진은 현장과 현실의 모습을 촬영한 것이다.

먼저, 수업에서 도서의 활용을 살펴본다. 도서의 내용은 실제의 자연환경, 사회적 사실, 문헌, 문화유산 등을 토대로 사실 또는 상상의 내용으로 구성된다. 그런 면에서 사회과수업에서 활용 가치는 크다고 할 수 있다. 세부적으로 살펴보면 다음과 같다. 첫째, 탐구 내용에 대해 깊고 넓은 이해에 도움을 준다. 책은 주제 이야기를 담고 있다. 특정 주제를 대상으로 하여 도입, 전개, 절정, 결말에 이르기까지 주제 내용을 폭넓게 다루고 있다. 이는 교과서의 내용이 간략하게 제시된 부분을 보완해 줄 수 있다. 그래서 책의 내용을 활용할 경우 탐구 내용에 대해 폭넓은 이해에 도움을 줄 수 있다. 여기에는 책의 내용에 제시된 어휘 지식과 개념 지식 획득도 포함된다.

둘째, 흥미와 호기심 유발에 도움을 준다. 특히 그림 동화책은 글과 그림으로 구성되어 있어서 학생들에게 내용에 대한 집중과 흥미를 유발하는 데 도움이 된다. 주인공의 입장에서 내용을 이해하고 공감하면서 내용에 대해 깊이 있는 탐구와 학습에의 몰입과 내용에의 호기심 효과를 기대할 수 있다.

셋째, 비판적 사고와 문제해결력 효과를 기대할 수 있다. 책의 내용을 저자의 입장과 자신의 입장에서 비교하여 파악할 수 있고, 책의 내용을 토대로 여러 가지 문제의 상황, 원인, 문제해결의 방법을 배울 수 있고, 이를 토대로 자신 또는 지역사회의 문제해결의 방안에 대한 아이디어를 얻을 수 있다.

넷째, 공감과 감수성 함양에 도움을 줄 수 있다. 주인공 입장에서 여러 감정을 경험하고 타인의 입장에서 생각하고 정서적 교감과 공감 경험을 해볼 수 있다. 이러한 정서적 교감과 공감은 여러 사회적 상황에 적용될 수 있으면서 생각과 행동의 변화를 발휘하게 할 수 있다.

사진은 신문기사, 그래프, 통계 등과 함께 시사성을 제공해 준다. 사회과수업은 사실 정보를 토대로 지식과 이론의 탐구를 주로 한다. 사진은 실제성, 현장성, 그리고 강력한 시각성을 지닌 자료로서 내용에 대한 직관적 이해, 내용과 실생활과의 연계, 사진 분석 활동을 통한 비판적 사고와 탐구력 함양 등 여러 가지 면에서 유용성을 지니고 있다. 글과 말로 설명하기 어려운 개념을 사진을 통해 전달할 수 있다. 즉, 농촌의 모습, 해안의 모습, 다양한 산지의 모습 등은 사진을 통해서 개념에 대한 이해를 도모할 수 있다. 또한, 학습 내용을 사진과 연계하여 활용했을 때 배운 내용을 실제 장소 및 사회와 연계 가능성을 높여 학습 효과를 제고할 수 있다. 예를 들어 환경 오염의 사진을 통해서 실제 환경 오염의 현상을 파악하는 데 도움을 준다. 그리고 사진활용 수업은 개인의 경험에 의한 사진을 활용 또는 현장학습과 연계하여 사진의 내용을 직접 관찰 등 다양한 방법으로 진행할 수 있다.

이외에 사진은 다음의 효과도 기대할 수 있다. 첫째, 분석력, 해석력, 논리력에 긍정적 효과를 기대할 수 있다. 사진의 분석과 해석 활동을 통해서 어떤 내용인지, 왜 문제인지, 어떤 해결 방법을 제시했는지, 주제별 입장은 무엇인지 등 학습 주제별로 세부 학습활동을 해볼 수 있다. 이러한 과정에서 사실적 정보와 지식에 기반한 분석적, 논리적 사고 경험 그리고 사진의 내용 해석 경험을 통해 내용에 대한 해석력을 기대할 수 있다.

둘째, 실생활과 연계하는 수업을 전개하는 데 도움을 얻을 수 있다. 사회과 수업에서는 사회에 대한 이해와 시민성 함양에 중점을 둔다. 그런 면에서 실생활에서 나타나고 있는 여러 가지 내용을 포함하고 있는 사진을 활용하여 실생활의 현상을 파악하고 이를 토대로 사회에 대한 주제 탐구를 실행하고 이후 지속적 관심과 실천력 함양에 유익성이 있다.

셋째, 사회에의 참여력과 책임의식 함양에도 긍정적 영향을 기대할 수 있다. 학생들은 사회의 주요한 이슈, 문제, 현상, 변화 등을 사진을 통해 경험하면서 사회의 실제 문제로 인식하고 이를 토대로 사회적 문제 해결에 관심, 사회에의 참여의식 함양, 실천력을 키우는 데 도움을 얻을 수 있다.

3) 도서 및 사진 활용 방법

도서 및 사진 활용은 탐구 주제에 따라 다양하게 활용될 수 있다. 효과적 활용 방법으로 다음의 방법을 사용해 볼 수 있다. 첫째, 주제 탐구를 위한 관련 자료로 활용할 수 있다. 주제 탐구에서는 우선 내용 이해에 활용할 수 있다. 탐구 주제의 내용에 대한 이해를 위해서 관련 도서 또는 사진을 활용한다. 예를 들어, 더 살기 좋은 사회 만들기를 위한 탄소 중립 실천의 중요성에 대한 주제 탐구에서 탄소 중립의 의미와 실천 효과를 파악하는 데 필요한 도서 및 사진을 선정하여 내용을 스토리텔링으로 또는 내용 읽기의 방법을 사용할 수 있다. 사회과 수업에서 가장 큰 유익성을 지닌 효과라고 할 수 있다. 이외에 주제 탐구 보고서 작성에서 관련 근거 자료로 도서와 사진 등을 활용할 수 있다.

둘째, 주제 토론을 위해 활용하는 방법이다. 토론 주제에 대한 폭넓은 이해를 위해서는 교과서 이외의 자료로 도서 및 사진을 활용할 필요가 있다. 학생들의 경험과 생각에 기반한 토의, 토론의 경우 한계성이 있기 때문에 주제 관련 내용을 폭넓게 읽고 자신의 생가을 정리할 수 있도록 관련 도서 읽기 및 시사자료 활용은 필요한 일이다. 읽고 해석한 내용을 토대로 토론 주제를 깊이 있게 파악하고 자신의 의견을 제안하는 데 근거 자료로 활용한다.

셋째, 사진과 데이터 활용 도표, 그래프, 지도 등의 시각적 자료를 활용하여 주제에 대한 시각적 표현물 만들기를 할 수 있다. 사회현상을 시각적으로 볼 수 있도록 자료를 제작하는 일은 탐구 주제 관련 활동에서 필요하기도 하지만, 사회현상을 시각적 자료화한다는 면에서도 의미 있는 활동이다.

넷째, 최근에는 포토보이스 방법에 의한 사회현상과 문제를 제기하고 공유하고 해결 방안을 찾는 학습이 주목받고 있다. 포토보이스는 1980~90년대 등장한 기법으로 사진을 활용하여 참여자들이 자신의 사회에 대한 경험을 공유하면서 학습에 참여하도록 한다(Ewald, 1985; Wang & Burris, 1994; 조철기, 김병연, 2020). 즉, 학생들은 주로 공동체의 문제, 사회적 쟁점에 대해 즉, 환경 문제, 도시화에 따른 사회적 불평등 및 삶의 질의 문제점 등의 사진을 촬영하고 촬영 이유, 사진 내용을 글쓰기, 보고서, 발표 등의 다양한 방식으로 설명하고 주제에 대한 참여자들 간 토론을 토대로 긍정적 변화를 추동할 수 있는 결과를 도출하는 방법이다.

유발하라리는 '하찮은 정보들이 범람하는 세상에는 명료성이 힘이다'라고 하였다(유발하라리(전병근 역), 2018). 세계화, 지능정보화 사회로의 변화에 따라 지구상에서 발생하는 문제는 더 많아지고 복잡성을 지니며 이해관계자 간 논쟁 또한 많아지고 갈등의 정도 또한 심해지고 있다. 또한, 가짜뉴스의 등장은 사회의 지속가능한 발전에 장애가 된다. 이러한 사회적 상황에서 문제와 쟁점 해결을 위해 사실 정보를 활용하고 다양한 시각과 내용을 활용하는 것은 합리적이고 윤리적인 의사결정력을 키우는데 긍정적 효과를 기대하게 한다. 그런 면에서 도서와 사진의 활용에 의한 객관적 사실 정보의 수집, 분석, 해석 그리고 이에 기반한 논리적, 비판적 사고력의 함양은 시대적 적실성을 지니고 있다. 교과서 이외에 주제 관련 도서와 사진의 활용이 필요한 이유이다.

생각넓히기

1. 사회과 수업에서 도서 및 사진 활용 수업의 가치를 말해 보자.

2. 도서 및 사진 활용 수업안을 만들어 보자.

※ 예시 수업안

학습주제		농업, 농촌, 농업유산의 의미와 보전 필요성 탐구	
학습 목표	지식이해	• 농업, 농촌, 농업유산의 의미와 보전의 필요성을 이해한다.	
	과정기능	• 지역사회의 농업, 농촌, 농업유산의 사례를 찾아 탐구할 수 있다.	
	가치태도	• 지속가능한 농업, 농촌을 위한 사회적 노력에 관심을 갖는다.	
단계	학습내용	교수 · 학습활동	자료 및 유의점
도입	생각열기	[농업, 농촌 관련 자료 제시] • 사진 제시: 농업, 농촌 관련 사진 및 동영상 제시 • 개인적 경험과 연계	자료: 농업, 농촌 관련 사진, 영상 자료
	학습주제	• 농업, 농촌, 농업유산의 의미와 보전 필요성 탐구	
전개	개념정립	[활동 1] 농업, 농촌, 농업유산 탐구 • 농업, 농촌, 농업유산의 의미와 가치 탐구	자료: 관련 도서 활용
	사례탐색	[활동 2] 지역의 농업, 농촌, 농업유산 탐구 • 지역사회 농업 탐구 • 지역사회 농촌 사례 탐구 • 지역사회 농업유산 사례 탐구	자료: 지역의 지도, 사진 활용
	심화 실천	[활동 4] 농업, 농촌, 농업유산 보전의 필요성 탐색 • 농업, 농촌, 농업유산 보전의 필요성 탐구 • 지속가능성을 위한 지역사회 노력	자료: 관련 도서 또는 사진 활용
정리	수업 결과 공유	• 농업, 농촌, 농업유산의 의미, 가치, 보전 필요성 인식	

3. 학습주제를 선정하고 관련 사진을 준비하여 포토보이스 기법을 적용하여 과제를 해결해 보자.

포토보이스 기법 적용

1. 학습주제:
2. 관련 사진 촬영 또는 사진 준비
3. 사진 제시 및 스토리텔링, 설명
    - 사진의 내용은 무엇인가?
    - 어떤 일이 일어나고 있는가?
    - 왜 이런 일이 발생했을까?
    - 무엇이 문제인가? 왜 문제인가?
    - 이러한 현상 또는 문제는 우리 삶에 어떤 영향을 미치는가?
      우리 삶과 어떤 관련성이 있는가?
    - 우리가 할 수 있는 일은 무엇인가? 어떻게 해결할 수 있을까? 등
4. 결과 도출 또는 제안

♣ 아래 읽기 자료를 참고하여 도서 활용 수업의 방법을 모색해 보자.

읽기 자료

문학작품 읽기를 통한 장소 학습 – 핑갈의 동굴과 연금술사를 중심으로

문학작품에서 저자의 의도와 함축된 의미는 문자, 사용하는 용어, 글의 흐름, 문장 안에 담겨있기도 하지만, 그 이외의 작품 속 배경 장소를 통해 표현되기도 한다. 장소는 일상생활 속에 존재하는 사물, 즉 고유한 특성을 지닌 지역이다. 그리고 사람이 장소를 만들어 내지만, 장소는 사람을 낳는다. 그러므로 장소는 다양한 사회적 관계를 통해 형성되는 즉 사회적으로 구성된 지역이라고 할 수 있다. 즉 사람은 자신이 생활하고 있는 곳에서 자신을 만들어 가고 환경과 그리고 다른 사람들과의 상호작용의 과정에서 자신이 살고 있는 장소성을 만들어 간다고 할 수 있다. 삶에 포함되는 행위와 생각들은 장소에서 배태되는 것이다. 장소는 삶의 무대이자 역사이다. 인간의 삶을 형상화하는 문학작품은 장소에 기반하여 만들어진 결과물일 수밖에 없다. 그래서 문학작품 속 인물의 말과 행동에는 구체적인 장소가 등장한다.

1. 장소감 형상화를 통한 내용 표현

로버트 루트번스타인 외(박종성 역, 2007, p. 83)는 "형상화라는 것은 현상을 있는 그대로 재현하는 것에서부터 특이한 추상능력, 감각적인 연상에 이르기까지 망라된다. 형상화는 시각과 청각은 물론, 후각과 미각, 몸의 감각까지 동원해서 이루어진다. 전달수단은 말, 언어, 회화 등 매우 다양하다"고 하였다. 형상화는 어떤 표적 대상의 모습에 상상력을 가미하여 그려낸 표현물이라고 할 수 있다.

다음에서는 영국의 시인 키츠(John Keats)의 〈핑갈의 동굴〉 작품을 통해 내용의 표현을 위한 장소감 형상화 사례를 살펴보고자 한다. 키츠는 핑갈의 동굴을 보면서 얻은 감상을 다음과 같이 시(詩)로 표현하였다.

This was architectured thus
　이것(핑갈의 동굴)은
By the great Oceanus!
　위대한 오케아누스(대양의 신)의 건축물이다!
Here his mighty waters play
　여기에서 그의 강력한 바다 물결이
Hollow organs all the day
　온종일 텅 빈 오르간들을 연주하며
Here, by turns, his dolphins all,
　여기에서 그의 모든 돌고래들과
Finny palmers, great and small,
　크고 작은 갖가지 물고기 순례자들이 서로 노닌다.

(하략)

키츠(John Keats), 〈핑갈의 동굴〉 중에서

2. 장소의 묘사와 서술을 통한 내용 흐름 표현

장소에 대한 경험은 작품 내용의 흐름을 이해하는 데 도움이 된다. 화자는 사건을 정지시킨 채 장소를 묘사하기도 하고 사건의 진행과 더불어 장소를 묘사하기도 한다. 여러 가지 장소에 대한 짤막한 몇 마디들을 작품 안에 흩어 놓음으로써 마치 장소를 본격적으로 묘사하는 것을 꺼리기라도 하는 듯한 인상을 주기도 한다.

〈연금술사〉의 서사 진행은 주인공 산티아고의 여행과 그 흐름을 같이 한다. 주인공 산티아고가 연금술사를 찾아가는 여행의 행로로 이루어진다. 선정 장소는 다음과 같다.

먼저, 여행 전 산티아고의 삶의 터전이었던 안달루시아 평야 지역이다. 남부 안달루시아 평야는 과달키비르강을 따라 주변에 비옥한 평야가 발달하여 다른 지역에 비해 풍요로운 삶의 터전으로 알려져 있다. 실제로 안달루시아 지방은 세비야를 중심으로 알메리아, 카디스, 코르도바, 말라가, 우엘바, 하엔, 그라나다 등의 도시를 포함하여 스페인에서 가장 많은 인구를 보유하고 있다. 이곳은 스페인의 산지가 많고 건조한 기후적 특성을 지닌 다른 지역에 비해 넓은 평야와 지중해변의 다습한 기후적 특성을 지닌 곳이다. 또한, 스페인의 최남단에 해당하는 곳으로 지브롤터 해협을 사이에 두고 북부 아프리카의 관문 항구도시인 모로코 탕헤르와 맞닿아 있다.

다음은 주인공 산티아고의 본격적인 여정이 시작되었다고 볼 수 있는 곳, 탕헤르이다. 탕헤르는 북부아프리카 모로코 북부의 항구도시이다. 탕헤르는 지브롤터 해협에 인접하여 유럽으로부터 아프리카로 들어오는 관문 역할을 한다. 또한, 과거 서구 열강의 식민지의 흔적을 많이 간직하고 있는 곳이면서 사하라 사막으로 연결되는 곳이기도 하다.

다음은 주인공 산티아고의 주된 여행의 장(Field)이었던 사하라 사막과 오아시스이다. 탕헤르에서 시작되었던 여정이 사하라 사막을 지나면서 주인공 산티아고의 연금술사를 향한 격정적인 여정이 사막과 오아시스라는 자연환경을 무대로 하여 고스란히 드러난다. 특히 파이윰 오아시스는 이집트 파이윰 주의 주도에 해당하며, 이집트의 주요 곡창지대에 해당한다.

다음은 주인공 산티아고 여행의 최종 목적지로 주목했던 이집트 피라미드 지역이다. 피라미드에는 이집트인들의 내세관이 담겨 있다. 영원한 삶과 부활의 의미를 담고 있다. 또한, 이집트의 피라미드 지역은 사막에 버금가는 황량함과 거대함, 그리고 신성함을 지닌다. 황량하지만 거대한 신성함을 지닌 지역에서 삶의 신성으로 생각하는 연금술사를 찾아야 한다는 것이다.

출처: 김다원, 2015b, pp. 75-87에서 부분 발췌.

4. 체험, 조사 중심 현장학습

1) 여행과 체험

여행하다(reisen)라는 단어는 원래 '떠나다', '호전적인 계획을 준비하다'라는 의미를 지닌다(빈프리트 뢰쉬부르크(이민수 역), 2003, p. 16). 서양에서 여행 혹은 관광은 정주지를 떠나 장소의 이동을 의미하는 용어로 Travling을 사용하였는데 Travel은 Travail(고행, 노고)의 파생어로 '일을 하다'라는 일상적인 뜻을 내포하고 있다(황민호, 2009, p. 7). 그래서 여행은 출발지점으로 되돌아오든, 그렇지 않든 어떤 목적을 위해 또는 어떤 수단에 의해 한 곳에서 다른 곳으로의 이동 행위 또는 일상생활을 제외한 어떤 목적을 위해 그들의 생활권 밖으로 이동하는 행동이나 활동으로 정의할 수 있다(김광근 외, 2001, p. 37). 그리고 그 목적은 일상생활에서 가져보지 못했던 또 다른 체험을 통해 견문을 확대하는 데 있다고 할 수 있다.

사람들은 본능적으로 지적 호기심을 가지고 있으며 한 곳에 머물러 있기보다는 다양한 경험을 위해 끊임없이 새로운 장소를 탐색해 왔으며, 그러한 장소로 여행을 떠났다. 그래서 여행은 〈표 II-5〉에서 보는 바와 같이 다양한 유형으로 발달해 왔다.

〈표 II-5〉 여행의 유형

여행 유형	활동 유형
Cruise	유람선 활용 여행
Excursion	당일 내 짧은 여행, 학생들의 주변 현장으로 학습 여행
Expedition	특별한 목적하에 집단으로 이뤄지는 여행
Exploration	탐사, 탐험
Field work	학술적 연구 목적 중 현장 조사 초점 여행
Field trip	학술적 연구를 목적으로 떠나되 경관 감상 등 학술적 성격이 다소 약한 성격의 여행.

여행 유형	활동 유형
Hike	장거리 도보 여행
Journey	비교적 장기간에 걸친 육로 여행
Leisure	일, 학술적 목적이라기보다는 휴식을 목적으로 하는 여행
On Business	업무 목적 여행
Pilgrimage	순례, 성지 여행
Recreation	오락에 의한 기력 회복 여행
Sightseeing	관광, 관람, 구경
Study Abroad	학업 목적 해외 여행
Study Tour	학술적 목적 현지 여행
Trek	특히 도보 여행
Trip	일반적으로 짧은 여행
Tour	유람, 유희, 순회
Travel	특정 목적을 가지고 계획에 의거하여 떠나는 여행
Visiting	일시적 방문 여행
Voyage	장거리 선박 여행, 항공 여행
Wandering	산책, 방랑 여행
Wayfaring	특별히 도보로 이뤄지는 여행

출처: 김광근 외, 2001, pp. 36-37; 김학희, 2006, p. 233 보완 재정리

여행은 목적에 따라 학술적, 치유적, 성찰적, 친교적, 종교적, 그리고 정치적, 경제적 여행 등 다양하게 발달해 왔다. 여행의 유형에 따라 여행지에서의 세부적인 활동 내용과 방법도 관찰, 조사, 인터뷰, 감상, 대화, 체험 등 다양하게 이뤄질 수 있다. 기간에 따라서도 당일 여행, 단기 여행, 장기 여행 등으로 구분될 수 있고 이동수단에 따라서도 배, 항공기, 버스, 기차, 도보 여행 등 다양하게 이뤄질 수 있다.

2) 여행의 목적과 체험, 조사활동

여행의 역사를 통해 볼 때, 여행의 목적은 시대의 변화에 따라 다양해지고 있다. 가장 오랜 선사시대에서 여행은 사냥, 어로, 채집과 같은 생계유지를 위해 반

드시 이뤄져야 하는 활동이었다. 고대 그리스, 로마에서는 올림픽 경기 참가와 온천 요양, 신전 참배의 목적이 추가되었고, 중세에는 성지 순례 등이, 근대에 오면서 미지의 세계에 대한 탐험, 군사적 전략을 목적으로, 그리고 근대 18, 19세기에는 학술적 목적의 교양 여행에 이르기까지 그 다양성은 계속해서 증가해 왔다(빈프리트 뢰쉬부르크(이민수 역), 2003). 우리나라에서 여행은 삼국시대까지 거슬러 올라간다. 고구려, 백제, 신라에 불교가 전래되면서 사찰의 불교행사에 참여하기 위해 전국 각지에서 신도들의 사찰 순례가 여행의 형태도 자리잡았으며, 그 외 자연을 즐기는 유람 여행과 자연에서 삶의 이치를 찾으려는 선비들의 풍류 여행, 심신 수련을 위한 순례 여행, 그리고 외교적 목적과 선진 문물을 배우려는 해외 견문 여행, 각종 민속 행사에 참가하기 위한 이동 등이 당시 사회에서의 주요 여행 유형이었다.

특히, 신라시대 화랑도의 여행은 수련의 일환으로 이뤄졌으나, 함께 여행하면서 신분적 제약을 뛰어넘어 일체감(identity)을 형성하고 상호신뢰감을 높여 강한 결속력을 갖게 되었으며, 동시에 국가적 유적지 등을 찾이 신라 사회의 구성원으로서 갖추어야 할 기본 소양과 덕목은 물론, 국가가 요구하는 전통에 대한 이해와 시대정신까지 체득하는 기회로 삼았다(이문기, 2014, p.2). 화랑도를 육성하는 교육에서 여행은 낯선 곳에서 새롭게 자신을 들여다보고, 몰입하여 무예를 익히고 경전을 탐독하게 하였으며, 동료 간 일체감을 형성하게 하였을 뿐더러 현지 장소를 토대로 사회를 볼 수 있는 기회였던 것이다.

또한, 조선시대 사대부들의 여행 경험을 찾아볼 수 있다. 선비들은 여행을 통해서 웅장한 경치 감상, 선인들의 발자취와 문화 유적 탐방, 심신의 수련과 사물의 이치를 깨닫는 등 여러 가지 활동을 하였으며, 아름다운 경치를 글로 표현한다든지, 선인들의 발자취를 찾아 선인들의 업적을 되새기고 현재 사회문제를 논하면서 토론을 하기도 하였다(정치영, 2014). 그리고 자연사물에 대한 꼼꼼한 관찰을 통해 대상을 깊이 있게 분석하고 대상의 본질을 이해하려는 적극적인 관찰법을 활용한 박지원의 〈열하일기〉[3]와 같이 여행 중 보고 들은 것을 기록한 기행문학에서도 당시 선인들의 여행 경험을 살펴볼 수 있다. 당시 여행은 새로운 지역에서 지역에 대한 정보와 자료를 획득할 뿐 아니라 낯선 곳에서 다른 사람들과 교류하고 인식하는 기회로서 여행이 이뤄졌음을 보여준다.

개항 이후에는 그간의 도보 여행 이외에 철도를 이용한 여행이 많아지면서 여행의 범위가 확대되었을 뿐만 아니라 여행의 목적과 활동 내용 면에서 변화가 나타났다. 철도 등장 이전의 도보 여행이 주로 자연을 감상하고 현장을 보면서 자신의 내면세계를 되돌아보거나 지적 확장을 했던 기회였다면, 기차 여행의 등장은 여행의 목적 면에서 보면, 기차 여행 이후 여행의 목적이 자연에 대한 감상 이외 새로운 지역 탐색과 지역 조사, 현지 상황 조사, 학술적 연구 등과 같은 학술적 그리고 경제적 목적의 여행이 많아졌다. 이는 황민호(2009, p.5)의 "우리나라에서 근대 이전 여행(관광)은 자연발생적이고 소규모적인 개별 여행이 지배적이었으며, 왕이나 관료 혹은 승려들이 공무수행과 종교적인 목적 등을 이유로 관광 혹은 여행을 하는 경우가 대부분이었다면, 기차의 등장과 함께 이뤄진 근대 여행의 시작은 개항 이후 근대적인 문물이 수용되면서부터인 것으로 볼 수 있으며 여행이 갖는 중요성의 강조는 부강한 근대국가를 만들고자 했던 지식인들의 의지에서 출발한 지식과 정보의 획득에 있었다" 주장과 같은 맥락에 있다.

이렇듯 여행은 사회변화에 따라 다양한 목적과 양상으로 변화해 왔다. 과거에 주로 이뤄졌던 종교 순례, 아름다운 자연에 대한 동경, 심신수련 등의 목적 이외에 새로운 지역에 대한 현장 경험을 토대로 사회현상과 사람들의 삶을 읽고 그 안에서 사회문제를 제기하고 문제에 대한 대안을 모색하는 학술적 의미의 여행이 많아졌다. 그 대표적인 사례가 현장 체험과 조사 활동을 포함한 현장학습이다. 현장학습은 교실 밖에서 관찰, 조사, 체험, 참여를 중심으로 이뤄지는 학습이며 직접 경험을 활용하여 경험과 지식을 획득하는 학습활동이다. 적극적으로 현장학습의 체험과 조사활동을 행할 수 있는 방법으로 현장 답사가 있다. Gold 등(1991)은 현장 답사의 전통을 다음의 세 가지로 제시하였다. 첫째, '탐험 전통'으로 새로운 곳에 대한 호기심의 충족, 새로운 곳에 대한 조사와 관찰을 위해 직접

3) 『열하일기』는 연암 박지원이 정조 4년(1780년) 청나라 건륭제의 칠순 잔치에 가는 길에 연경(현재 북경)을 거쳐 열하에 이르기까지 행차 중 겪은 경험과 관찰한 것을 기록한 여행기이다.

가서 살펴보는 것, 둘째, '지역적 전통'으로 지역을 대상으로 지역의 자연환경과 인문환경을 모두 살펴보고 조사하고 파악하는 것, 셋째, '관찰 및 경험주의 전통'으로 관찰 가능한 사실을 출발점으로 삼아서 답사를 통한 능동적 학습을 강조하는 것이다(Phillips & John(박경환 외 역), 2012, p.26에서 재인용).

현장 체험은 박물관, 유적지, 전통마을 탐방을 통해서 문화와 역사를 체험하는 문화 및 역사 체험, 자연환경을 관찰하고 환경의 변화와 지속가능성을 위한 역할력을 키울 수 있는 생태환경 체험, 지역사회의 여러 환경을 살펴보는 지역사회 환경 테험 등 다양하게 행해질 수 있다. 새로운 곳에서 새로운 사회와 문화를 경험하고 견문을 넓힐 수 있는 기회이며, 새로운 환경의 문제 상황을 극복하고 성장을 위한 모험과 도전을 해볼 수 있는 기회이며, 낯선 곳에서 새로운 사람들과 만남과 교류, 관계를 형성하고 관계를 다질 수 있는 기회이며, 특정 학습 과제의 해결 또는 현장 체험을 해볼 수 있는 다목적의 기회이다. 학습자 개인에게 의미 있는 성장의 시간과 기회가 될 수 있다.

현장 조사는 현장에서 주제 관련하여 현장의 여러 가지 사항을 조사하는 활동에 해당한다. 사회 현실 속에서 직접 사실적 정보와 관련 자료를 찾고 탐구하는 활동이다. 예를 들어, 지역사회의 생태환경 조사, 전통 시장의 판매 물품 조사, 지역사회 문화유산의 방문객 조사, 기업의 경제활동 조사, 여러 가지 사회 현상과 사회 문제 조사 등 현장 방문을 통해서 사회, 문화, 경제, 환경 등 여러 측면의 사실적 모습과 사람들의 생각을 관찰하고 분석하는 활동 등이 이에 해당한다.

현장 조사는 조사 주제 설정 및 조사 목적 설정과 조사 준비 등의 사전 준비, 현장 탐방과 관찰 및 자료 수집 등의 현장 조사 실행, 수집한 자료의 정리 및 보고서 작성 등의 조사 결과 정리 및 분석, 그리고 조사 보고서 발표 및 제출로 이뤄질 수 있다.

3) 현장학습의 교육적 효과

현장학습은 여러 가지 목적을 갖고 행해질 수 있으며, 목적에 따라서 다양한 학습 효과를 기대할 수 있다. 현장학습은 현장의 모습을 학습자의 시각에서 살펴볼 수 있으며, 직접 체험해 볼 수 있고 현실의 사실 정보를 파악하고 관련 자료를 조사할 수 있다는 점에서 사회과 수업의 방법으로 유용성이 있다. 체험, 조사 중심의 현장학습을 통해서 다음의 효과를 기대할 수 있다. 첫째, 오감 활용 경험의 기회를 가질 수 있게 한다. 오감 활용은 더 생생하게 보고, 듣고, 느끼고, 냄새를 맡을 수 있게 한다. 이러한 오감 활용은 대상과의 교감을 깊게 하고 대상과의 관계를 형성하는데 도움을 준다. 이를 '감수성' 함양이라고 한다. 생태환경과의 교감을 통해서 '생태감수성'을 키울 수 있다. 둘째, 현장에서 체험과 조사를 활용할 경우 단순한 정보 획득을 넘어 맥락적으로 깊이 있게 이해할 수 있다. 벼농사의 현장을 탐방하여 벼의 생태를 보는 것은 교실에서 벼 이삭을 보면서 벼를 학습하는 것과는 다르다. 교실에서 벼 이삭을 보는 것은 벼 이삭 자체의 관찰에 집중한 반면, 벼농사 경작의 현장에서 벼를 보는 것은 벼와 주변 환경을 연결지어 살펴보게 한다. 벼에 대한 이해의 범위와 깊이가 다를 수 있다. 셋째, 소통과 공감력에 긍정적 효과를 기대할 수 있다. 현장 체험을 통해서 현장의 다양한 삶의 모습을 대면할 수 있고 현지인들과의 소통의 기회를 가질 수 있다. 이는 현지 사회에 대한 이해 뿐 아니라 현지의 사람들과 문화에 대한 이해 그리고 공감력의 향상을 기대할 수 있다. 넷째, 지속가능한 사회를 위한 문제해결력 함양을 기대할 수 있다. 교육은 장기적 측면에서 학습자의 내적 자질 함양을 추구한다. 학습자의 사회에 대한 가치, 시각, 그리고 사회변화에 대처 능력과 사회의 문제해결력을 키우는데 중점을 둔다. 즉, 교육의 목적은 사회에서의 적응력, 변화에의 대처능력 등의 함양과 밀접하게 관련되어 있다. 특히, 지속가능한 사회(환경)를 위한 지구적 노력과 실천이 요청되는 현 시점에서 지속가능한 사회를 만드는데 필요한 능력을 키워가는 것은 시의성을 지니고 있다. 체험과 현장 조사를 통해서 사회와 자연환경을 살펴보고, 지역사회 사람들의 삶의 모습을 살펴보고, 지역사회의 문제를 발굴하고 책임있는 역할을 인식하게 하는 교육의 중요성은 크다고 하겠다. 체험과 조사 중심 현장학습이 필요한 이유이다.

괴테에게 여행은 단순한 지식과 정보의 습득과 축적이 아닌 '깊은 체험을 통한 변화의 힘'을 얻는 시간이었던 것으로 알려져 있으며, 괴테 여행의 주된 목적은 인간과 예술가로서의 자기 수양이었으며, 새로운 세계와 만나 새로운 자연과 문화, 새로운 인간의 삶을 알아감으로써 자신의 생각과 삶에 변화를 가져오는 것이었다고 한다(헤르만 헤세(홍성광 편역, 2015, p. 6). 조선시대 선비들에게 여행은 첫째, 자연의 이치를 터득하여 지혜를 얻는 것, 둘째, 풍부한 문화유산과 선인들의 발자취를 탐색하여 지식을 얻는 것, 셋째, 현실 세계의 어려움을 해결할 수 있는 혜안을 키우는 것이었다(정치영, 2009, p. 267). 여행에서 얻을 수 있는 효과에서처럼 현장 체험과 조사 활동은 우리에게 내재된 지적 호기심을 자극하고, 세상에 대한 관심과 문제해결력을 키워줄 수 있는 기회가 될 수 있다([그림 II-8]).

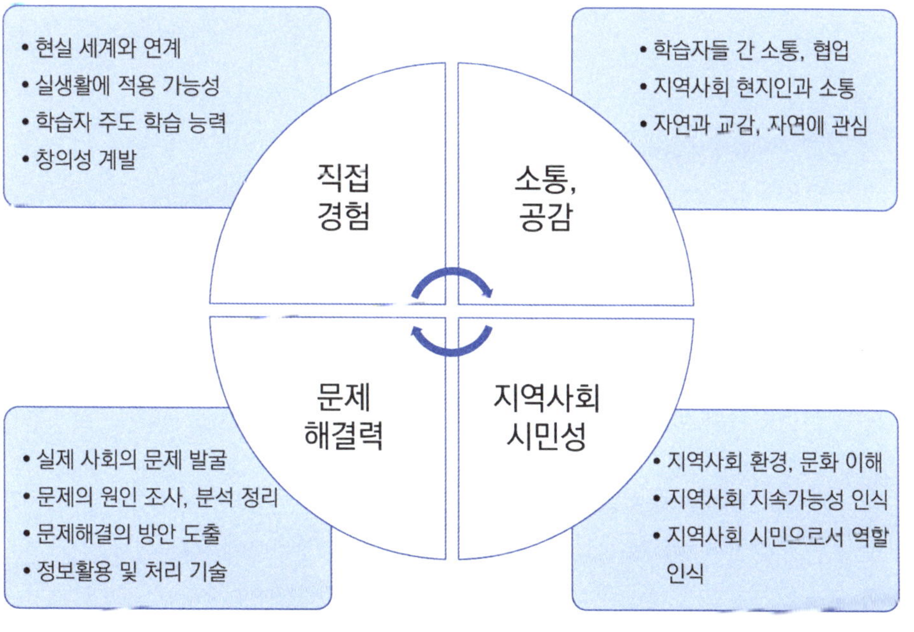

[그림 II-8] 체험, 조사 중심 현장학습의 교육적 효과

4) 체험, 조사 중심 현장학습의 방법

(1) 오감으로 관찰하기

미국의 지리학자 이푸 투안(Yi-Fu Tuan, 1930-2022)은 〈토포필리아〉에서 사람들이 주변의 환경과 감정적 유대감을 형성하고 환경에서 의미를 찾는 방법들 중 하나로 오감 활용 관찰의 방법을 제시하였다(Yi-Fu Tuan(이옥진 역), 1974). 오감 활용 관찰하기는 일상생활에서 늘 행하고 있는 자연관찰의 방법일 수 있으며, 언제 어디서든지 해볼 수 있는 활동이다. 오감 활용 관찰하기의 의미를 살펴본다.

오감 활용 직접 관찰

오감 활용 관찰은 인간이 지니고 있는 다섯 가지 감각 즉, 시각, 청각, 촉각, 미각, 후각을 활용하여 주변 환경을 깊이 있고 세밀하게 관찰하는 방법이다. 이 방법은 자연 관찰, 생태 관찰, 감각 경험을 통한 글쓰기 등 다양하게 활용될 수 있으며 오감 활용을 통해서 대상을 경험했을 때 세상을 더 잘 이해할 수 있다고 본다. 그리고 오감을 활용해서 대상을 관찰하고 체험했을 때 대상에 더 깊이 몰입할 수 있고 다양한 감각을 통합하여 대상을 인지할 수 있다는 장점이 있다. 이외에도 학습에의 흥미유발, 창의적 사고력 증진, 자연과 더 많은 친밀감 형성 등을 기대할 수 있다.

오감 활용 방법에서, 먼저, 시각적인 측면에서 색깔, 크기, 형태, 배치 및 분포, 움직임 등을 주의깊게 관찰한다. 예를 들어, 까마귀의 색은 무슨 색인가? 날개의 모양은 어떠한가? 다른 새들과 비교하여 볼 때 크기는 어떠한가? 등을 살펴볼 수 있다. 둘째, 청각적인 측면에서 주변의 소리를 들으면서 소리의 종류, 강도, 방향 등을 느끼게 한다. 숲에서 들리는 소리는 어떤 생물의 소리인가? 연못에서 나는 소리는 어떤 생물의 소리인가? 새들마다 소리는 어떻게 다른가? 새들의 소리의 크기와 종류는 항상 일정한가? 등을 느껴볼 수 있다. 셋째, 촉각은 대상의 표면을 통해서 대상의 질감, 온도, 두께감 등을 느끼는 것이다. 부드러운가? 거친가? 따뜻한가? 차가운가? 등을 느껴볼 수 있다. 넷째, 미각은 안전한 대상에 한하여 맛을 느끼는 것이다. 과일이나 음식에서 맛의 차이를 느끼면서 과일과 음식의 차이를 관찰하는 것이다. 신맛인가? 단맛인가? 짠맛인가? 달콤한 맛인가? 쓴맛인가? 매운맛인가? 맛의 강도는 어떠한가? 등을 느껴볼 수 있다. 다섯째, 후각은 향기나 냄새를 느끼는 것이다. 자연에서 나는 향기 등 대상에서 느끼는 향기를 통해서 대상을 인식하는 방법이다. 이 꽃에서 나는 향기는 어떤 향기인가? 꽃들마다 향기는 어떻게 다른가? 등을 체험해 볼 수 있다.

식물관찰, 동물관찰, 자연환경을 더 깊이 있게 이해하고 여러 가지 측면에서 대상을 체험하여 더 풍부한 정보를 얻을 수 있을 것이다. 이를 통해 주변의 환경을 유지하고 보전하며 환경에서 발생하는 문제를 더 적실하게 해결할 수 있는 능력을 키울 수 있을 것이다.

(2) 길 따라 주변 관찰하기

길 따라 주변 관찰하기는 여러 가지 면에서 의미 있는 활동이다. 혼사서, 친구들과, 부모님과, 다른 사람들과 함께할 수 있다. 길을 따라가면서 주변의 환경, 사람들의 생활 모습, 공간과 장소를 살펴볼 수 있다. 관찰의 과정에서 대상과 감정을 나누기도 하고 생각을 만들어 내기도 하고 그러한 감정과 생각, 태도, 가치를 지도나 그림, 음악 등으로 표현할 수 있다. 특히, 길을 따라 걸으면서 나타나는 여러 장소의 모습을 담을 수도 있지만 길을 따라 나타나는 장소들의 모습에서 살펴볼 수 있는 변화를 인식하면서 다양성을 느껴볼 수도 있다. 특히, 우리가 살고 있는 동네의 길을 따라 걸으면서 동네의 현재 모습을 관찰하거나 과거를 발견하기도 하고 과거와 현재의 모습에서 변화를 찾아볼 수도 있다. 그리고 앞으로 지역사회의 미래를 예측해 볼 수 있으며 지속가능한 미래를 위해 해결해야 할 문제도 발굴할 수 있다.

일상에서 늘 다니고 있는 길을 따라 걷기를 하면서 일상 속 주변의 여러 가지를 발견하고 재인식하며, 새로운 장소에 대한 시각을 형성할 수 있고, 다양성에 대한 이해, 사회적 관계와 연결, 심리적 안성 등 여러 가지 면에서 유익성을 찾을 수 있다. 여기에서 길 대신 강 따라 관찰하기 방법도 적용해 볼 수 있다.

[그림 II-9] 길따라 주변 관찰하기/강따라 주변 관찰하기(그림: ChatGPT 4.0)

(3) 주제 탐구를 위한 현장학습

탐구과제 해결을 위해서는 실내 자료 수집을 통해서도 가능할 수 있지만 과제에 적합한 내용 조사를 위해서는 현장 체험과 조사 활동이 필요한 경우가 많다. 현장 조사 활동은 직접 현장을 방문하여 탐구 장소에 대한 이해를 높이고 구체적 정보를 수집하는 중요한 활동에 해당한다. 효과적인 현장학습을 위해서 다음의 방법을 사용할 수 있다.

첫째, 현장학습의 목표를 설정한다. 현장학습에서 얻고자 하는 목표를 명확히 한다. 이는 학습목표와 같은 역할을 한다. 현장학습의 목표가 구체적으로 설정되었을 때, 현장학습의 장소, 내용, 방법 등을 구체적으로 설정할 수 있다.

둘째, 현장학습을 위해서는 미리 어디에서 무엇을 어떻게 조사할 것인가에 대한 사전 조사가 필요하다. 사전 조사에서는 조사할 지역의 위치, 특성, 기타 조사 주제 관련 정보를 파악하는 것이다.

셋째, 사전 조사 후에는 조사 주제와 관련하여 현장에서 구체적으로 조사할 방법을 설정한다. 어디에서, 무엇을, 어떻게 볼 것인가의 면에서 사전 조사 방법을 설정한다. 여기에는 조사 장소, 조사 내용, 구체적인 조사의 방식(관찰, 인터뷰, 실측, 지도, 그림, 사진찍기 등)이 포함된다. 이 단계에서 현장학습에서 주의해야 할 안전교육을 함께 실행할 수 있다. 다음에서는 '인천 차이나타운에 대한 장소감과 장소성', '평두메 습지의 보전 가치와 지속가능성' 탐구 과제의 세부적인 조사 과제의 예시를 제시하였다.

탐구과제 1

인천 차이나타운에 대한 장소감과 장소성

■ 조사 내용

1. 짜장면
   - 짜장면이나 기타 음식과 관련한 개인적 경험, 특기, 취향
   - 식탁위의 음식 문화 및 음식의 역사, 앞으로의 음식 문화에 대한 전망 등
   - 짜장면이 유래 및 성분 분석, 한국인들의 정서 등
2. 인천 상륙 작전
   - 맥아더 장군 및 인천 상륙 작전 관련 역사 이야기
   - 정치적, 경제적, 문화적 측면 등에서 한미 관계에 대한 개인적 생각
   - 전쟁에 대한 단상
3. 이민사 박물관, 짜장면 박물관 등
   - 이민자들에 대한 경험, 생각
   - 낯선 공간과 장소에서의 새로운 생활
   - 다문화 사회에 대한 단상
   - 박물관과 문화, 역사 이야기
4. 제물포 구락부
   - 사교장소로서의 클럽, 다방 등에 대한 이야기
   - 여러분들의 연애 공간 및 장소에 대한 이야기
   - 문화 공간 변화 이야기
5. 인천항
   - 항구의 특별한 생활모습
   - 중국을 비롯한 다른 나라와의 경제적, 문화적 교류
   - 한류 이야기
6. 짜장면 거리, 역사문화의 거리, 삼국지 거리
   - 거리 문화

- 걷고 싶은 거리인가?
- 우리동네 골목길, 둘레길, 올레길 등에 대한 단상

7. 문화 공간 분석과 재현
   - 차이나타운 문화 공간 묘사
   - 다양한 문화 공간과의 비교, 대조 등

탐구과제 2

평두메 습지 보전의 가치와 지속가능성

■ 조사 내용

1. 어디에 있는가?
2. 어떤 곳인가?
   - 어떤 역사가 있는 곳인가?
   - 람사르 습지는 무엇인가? 왜 람사르습지로 지정을 추진하는가? 한국의 람사르 습지로 지정된 곳은 어디인가?
   - 람사르 습지로서 평두메 습지의 지정 가치는 무엇인가?
   - 어떤 특별한 생태적 가치가 있는 곳인가?
3. 평두메 습지의 지속가능성은 어떠한가?
   - 왜 이 습지의 지속가능성에 관심을 가져야 하는가?
   - 지속가능성을 위해 무엇을 해야 하는가?
4. '평두메 습지의 보전과 지속가능성' 보고서를 작성해 보자.

넷째, 현장학습에 필요한 도구를 준비한다. 조사 방식을 통해서 필요한 필기도구, 지도, 카메라, 녹음기, 스케치북, 노트, 줄자, 온도계, 드론 등 조사에 필요한 도구와 장비를 준비한다.

다섯째, 현장학습의 실행, 그리고 관찰 내용을 기록하고 저장한다. 현장학습에서는 기록, 사진찍기, 스케치, 매핑(Mapping) 등의 방법을 활용하여 관찰한 내용을 저장하고 조사 보고서로 작성한다.

여섯째, 분석, 정리를 통해 보고서를 작성한다. 현장학습 후 관찰한 내용을 토대로 자료를 정리하고 분석하고 조사 목적과 주제에 맞게 보고서를 작성한다. 분석 및 정리 과정에서는 현장학습에서 관찰한 내용, 문헌 조사로 보완할 사항, 추가 조사가 필요한 사항 등을 파악한다. 이를 토대로 추후 조사를 진행할 수 있다. 또한, 팀원들 간 또는 다른 팀원들과 충분한 교류, 협업을 통해 분석, 정리한 내용을 보완하며 보고서의 완성도를 높인다. 보고서에는 현장학습 목적, 과정, 결과, 그리고 추후 탐구과제를 포함할 수 있다.

현장학습 사례

탐구주제: 지속가능한 마을 만들기

■ 주제설정 배경

1987년, 브룬트란트 보고서에서는 지속가능한 발전을 제시하였다. 지속가능발전은 "미래 세대가 그들의 필요를 충족하는 능력을 저해하지 않으면서 현재 세대의 필요를 충족하는 수준의 발전"이다. 이후 지속가능발전은 전 지구적 차원에서 추구되고 있다.

도시는 지구 온난화와 기후변화에 영향을 주는 것으로 알려진 탄소 배출에서 많은 부분을 차지하고 있기 때문에 촌락에 비해서 지속가능발전에 더 적극적으로 역할을 해야 할 필요가 있다. 한국에서 도시는 전체 인구의 약 90% 정도가 살고 있는 것으로 알려져 있다. 그래서 도시의 지속가능발전 모델화는 큰 의미와 가치를 지니고 있다.

■ 지속가능한 도시, A 사례

A 도시의 지속가능발전에서 중점을 두었던 내용은 다음과 같다.

- 자연자원의 효과적 이용
- 자연환경화 촉진
- 사회적 포용, 연대력 촉진
- 경제적 번영 강화

A 도시의 지속가능한 공동체 모형

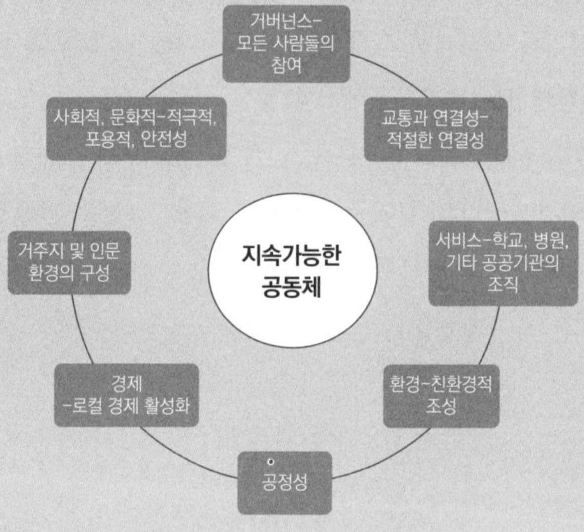

■ 탐구 질문

학생들은 다음과 같은 탐구 질문을 제시할 수 있다.

- 도시는 어떻게 지속가능하게 관리될 수 있을까?'
- 도시 안에서 새로 개발되는 지역은 다른 지역에 비해 더 지속가능한 모습을 갖추고 있는가?
- 도시의 교통 체계는 환경에 대한 훼손 및 탄소 배출과의 관련성에서 어떤 평가를 받을 수 있을까?
- 도시에 사는 사람들은 생태발자국을 줄이기 위해 어떻게 노력하고 있을까?

■ 현장 답사에 활용할 수 있는 기술

- 지속가능한 공동체 평가: 학생들은 지역이 지속가능한가에 대한 평가를 위해서 A 도시 등의 모범 사례를 활용할 수 있다.
- 토지 이용 지도화하기: 학생들은 특정 지역의 토지 이용의 다양성을 조사한다.
- 스케치하기/사진 찍기: 학생들은 지속가능한 환경의 모습들을 스케치 또는 사진 찍기를 한다.
- 다양성 조사하기: 학생들은 많은 다양한 상가와 서비스 등을 분류하고 기록한다.
- 보행자, 교통량, 자전거 이용량 조사하기: 학생들은 지속가능한 교통과 관련하여 보행자 수, 자전거 이용 수, 보행자 도로, 자전거 도로, 교통로의 연결망, 친환경 버스 비율 등을 조사할 수 있다.

- 공기 질, 소음 공해 측정하기: 학생들은 공기 질, 소음 정도 등을 조사할 수 있다.
- 기타 조사 지역에 따라서 필요한 사항을 추가할 수 있다.

■ 탐구 과정

- 학생들은 탐구 질문을 제시한다.
- 학생들은 일련의 탐구 과정을 계획하고 답사 방법을 선정한다.
- 학생들은 자료 수집 방법을 계획한다.
- 학생들은 현장 답사 전 또는 후에 지속가능성에 대한 학습을 실행한다. 신문기사 활용, 관련 도서 활용, 관계자 인터뷰 등의 방법을 활용할 수 있다.
- 학생들은 답사를 통해 조사를 실시한다.
- 학생들은 교실로 와서 자료를 공유하고 조사보고서를 작성한다.
- 학생들은 탐구 질문을 위한 자료들을 제시하고, 분석하고, 결론을 이끌어 낸다.
- 학생들은 탐구 답사를 평가한다.
  - 적성한 방법을 사용했는가?
  - 필요한 자료를 얻었는가?
  - 답사로 얻은 자료를 토대로 적정한 결과를 얻었는가?

참고: Widdowson & Parkinson, 2019, pp. 16-21.

생각넓히기

1. 직접 경험, 체험, 관찰, 조사 등 현장 기반 학습활동의 교육적 효과를 말해보자. 오늘날 학교의 사회과교육에서 필요한가? 이유는 무엇인가?

2. 주변의 사물이나 대상 혹은 상황을 유심히 관찰해 보자. 그리고 관찰한 것을 여러 가지 방법으로 표현해 보자.(이 때 시각뿐 아니라 청각, 후각, 미각, 촉각 등의 감각을 함께 사용한다)

3. 현장에서 직접 관찰하는 활동은 여러 가지 면에서 유용한 학습활동으로 알려져 있다. 다음의 내용을 토대로 관찰의 학습 효과를 여러분의 경험을 활용하여 더 찾아서 말해 보자.

우리 동네 숲의 생태환경은 어떤 모습일까?

주변에 숲이 있는 곳과 숲이 없는 곳, 어떤 차이가 있을까? 많은 사람들은 주변의 숲이 있는 곳에 더 마음을 기울일 가능성이 있다. '숲세권' 이라는 용어에서 알 수 있듯이 주거지나 생활공간이 숲과 가까운 곳에서 더 환경 친화적 삶을 살고자 하는 사람들이 있다. 숲을 통해서 공기 정화의 효과, 온도의 조절, 정서적 편안함과 심리적 안정감, 자연과의 교감에서 오는 정신 건강 등 여러 가지 심신의 건강을 제공받을 수 있다고 믿는다. 이러한 숲의 효과는 실제 관찰과 체험을 통해서 전달되는 정보이다. 이외에 실제 체험을 통해서 더 특별한 효과를 경험해 볼 수도 있다.

최근에는 숲에 대한 관심이 더 커지고 있다. 기후변화 문제를 겪고 있는 현재, 자연 생태계의 중요한 부분을 이루고 있는 숲의 보전 가치는 더 커지고 있다. 숲은 다양한 생물과 환경이 상호작용하는 공간이다. 숲의 관찰을 통해서 어떤 생물들이 어떻게 생태계를 이루고 있는지를 알려면 숲을 관찰해 보아야한다. 그런데 숲에 따라서 생태환경은 다양하게 나타난다. 내가 살고 있는 지역사회의 가까운 숲의 생태환경은 다른 지역의 생태환경과 다르다는 것이다. 그래서 내가 살고 있는 지역의 숲 생태환경을 보전하려면 그 곳의 생태환경을 관찰해 보아야 한다. 나무의 종류는 어떠한가, 나무들의 계절적 변화는 어떠한가, 나무와 생태계를 이루는 식생의 분포는 어떠한가, 나무와 공생하고 있는 새와 동물 등의 생물들에는 무엇이 있는가, 어떤 변화가 나타나고 있는가 등을 관찰하면서 숲의 생태환경을 더 잘 파악할 수 있고, 기후변화에 대응하여 적정한 생태환경 보전의 방법을 탐구할 수 있다.

4. 다음의 '지리적 관점에서 장소 살펴보기' 읽기 자료를 활용하여, 여러분이 경험했던 장소를 한 곳 선정하여 여러 관점(지리적, 역사적, 사회적, 문화적, 경제적, 생태적 관점 등)으로 장소를 기술해 보자.

사진은 2013년 국제정원박람회가 열렸던 순천만이다. 순천만은 찾아오는 모든 이에게 자연이 만든 생태 공원과 사람이 만든 아름다운 정원 모두를 제공한다. 우리가 보통 순천만 습지라고 부르는 곳은 실제 순천만과 순천시를 흐르는 동천이 만나는 하구 일부에 불과하다. 순천만은 동쪽으로 여수반도, 서쪽으로 고흥반도 사이의 거대한 만이다. 순천만 습지는 동천이 남해로 유입하는 하구에 발달해 있는 전형적인 연안 습지이다. 기본적으로 갯벌이라고 불리는 간석지가 넓게 펼쳐져 있고, 그 갯벌 사이로 바닷물이 들고 나는 물길, 즉 갯골이 예쁘게 돌아 나간다.

갯벌은 큰물이 차오르는 사리 때가 아니면 거의 물에 잠기지 않아 갯가 식물들이 자리잡기에 알맞은 환경이다. 순천만에는 칠면초, 해홍나물, 퉁퉁마디와 같은 염생 식물이 자라는데, 사진에서 보듯이 이들은 특이하게도 둥글게 모여 산다. 진회색 뻘, 햇살에 반짝이는 갯골, 붉은 빛 염생 식물, 그리고 저녁 수평선에 걸린 노을까지 합쳐지면 그 어떤 인위적 조합도 만들어 낸 수 없는 아름다운 색과 모양의 어울림이 펼쳐진다. 최근에는 탄소를 흡수하고 저장하는 '블루카본(Blue Carbon)'으로 불리며 지구 온난화에 기여하고 있는 곳으로 그리고 생물 다양성의 보고로 인정받고 있다. 2021년에는 '한국의 갯벌' 명칭으로 유네스코 세계유산에 등재되었다.

출처: 손일 외, 2015, pp. 124-125.

5. 길과 강을 선택하여 '길 따라 관찰하기', '강 따라 관찰하기'를 해보자.

유형	활동 내용
길 따라 관찰하기	1. 주제 길의 이름: 2. 주제 길 중심의그림지도 3. 관찰 내용: 4. 관찰 후기:
강 따라 관찰하기	1. 강줄기 이름: 2. 강줄기 중심의 그림지도 3. 관찰 내용 4. 관찰 후기

♣ 아래 읽기 자료를 참고하여 생태여행의 방법을 생각해 보자.

읽기 자료

생태기행, 왜 뉴질랜드인가?

- 이경한, 2015, 『뉴질랜드 생태기행』, 푸른길 -

'생태기행, 왜 뉴질랜드인가?'에 대해 저자는 단호하게 대답한다. "뉴질랜드 여행에서 경험한 천연의 숲을 보면서 나도 자연의 일부임을 새삼 확인하였다. 그리고 내가 자연의 지배자가 아니라 자연과 아름다운 조화를 추구하는 책무를 지닌 존재임도 알았다(p. 251)." 서평자가 『뉴질랜드 생태기행』에 대해 서평을 쓰게 된 배경은 저자의 느낌에 공감했기 때문이다. 서평자도 2010년 뉴질랜드 기행을 다녀왔다. 뉴질랜드 기행을 하면서 책과 대중매체를 통해 보고 들었던 모습과는 아주 다른 느낌과 즐거움을 얻었다. 그만큼 뉴질랜드는 책속의 내용으로 탐색하는 것보다는 현장기행으로 탐색하는 과정에서 훨씬 색다른 즐거움과 감흥을 얻을 수 있다는 것이다. 그런 면에서 저자가 뉴질랜드 남섬을 구석구석 밟으며 오감으로 체험한 것을 토대로 서술한 본 『뉴질랜드 생태기행』은 생태환경의 관점에서 뉴질랜드를 새롭게 조명하여 새로운 뉴질랜드를 보고 느낄 수 있을 것이라고 생각한다. 저자도 또한 뉴질랜드의 새로운 생태환경을 많은 사람들과 공유하고 공감하고 싶은 마음에서 시작하여 만든 작품이라고 말한다.

뉴질랜드는 한반도의 1.2배 정도 면적이지만 인구 약 500만의 국가이다. 그나마 작은 면적의 북섬에 뉴질랜드 전체 인구의 75% 이상인 400만 정도가 거주하고 있는 반면, 남섬에는 약 100만 정도의 인구가 살고 있다. 북섬이 화산섬의 특징을 많이 드러낸 반면, 남섬은 빙하지형의 특징을 많이 보여주는 지역이다. 그만큼 화산지형과 빙하지형이라는 자연환경적 특성을 지닌 곳이다. 그래서 '뉴질랜드'는 독특하면서도 아름다운 자연환경을 지닌 세계적인 청정지역으로 사람들의 주목을 받아오고 있다. 반지의 제왕, 아바타, 쥬라기 공원 등과 같은 영화에서 볼 수 있는 빽빽한 원시림은 뉴질랜드의 자연환경을 단적으로 보여준다. 지리교육학자인 저자는 뉴질랜드의 그러한 자연지형에 주목하여 뉴질랜드 남섬의 생태환경을 오감으로 체험하고 그 감성을 독자에게 전하고 싶은 마음을 내보인다. 동시에 지리교육학자로서 환경교육, 지속가능발전교육의 방법도 찾아 제시한다. 저자의 뉴질랜드 생태기행을 따라가 보자.

1. 뉴질랜드 남섬의 생태환경을 담다.

저자의 뉴질랜드 생태기행은 남섬에서 시작한다. 남섬에서 가장 큰 도시라고 할 수 있는 동부 해안의 크라이스트처치(Christ Church)에서 시작하여 북동쪽으로 약 3시간 거리에 있는 카이코우라, 중앙부 서던 알프스 산지에 있는 쿡 산과 퀸스타운, 테아나우, 그리고 서부 해안에 위치한 밀퍼드 사운드와 남섬의 끝 스튜어트 섬에 이르기까지 남섬을 종횡으로 구석구석 누비면서 생태환경을 꼼꼼하게 보고 관찰한 것을 보여준다. 크라이스트처치에서는 해글리 공원과 빅토리아 공원을 중심으로 아름답게 가꿔진 정원의 도시에 주목한다. 특히 잦은 지진의 피해와 위험성을 안고 있는 곳이지만, 오히려 자연에의 애착과 경외감으로 자연과의 조화로움을 가꿔가는 사람들이 만들어 낸 아름다운 도시 환경을 표현한다. 도시 한 가운데로 흐르는 에이번 강과 그 강 주변에 형성된 해글리 정원, 그리고 크라이스트처치 도시의 배경이 되는 켄터베리 평원을 중심으로 크라이스트처치 도시의 생태환경을 조명한다.

카이코우라 도시에 대해서는 "산과 구릉과 바다와 함께 조화를 이루며 펼쳐진 캔터베리 평원은 한편의 모자이크를 닮았다(p. 40)"라는 표현에서처럼 작은 규모의 도시이지만 캔터베리 평원에 담겨진 목가적인 풍경과 다양한 나무들이 어우러져 자아내는 풍광에 주목한다. 또한, 인근 바다에서 이루어지는 고래관광을 통해 살짝 생태환경이 꼭 자연에만 이로운 것이 아님을 드러내기도 한다. 동시에 카이코우라 반도에서 찾아볼 수 있는 산맥, 단층, 선상지, 만과 반도, 그리고 지진 발생이 잦은 지층 불안정 지형에 대한 소개를 통해 생태환경의 배경이 되는 지리적 환경을 덧붙여서 인간이 만들어낸 환경은 지리적 환경의 영향을 고려해야 함을 암시하기도 한다.

다음은 빙하와 눈으로 하얀 곳, 쿡산 기행이다. 쿡산은 지리학자에게는 더없이 보물 같은 답사지역이기도 한다. 그런 만큼 저자에게도 쿡 산은 상당히 이국적이면서도 흥미로움을 갖게 한 곳이었다. 한국에서는 찾아보기 힘든 빙하지형을 소개하면서 빙하가 만들어 내는 지형에 주목한다. 빙하의 형성과 진행 과정, 빙하에 의해 만들어진 빙하호, 빙하천, 퇴석류 등 빙하의 모든 것을 이곳 빙하를 통해 소개하는 것은 지리학자가 아니라면 보여줄 수 없는 지형의 형성 과정과 형성 요인을 꼼꼼하게 설명해 준다. 또한 빙하에 의해 만들어진 주변 경관의 아름다움 예찬이 빠지지 않았다. 특히 한적한 이곳에 우뚝 세워진 '선한 양치기 교회', '양치기

개 콜리의 동상'에 대한 이야기를 통해 인간이 만든 조형물도 자연환경과 조화를 이룰 때는 더 아름다운 경관을 자아낸다는 사실을 말하기도 한다.

다음은 남섬의 동부와 서부를 연결하는 남북으로 뻗은 서던 알프스 산맥의 정상부에 위치한 퀸스타운이다. 퀸스타운에서는 인근의 리마커블 산맥과 와카티푸 호수에 주목한다. 리마커블 산맥을 중심으로 형성된 빙하호인 와카티푸 호수의 깨끗하면서도 아름다운 풍광과 산맥과 호수 사이의 평원이 만들어 내는 경관을 통해 '자연경관은 참으로 아름답다'는 말이 거짓이 아님을 증명한다. 또한, 퀸스타운에서는 자연경관에 어울리는 관광객과 주민들의 삶에 주목한다. 자연환경에 걸맞게 형성된 고지대의 도로, 도시 내 관광객들을 상대로 건물들이 서있는 모습에서 사람들의 삶은 자연환경에 맞춰져 있다는 환경결정론이 현 시대에도 그대로 적용될 수 있음을 증명해 보인다.

다음은 테아나우 관광도시 탐색이다. 퀸스타운 남쪽에 위치해 있으면서 테아나우 호수 초입에 있는 도시이다. 이곳에서는 뉴질랜드 멸종 위기 새인 타카헤, 카카포, 코카코에 관한 새들의 역사를 말해 준다. 저자는 새들의 멸종 과정을 통해 생태환경의 변화를 설명한다. 그리고 테아나우 반딧불이 동굴 이야기, 석회암 동굴 이야기, 그리고 케플러 트레킹을 통한 테아나우 호수의 숲길 체험, 테아나우 밤별이 만들어 내는 아름다운 투어 체험을 이야기하면서 테아나우 도시의 생태환경을 아낌없이 보여준다. 동시에 생태환경에의 관심을 유도한다.

다음 기행지는 밀퍼드 로드의 아름다운 길이다. 밀퍼드 로드는 뉴질랜드 생태기행의 핵심이라고 해도 과언이 아니다. 곳곳의 청정한 이색적 장면들이 오감활용 자연관찰을 가능하게 한다. 맑은 호수가 자연을 품은 듯 보여주는 거울 호수, 빙하가 만들어 내는 빙식 U자곡, 빙하평원에서부터 남섬 유일의 동서 횡단로인 호머터널은 이곳 생태환경의 대표작들이다. 특히, 호머터널의 일방통행로의 모습, 터널 안은 암반이 그대로 노출되어 있고 차선은 폭이 좁은 일방통행이어서 교대로 반대편 차량과 통행 신호에 맞춰 통행을 해야 한다. 그러나 이러한 모습은 오히려 자연의 훼손을 최소화하려는 뉴질랜드인의 환경마인드를 보여주는 단적인 예이다. 저자도 이 점에 주목한다. 생태환경은 자연환경이 풍요롭게 자리한 곳에서만 이루어지는 것이 아니다. 그러한 자연환경을 가꾸고 보존하려는 거주민들의 노력이 보태져야 함을 말한다.

특히, 밀퍼드 사운드와 다웃플 사운드에서 보게 되는 빙식 U자곡(일명 피오르라고도 한다)에 대해서 주변의 폭포와 함께 빙하기, 빙하 침식지형의 단어를 활용하여 지형에 대한 설명으로 아름다운 경관을 묘사한다. 저자는 밀퍼드 사운드야말로 '피오르 지형의 전형을 보여준다(p. 184)'고 말한다. 자신을 19세기 뉴질랜드 해안을 항해하다가 강한 비바람을 피하여 정박할 곳을 찾는 탐험대원인 양 감정이입을 하며 바다에서 내륙으로 들어오면 더욱 좋다는 감탄과 더불어 빙식곡을 자세하게 묘사하여 표현한다. 또한 스털링 폭포, 보엔 폭포, 그리고 밀퍼드 사운드의 권곡을 통해 빙식곡의 모습을 세세하게 묘사해 주는 것도 잊지 않는다.

마지막으로 뉴질랜드 기행에서 저자의 마음을 가장 생생하게 사로잡은 곳은 남섬의 끝이었다. 남섬의 끝은 더니든, 블러프, 오타고 그리고 펭귄 섬 스튜어트 섬으로 보여준다. 특히 남섬의 끝에는 특이한 생물들의 서식지이기도 하다. 대표적인 예로, 앨버트로스와 펭귄, 그리고 영국인들이 가져왔다는 가시금작화, 돔의 일종인 블루마키 등 다른 곳에서는 보기 어려운 특이한 생물들의 서식지이기도 한다. 저자는 그 생물들에 주목하여 그곳 남섬의 끝 지역의 생태환경을 찾아 보여준다. 그리고 생태환경의 보존 이유를 가장 힘주어 강조한다. 즉 그곳에서 저자는 자연이 인간에게 공존의 길을 묻고 있다고 말하면서 본 기행에서 저자가 느낀 점과 저자의 본 도서 저술의 배경을 드러내기도 한다.

이렇게 저자는 뉴질랜드 남섬의 동부에서 서부, 북부에서 남부에 이르기까지 종횡으로 탐색하면서 뉴질랜드 남섬 생태환경의 모든 것을 보여주려 한다.

2. 뉴질랜드 사람들의 환경마인드를 담다.

저자의 뉴질랜드 기행은 생태환경을 탐색하는 것이었다. 하지만 자연환경은 그 안에 인간의 삶이 담겨진 경우와 그렇지 않은 경우의 의미는 전혀 달라진다. 인간의 삶이 내재한 경우라면 자연환경은 단순한 물리적인 공간에 불과할 것이나 인간의 삶이 담기는 경우라면 자연환경은 더 이상 물리적 공간이 아닌 삶의 장소가 되기 때문이다. 저자는 이러한 부분을 간과하지 않았다. 생태 기행 장소들에서 자연환경과 더불어 그 안에서 삶을 가꿔가는 사람들의 자연과의 공존방식을 주목하여 서술한다.

첫 기행 장소였던 크라이스트처치에서는 래글리 공원과 빅토리아 공원을 통해 크라이스트처치를 정원의 도시로 만들어 간 사람들의 이야기와 역사를 들춰내면서 생태환경 만들기에서 인간의 역할이 크다는 것을 말한다. 또한, 이곳에 정착한 초기 정착민들이었던 영국인들의 삶의 방식을 고스란히 담은 건축물과 정원 문화를 소개하면서 뉴질랜드 생태환경의 특징을 거주민의 삶의 방식과 연계지어 설명하는 부분들은 여느 여행서에서 보기 드문 기행서로서의 특징을 드러낸다.

카이코우라에서는 '고래'라는 자연물을 대상으로 하여 고래박물관, 고래생태관광을 이끌어 온 그 지역 사람들의 역할을 조명한다. 한 때 고래에 대한 남획으로 인해 고래 수 급감의 위험을 겪었지만 고래 박물관 건립과 고래 생태관광 기획을 통해 생태 관광지로 발달시켜 온 지역민들의 활동을 소개한다. 이를 통해, 뉴질랜드 생태환경은 청정 자연환경을 지닌 뉴질랜드인들의 혜택도 있겠지만 그런 환경을 지키고 유지하는 뉴질랜드인들의 마인드의 결과물임을 얘기한다.

다음은 쿡 산이다. 쿡 산은 말 그대로 남섬 서던 알프스 산맥의 고산에 해당한다. 쿡 산의 빙하가 만들어 낸 빙하호와 빙하천이 주된 경관이다. 그럼에도 불구하고 이곳을 사람의 거주지로 만드는 데 역할을 한 힐러리 경을 통해 쿡 산 거주민의 거주 역사와 현재 거주민들의 삶의 모습을 쿡산 자연환경 안에서 담아내는 노력을 보인다.

다음은 관광의 도시로 발달한 퀸즈타운이다. 퀸즈타운은 남섬 서던 알프스 산맥 산지에 위치한 산간 마을이다. 퀸즈타운은 현재 관광도시로 알려져 있다. 그런 만큼 자연환경과 사람들의 삶이 만든 아름다운 곳이라는 것이다. 테아나우 도시에 대해서도 마찬가지이다. 이 도시에 내재된 거주민들의 거주 역사, 생태관광지로 발달시킨 사람들의 노력을 반딧불이 동굴과 캐플러 트레킹, 별자리 투어를 통해 소개한다. 밀퍼드 로드는 뉴질랜드 사람들의 생태 마인드를 가장 극적으로 보여준다. 동부와 서부는 긴 서던 알프스 산맥으로 인해 통행이 간단하지 않다. 이를 해결하기 위해 동부-서부 간 도로 건설이 필요하다. 하지만 인간의 편의보다는 자연을 보호하고자 하는 뉴질랜드인의 마음의 결실은 유일한 도로로 밀퍼드로드 하나를 건설하였고, 그것도 최소한의 넓이와 최소한의 자연 훼손을 감안해서 건설한 모습을 자세하게 제시한다. 마지막으로 남섬의 끝 더니든, 블러프, 오타고, 스튜어트 섬에 대해서도 있는 그대로 자연을 보존하려는 뉴질랜드인들의 노력과 실제 그들의 친환경적 삶을 묘사한다.

3. 환경교육, 지속가능발전 교육의 묘안을 찾아내다.

저자는 뉴질랜드 크라이스트처치 공항 도착 당시 공항의 풍경을 보면서 '공항 출구 통로는 특이하게, 아니 요란스럽게 장식되어 있다고 생각했다. 맘속으로 뭘 이렇게 유치하게 치장을 했냐고 생각하며 입국했나(p. 250)'라고 쓰고 있다. 하지만 뉴질랜드 기행을 마치고 출국하면서 같은 통로를 보면서는 다음과 같이 생각했음을 제시한다. '나는 그 새소리가 뉴질랜드 앵무새인 키아의 소리이고 통로를 가득 채운 숲이 루트번 트랙에서 본 뉴질랜드 온대우림임을 알고 있다. 그 숲 사진에는 뉴질랜드의 상징인 고사리 나무도 보이고, 매우 많은 강수량으로 형성된 온대우림으로 고목에 붙어 있는 이끼들도 보였다. 뉴질랜드를 떠나는 지금, 비행기 트랩 통로의 녹음과 새소리가 낯설지 않고 아주 친숙하다(p. 251).' 저자는 뉴질랜드 기행을 통해 친환경이란 무엇인지, 환경교육에서 현장 체험의 가치가 얼마나 큰지를 알려준다. 환경교육 관련하여 학교에서 교육을 되돌아보게 한다. 교실에서 다양한 방법(예를 들어, 토의, 토론, 탐구학습 등)으로 환경교육을 시도한다. 그럼에도 불구하고 학생들의 마음속에 환경 사랑과 환경보존의 필요성을 심어 주기에는 쉽지 않았다. 저자의 마무리에서 그 답을 찾아볼 수 있을 것 같다.

'체험학습'이라는 이름하에 국내외 현장 체험 학습의 기회는 많아지고 있다. 또한, 국내외 관광의 기회가 많아지고 있다. 그럼에도 불구하고 체험 현장에 대한 장소감은 오히려 부정적이거나 별다른 학습효과를 얻지 못하고 있다. 오히려 관광은 사회문화적, 환경적 문제를 야기하기도 한다. 그런 면에서 볼 때, 본 저서는 '현장 체험'이라는 목적을 지닌 체험학습이나 관광에서 생태기행의 방법을 제시해준다. 무엇을 볼 것인가, 어떻게 볼 것인가를 보여준다. 그리고 생태기행의 방법도 보여준다. 무엇보다도 뉴질랜드 생태환경, 뉴질랜드 사람들의 환경 마인드와 그들의 삶을 낱낱이 보여주면서 느끼게 한다. 뉴질랜드 생태기행이라는 이름으로 '뉴질랜드 생태환경의 모든 것'과 '생태기행의 방법'을 선물하고 있는 것이다. 또한, 환경교육을 위해서는 현장 답사가 하나의 대안임을 보여준다.

5. 지역사회 연계 교육

1) 지역사회 연계 교육의 필요

학교 교육과 현실 세계 간 연계성이 필요하다. Smith(2002)는 "학습자의 학교에서의 시간은 자신의 학교 밖에서 경험했던 것들을 쓸모 있게 하는 경험을 행하는 기회여야 하며, 학교에서 배운 내용을 일상생활에서 자유롭게 활용할 수 있어야 한다. 이를 위해서 학교는 학습자의 생활과 유리되어서는 안 된다. 그래서 학교 수업에서는 학생들이 일상생활에서 경험했던 아이디어, 관심, 행위 등을 충분히 꺼내서 연결할 수 있도록 해야 한다"고 하였다. 실제로 학교와 지역사회 간 연계와 협력을 통한 효과는 인적, 물직 자원의 교류, 정보의 교류, 학교 교육의 장 확대, 학교 교육의 질 개선, 양질의 학습 프로그램 제공, 교육과정 개선, 학생의 학습력 제고와 정신적, 신체적 건강 유지에 이르기까지 다양하게 나타나고 있다(김미향, 2020). 학교 교육이 사회와 단절된 것이 아니라 유기적으로 연결된 사회의 부분으로 학교를 위치지우고 학교는 학생들의 생활과 학교 교육을 연결해 주는 역할을 요청받고 있다고 하겠다.

지역사회 연계 교육은 지역사회 기반 교육(Community-Based Learning), 장소 기반 교육(Place-Based-Learning)과 비슷한 의미로 사용되고 있다. 지역사회 기반 교육은 학습자의 생활이 이뤄지는 지역사회(Community)를 교육과정에 포함하여 행하는 교육이다(손명철, 2021). 지역사회를 대상으로 하여 그곳의 지리적 환경, 역사, 사회 현상, 사람들의 생활 모습, 그리고 삶의 지혜 등을 교육과정에 포함히여 가르치는 섯이며 교과학습 내용을 학습자의 생활과 연계성을 강화하고 학습자 삶이 질의 면에시 더 살기 좋은 곳을 만들어 가는 데 필요한 지식, 기술, 가치와 태도 그리고 행동력을 제고하려는 교육적 노력이라고 할 수 있다. 여기서 지역사회는 학습자의 학습의 장으로 학습에 필요한 자료 제공처로서 역할 그리고 학습 결과를 적용해 볼 수 있는 실험의 장소이기도 한다. 학교 안에서 학습을 학교 밖에서 학습으로 학습의 장소와 내용을 확장한다는 면에서 마을교육공동체, 통합교육, 융복합 교육 등과도 유사함을 보인다(손명철, 2021). 다만, 지역사회 연계 교육은 학교 교육을 지역사회와 연결하여 학습활동을 전개하는 방식으로 지역사회의 학습 자료 제공, 학습 장소 제공 등의 보조적 역할을 포함한다. 그럼에도 불구하고 두 교육 모두 지역사회 중심의 교육적 접근을 한다는 점에서 공통점을 찾을 수 있으며, 지역사회 연계 교육은 지역사회와 연계하여 학교 교육을 실행한다는 점을 강조한다.

Smith(2002)는 지역사회 연계 교육의 특성을 다음과 같이 제시하였다. 첫째, 교육과정에서 학생 주변의 사회환경에 중점을 둔다. 지역사회 환경에 대한 경험과 학습을 토대로 다른 지역에 대한 인식과 관련 지식을 획득하는 방향으로 전환을 지향한다. 둘째, 학습자의 학습 경험을 강조하면서 지식의 소비자로서보다는 지식의 생산자가 되도록 한다. 지역사회 환경을 활용하여 실제적 경험과 체험을 토대로 탐구하도록 하여 결과를 얻을 수 있는 학습 환경을 제공한다는 것이다. 셋째, 여러 가지 지역사회에의 참여를 통해서 학생들은 더 적극적으로 주도적 역할을 실천한다. 넷째, 교사는 경험 많은 가이드로서, 공동의 학습자로서 그리고 지역사회 자원과 학습을 매개하는 매개자로서 역할을 한다. 다섯째, 학교와 지역사회 간 장벽은 훨씬 더 약화되어서 지역사회 주민들과 학생들 간 지역사회에서의 더 적극적 역할을 기대할 수 있다. 여섯째, 학생들은 개인이 지역사회에서 행한 역할수행능력 그리고 지역사회의 웰빙과 지속가능성에의 기여를 토대로 평가를 받는다. 이러한 방향의 교육을 실천하기 위해서는 학교 교육의 철학적 전제를 고려해야 하며, 교사의 교육과정 재구성자로서 역할이 중요하다.

Salant & Waller(1998)는 특별히 농촌 지역의 학교가 지역사회에 미치는 영향을 다음의 다섯 가지로 제시하였다(강영택, 김정숙, 2012, p. 30에서 재인용). 첫째, 경제적 측면에서 지역사회의 학교는 고용, 상품 및 서비스의 소비자로서 영향력을 갖고 있다. 또한, 학교는 시설과 인적 자원을 통해서 지역사회에 서비스를 제공한다. 둘째, 사회적 측면에서 학교는 지역 주민 대상 교육 및 문화 제공을 통해서 지역주민들의 문화생활과 지역민들 간 유대감 형성 등에 영향을 미친다. 셋째, 정치적인 면에서 학교는 지역의 공공 행정기관으로서 역할을 한다. 넷째,

학교는 지역사회의 지역 개발을 위한 협력체가 되기도 한다. 지역 개발을 위한 문제점 파악, 문제해결을 위한 방향 설정 및 참여 등 여러 가지 측면에서 지역의 발전을 도모하는 데 영향력을 갖는다. 다섯째, 학교는 지역사회의 의료, 보건 서비스를 제공하여 지역사회의 건강을 돌본다. 둘째, 넷째, 다섯째의 영향력은 지역사회 연계 교육과 관련된다. 학생을 포함하여 지역 주민 대상 교육을 실시하고 지역의 여러 가지 문제해결에 학교가 참여하고 지역사회 복지와 지역 주민의 삶의 질 향상을 위해서 학교교육의 역할이 필요할 수 있다.

Miller(1995)는 특히 촌락에서 학교는 지역사회와 연계하여 교육을 실시할 때 지역사회에 긍정적 영향력을 가질 수 있음을 강조하면서 학교와 지역사회 간 연계 유형으로 다음의 세 가지를 제시하였다(강영택, 김정숙, 2012, p. 31에서 재인용). 첫째, 학교는 지역사회의 배움의 장소로서 그리고 지역사회 서비스의 운반체로서 센터 역할을 한다. 지역사회에 필요한 여러 가지 교육, 보건, 시설, 인적 자원 등을 제공, 공유하면서 지역사회의 유지 발전에 주요 역할을 수행한다. 둘째, 학교는 학교교육과정에 지역사회를 포함한다. 지역사회의 환경과 자원, 가치, 전통문화, 필요 등을 반영하여 지역에 대한, 지역을 통한, 지역을 위한 교육을 실행하는 것이다. 셋째, 학교는 지역사회의 수요를 고려하여 학생들이 관련 능력을 함양할 수 있도록 학교 기반 직업 교육의 장소로서 역할을 한다. 학교교육을 통해서 지역사회의 개발에 필요한 능력뿐 아니라 지역사회의 환경과 자원을 활용한 기업가적 마인드와 능력을 함양한다. 이는 특히, 촌락 지역의 특성과 환경을 고려하여 지속가능한 촌락 마을 공동체를 유지, 발전시킬 수 있는 장으로서 학교의 역할이다. 오늘날 농촌 지역 소멸 등의 문제해결과 관련하여 적용해 볼 수 있는 부분이다.

Morgan(2012)은 지속가능한 지역사회 환경 구축을 위한 교육을 위해 지역사회 연계 교육을 활용하는 것은 다음의 세 가지 면에서 유용성을 갖는다고 하였다. 첫째, 지역 행정기관은 여러 측면의 서비스 제공자 역할을 한다. 그래서 사회, 환경, 경제적 차원에서 다양하게 연결성을 유지하고 있다. 둘째, 지방 행정기관은 늘 지역 중심을 위한 바람직한 행정을 추구하며 지역 주민의 삶을 지원한다. 셋째, 지방은 하나의 지역사회로서 '장소의 고유성', 즉 장소 기반 발전을 실천한다. 지역사회 행정은 환경적 서비스, 사회적 서비스, 경제적 서비스 등을 통해서 궁극적으로 지속가능한 지역사회 환경을 만들어서 지역 주민들이 안전하고 건강하게 삶의 질을 누릴 수 있도록 노력한다. 그런데 이러한 지방 행정 기관의 계획 실행을 위해서는 지역사회 주민들의 적극적 참여를 필요로 한다. 시민들의 참여가 변화의 동력이 되고 지역 주민을 위한 행정을 펼쳐갈 수 있기 때문이다. Morgan(2012)은 이를 '공정한 지속가능성(Just Sustainability)'을 위한 방법이라고 하였다.

위에서 제시한 지역사회 연계 교육에서는 다음의 두 가지 목적을 제시하고 있다. 첫째, 학교는 학생 교육을 위해서 지역사회와 협업, 지역사회의 여러 자원을 활용할 필요가 있다. 학습자의 배움의 장소로서 학습적 효과를 위해서, 학습자의 장래 직업 체험의 장소로서, 지역사회 발전을 계승해 갈 수 있는 능력의 개발을 위해서 등 여러 가지 교육적 효과를 위해서 필요하다는 것이다. 둘째, 학교는 지역사회를 구성하고 있는 하나의 기관으로서 지역사회를 위한 서비스 제공자 역할을 갖고 있다. 지역사회의 환경과 발전이 곧 학생의 환경이자 삶의 질과 관련된 것이며, 지역사회의 교육기관으로서 지역 주민들의 복지 증진과 삶의 질 향상을 위해서 학교의 역할이 필요하다는 것이다.

2) 사회과교육에서 지역사회 연계 교육

사회과교육에서 지역사회 연계 교육은 지역화교육과 관련되어 있다. 지역화교육은 학습자의 고장, 지역 등 지역사회에 기반하여 학습하고, 지역사회 시민으로서의 자질을 함양하는 데 목적을 둔다. 즉 사회과에서 지역화 학습은 사회과 외적인 면에서 교육의 지역화와 사회과 내적인 면에서 '지역사회에 대한 내용을 가르친다'는 뜻을 포함하였다(심승희, 2004). 그래서 교육과정 초기에는 국가 수준 교육과정 안에서 '마을', '고장', '우리 지역'에 대한 학습 단원을 설정하여 교육하였지만 5차 교육과정 이후에는 지역 교육청 단위에서 지역교과서를 개발하여 사회과교육의 보조교재로 사용하면서 학습자의 생활권에 해당하는 마을, 지역 등을 국가와 세계에 대한 학습 이전에 먼저 학습할 수 있도록 구성하고 있다. 지역에 대한 학습과 지역에서 지역교과서를 개발하여 사용한다는 생각이 결합되어 있다고 할 수 있다(심승희, 2004).

관련하여 그간 사회과교육에서 지역사회에 대한 학습은 다음의 두 가지 유형으로 이뤄져 왔다(심승희, 2004). 첫째, 내용의 면에서 지역사회에 대해 알게 하는 데 목적을 두고 행해지는 것으로 지역사회의 지리, 역사, 문화, 사회현상 등 제반 사실 자체에 대한 학습을 포함한다. 이를 통해서 마을, 고장, 우리 지역을 포함하는 지역사회에 대한 지식과 이해를 획득하도록 한다. 내용적 면에서 지역사회에 대한 학습은 사회과교육에서는 초등 저학년의 교육과정에 포함되어 있다. 둘째, 지역사회에 대한 학습은 방법적 측면에서 지역사회를 활용하여 사회과 내용에 대한 지식, 기능, 가치·태도에 대한 학습에 중점을 둔다. 학습자의 생활 범위에서의 경험을 활용하여 학습효과를 도모한다. 이러한 방법적 측면에서 지역사회의 활용은 사회과교육 전반에 적용될 수 있다.

이러한 면에서 볼 때 사회과교육에서 지역화 교육은 지역사회 연계 교육과 여러 면에서 공통적 지향 목적을 갖고 있다. 첫째, 지역사회에 대한 학습을 통해서 지역사회를 더 알게 하는 데 목적을 둔다는 점이다. 지역사회의 지리, 역사, 사회현상, 지역사회 사람들의 생활문화 등의 파악을 통해서 지역사회의 여러 가지 정보와 지식을 획득하여 지역사회에 대한 학습자의 인식을 깊고 넓게 확장하는 데 목적을 둔다. 이를 통해 궁극적으로 지역사회에 대한 관심과 역할을 기대한다. 둘째, 지역사회에 대한 학습을 위해서 지역사회의 여러 자원을 활용한다는 점이다. 지역사회 현장 체험 및 문헌 자료 조사, 관계자 면담 등의 방법으로 지역사회의 시리석 환경, 문화유산, 역사, 생활 모습을 파악하는 데 중점을 둔다. 셋째, 지역사회를 학습자가 지역적 소속감과 향토애 그리고 사회 구성원으로서 소속감과 책무성을 키우고 실천할 수 있는 생활 터전으로서 그 유용성을 적극적으로 활용한다. 이는 '민주시민적 자질 함양'을 목표로 제시하고 있는 사회과교육의 목표와도 관련되어 있을 뿐 아니라 지역사회 연계 교육에서 학교 학생들에게 기대하는 효과이다. 학습자 자신의 정체성을 인식, 함양하고 자신의 삶의 질뿐 아니라 지역사회 사람들의 삶의 질 향상을 위한 자신의 책무성을 인식, 실천할 수 있는 교육의 장으로서 지역사회 활용의 유용성에 중점을 둔다. 넷째, 지역사회를 활용하여 교과 내용 이해와 교과에서 학습한 지식을 현장에 적용하면서 학교교육을 실생활과 연계하는 데 중점을 둔다. 사회과교육에서 학습하는 내용에는 사회의 여러 자연환경과 인문환경 그리고 사람들의 삶 등이 포함된다. 주변의 지역사회에서 관련 내용을 찾아 활용하는 것은 학습자의 교과 내용 이해를 도모하고 교실에서 배운 내용을 지역사회의 여러 사회현상들에 적용할 뿐 아니라 다른 지역사회, 국가, 세계로 확장해 갈 수 있도록 하는 데 필요한 과정에 해당한다. 즉 사회교과 학습의 효과적 실행에 중점을 두고 실시하는 방식이다. 사회과교육의 이론 중심형의 한계를 극복하고 실제 사회와 연계하여 학습적 효과를 기대하는 데서 실행되는 방식이다.

지역사회는 주민들이 공동체 의식을 갖고 일상의 생활을 영위하고 있는 생활공동체에 해당하는 지역의 범위이며, 지역사회에 담겨진 외적인 풍경 이외에 사람들의 생활 과정과 신념, 태도, 가치관 등을 포함한다. 작은 사회로서 지역사회를 바라보고 자신의 생활과의 관계성을 파악하고 자신의 삶의 질을 누리고 있는 삶의 터전으로서 지역사회를 인식하고 지속적으로 지역사회와 관계 맺기를 할 수 있는 환경을 마련해 주는 방향의 지역사회 연계 교육은 사회과교육에서 여러 가지의 유효성을 지니고 있다고 하겠다.

3) 지역사회 연계 교육의 방법

Robert 외(1982)는 지역사회 연계 교육의 방법으로 다음의 세 가지 전략을 제시하였다. 첫째, 수업에서 지역사회의 개인, 집단, 조직을 연계하는 것이다. 학교교육과정을 실행하는 데 있어서 교과의 학문 내용에 중점을 두는 교육과정의 운영에서는 교사의 전문성을 토대로 어려움 없이 교육이 실행될 수 있다. 그러나 사회변화에 따른 사회적 요청에 의해 학교교육으로 들어오는 교육, 즉 세계화 교육, 다문화교육, 생태환경교육 그리고 지역사회에 대한 교육에 대해서는 교사의 주도하에서 관련 교육을 실행하는 데 필요한 전문가와 협업적 수업 실행의 효과를 생각해 볼 수 있다. 지역사회에 대해서 전문적 정보와 지식을 보유하고 있는 지역사회의 인적 자원을 적극적으로 활용하는 데서 교육적 효과를 기대할 수 있다. 특히, 지방자치제의 실시에 따른 지역사회 주민들의 지역 학교교육에의 관심 증가로 인해 지역사회 인적 자원을 효과적으로 활용하는 방안을 찾고 활용하는 것은 시의성을 갖고 있다고 하겠다.

둘째는 수업의 실질적인 내용으로 사용하는 것이다. 지역사회 연계 교육을 통해서 글로벌 교육, 다문화 교육, 생태환경 교육, 지역사회에 대한 교육 등 지역사회에서 관련된 여러 가지 학습 자료를 제공하고 관련 학생 학습과제를 설정하여 관련 교육에 접근하는 방법이다 글로벌 체계 안에서 지역사회의 경제, 사회, 문화 등 여러 면에서의 사회적 상황을 조사하고 학습할 수 있도록 하여 글로벌 교육을 실행할 수 있을 것이며, 지역사회의 여러 생태환경 자료와 현장 체험을 활용하여 이에 대한 교육을 실행할 수 있다. 지역사회를 대상으로 하여 관련 교육 내용을 구성하여 학습자의 학습을 도모하는 방식이다. 이는 오랫동안 교육과정에서 강조해 온 '학습자 중심 교육'을 구현하는 데도 효과성을 지닌다. 학습자의 생활경험을 관련 교육내용과 연계할 수 있도록 함으로써 학습자의 경험을 적극적으로 활용하여 관련 교육내용을 효과적으로 학습할 수 있도록 한다. 이는 시민성 함양을 필요로 하는 세계시민교육, 생태시민교육, 다문화시민교육 등 여러 관련 교육에서 효과를 기대할 수 있다.

셋째, 맥락적 환경으로서 지역사회를 활용하는 것이다. 여기에는 지역사회에 대한 관련 내용 자료의 활용, 내용 요소 및 학습주제의 사례 지역으로 활용, 실천적 행동의 장소로서 활용 등 여러 가지 면에서 학습 환경으로 활용할 수 있다. 학습내용의 참다운 모습은 지역사회 환경에서 찾을 수 있다는 점을 강조한다.

Olsen(김은우 역, 1953)은 지역사회 연계 생활 중심 교육의 방식으로 다음의 5가지 견해를 제시하였다. 첫째, 학교는 학생 교육뿐 아니라 성인 교육의 장으로서의 역할도 해야 한다. 학교 시설뿐 아니라 학교교육에 지역사회 일반인의 참여도 가능할 수 있도록 개방해야 한다는 것이다. 둘째, 학교는 학생 학습효과를 높이기 위해서 지역사회의 제반 자원을 활용할 수 있어야 한다. 지역사회의 여러 가지 필요한 자원 활용을 통해 학교교육과정과 교육방법에 활기를 줄 수 있다고 하였다. 셋째, 학교교육과정의 중심을 지역사회에 두어야 한다. 지역사회는 모든 사람들의 생활의 장으로 여러 가지 경험을 쌓아가고 개인의 정체성을 형성하는 곳이다. 사회인으로 살아가는 데 필요한 여러 가지 생활 방식, 태도, 가치를 배우고 시민으로서의 역할을 인식하는 곳이다. 그래서 학교교육과정은 지역사회의 자연환경, 사회 조직, 사회생활, 여러 가지 문제 등을 두루 포함할 수 있다. 넷째, 학교는 지역사회의 여러 활동에 참여하여 사회 발전에 기여해야 한다. 학생, 일반인 모두 협력하여 시민적 자질을 갖추도록 지도해야 함을 의미한다. 지역사회를 위한 여러 가지 역할을 수행하면서 시민으로서 역할능력을 키우고 동시에 역할의 중요성을 깨닫게 한다. 다섯째, 학교의 지역사회 발전을 위한 선도적 역할이 필요하다. 학교는 지역사회의 모든 자원을 활용하여 학생과 지역 주민에게 보다 효과적인 교육 기회를 제공해야 함을 강조한다.

위의 내용을 토대로 지역사회 연계 교육의 방법을 다음과 같이 정리할 수 있다(〈표 II-6〉). 지역사회에 대한 교육, 지역사회 활용 교육, 지역사회를 위한 교육, 지역사회에 의한 교육으로 구분하여 적용할 수 있다. 지역사회에 대한 교육은 지역사회의 지리적 환경, 역사, 사람들의 생활 모습, 기타 인문환경을 파악하고 익히는 방향에서의 교육을 의미한다. 지역사회의 모든 것을 학습내용에 포함하여 학습자의 수준과 학습목표에 따라 적정한 내용을 선정하여 교육하는 것을 말한다. 이는 학습자에게 자신의 삶의 환경으로서 지역사회를 살펴보고 지역사회의 특성을 파악하여 자신 삶의 편의를 위해 이용하는 등 실제 생활에 이용하는 데 필요한 정보와 지식을 획득할 수 있게 한다. 또한, 자신이 살고 있는 그리고 생활 범위에 해당하는 지역에 대해 긍정적 호기심과 장소감 그리고 지역사회에 대해 자긍심을 지닌 지역시민성 함양을 지원할 수 있다는 데서 의미 있는 교육적 접근 방식이라고 할 수 있다. 이는 초기 사회과교육이 등장한 배경에 해당하기도 한다. 그래서 오늘날에도 지역사회 연계 교육의 방법으로 가장 많이 적용되고 있는 방식이다.

둘째, 지역사회 활용 교육은 지역사회로부터 사회과의 주요 학습 자원을 활용하여 교과 교육을 효과적으로 실행하고 학습자의 학습효과를 제고하는 데 중점을 둔다. 지역사회의 장소, 장소감, 장소성, 자연환경, 인문환경, 주민들의 생활 모습, 역사, 사회현상 등 사회과교육에서 포함하고 있는 주요 학습내용들을 학습하는 데 필요한 학습 자료원 역할을 한다. 그래서 학습자의 생활과 관련된 여러 학습 자료와 관련 사례를 선정하여 활용한다. 지역사회는 작은 사회를 형성하고 있기 때문에 사회과교육의 주요 내용을 제공할 수 있다. 그래서 지역사회는 교실 사회과 수업에 현장성을 부여하는 데 역할을 한다.

셋째, 지역사회를 위한 교육이다. 지역사회를 위한 교육의 가치는 여러 가지 면에서 찾을 수 있다. 지역사회는 학습자에게 그리고 지역 주민에게 삶의 터전이며 생활의 환경에 해당한다. 학습자 자신이 삶의 질을 누리는데 절대적으로 필요한 곳이다. 지역시회의 환경에 따라서 사람들의 삶의 질이 달라질 수 있다는 것이다. 또한, 지역사회는 지역사회 주민뿐 아니라 지구상의 모든 사람들에게 향유의 대상으로 공공성을 갖는다. 사람들은 자신이 살고 있는 지역에서 뿐 아니라 타 지역의 환경을 향유하면서 학습하고 연구하고 여가생활을 즐긴다. 그리고 지역사회를 위한 교육에서는 지역사회의 고유성을 드러내고 지역사회에 내재된 우리의 전통 문화를 유지 발전하게 하는 것이며, 국토의 균형발전을 통해 모든 사람들이 삶의 환경을 다양하게 누리고 가꿔나갈 수 있도록 하는 데 필요한 지역사회 환경을 만들어 가는 것이다. 그래서 지역사회를 위한 교육은 지역사회에서 생활하고 있는 학습자 자신뿐 아니라 다른 모든 사람들의 삶의 질 개선에 영향을 줄 수 있는 가치 있는 일이다. 지역사회의 환경에 기반하여 지역성을 살리면서 살만한 삶의 환경을 만드는 데 사회과교육의 역할은 중요성을 지닌다고 하겠다. 이는 특히 오늘날 사회과교육에서 추구하는 민주시민, 지역시민, 국가시민, 세계시민성 함양에 중점을 두면서 지역사회 시민으로서의 역할을 기대하는 면에서 중요성을 찾을 수 있다.

넷째, 지역사회에 의한 교육은 지역사회가 학교교육에서 학교와 더불어 적극적으로 교육에 참여하는 것이다. 지역사회에서 필요로 하는 교육을 학교에 요청하거나 직접 지역사회에 의해 교육과정이 마련되어 학교에 실행되는 방법이다. 이 방법은 부분적으로 지역사회를 위한 교육에 포함되는 부분도 있지만, 지역사회로부터의 요청에 의해 그리고 지역사회의 필요에 의해 행해지는 교육이라는 면에서 차이가 있다. 이러한 접근 방법은 그간 사회과교육에서 거의 행해지지 않았던 방식이기도 하지만, 지역사회를 위한 교육을 추구하는 면에서 지역사회의 필요와 요청을 긍정적으로 검토하여 공동으로 교육과정을 만들어 실행하는 것은 사회적 필요성을 갖고 있다고 하겠다.

〈표 II-6〉 지역사회 연계 교육에의 접근 방법

방법	내용
지역사회에 대한 교육	• 교육의 내용으로 지역사회 자연환경, 역사, 사회현상 등을 반영 • 지역사회 내용 반영 교육과정 운영 • 지역사회 시민으로서 정체성 함양
지역사회 활용 교육	• 교과 내용 이해 및 학습효과를 위한 자원 활용 • 교육용 자료와 현장 체험 활용 • 학습주제의 사례 지역으로 활용 • 실천적 행동의 장소로 활용 • 지역사회를 하나의 작은 사회로 활용
지역사회를 위한 교육	• 학교의 지역사회 발전을 위한 역할 • 학습자의 지역사회 시민성 함양 • 지속가능한 지역사회 환경 구축에 참여
지역사회에 의한 교육	• 학교교육에 지역사회의 개인, 집단, 조직의 참여 • 학교교육에 지역사회의 필요와 요구 반영 • 지역사회의 여러 가지 활동에 참여 등

생각넓히기

1. 지역사회 연계 교육의 의미를 정리해 보자.

2. 사회과교육에서 지역사회 연계 교육의 교육적 필요성을 말해 보자.

3. 자료 1과 2를 참고하여, 지역사회 연계 교육 프로그램을 설계해 보자.

자료 1. 지역사회 연계 교육 모델

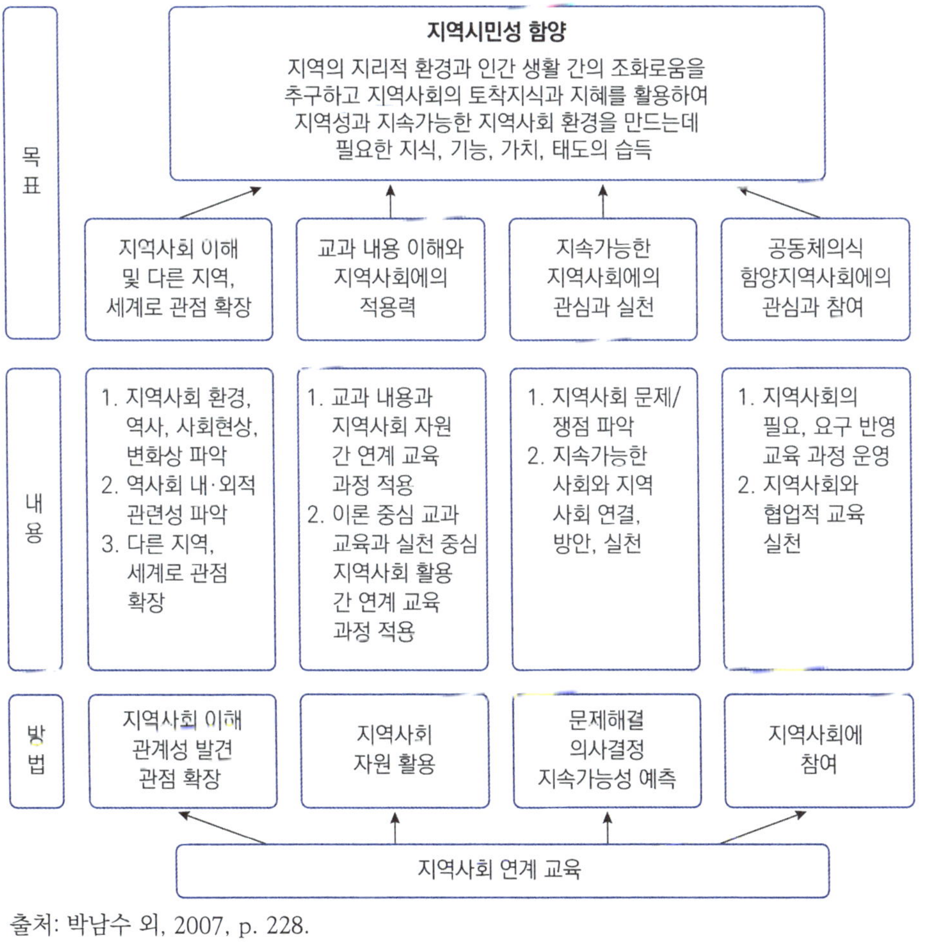

출처: 박남수 외, 2007, p. 228.

자료 2. 지역사회 연계 교육 예시- 지역사회 문제발굴 및 개선

♣ 프로그램명

- 함께 만드는 우리 동네 정원 가꾸기

• 참여 대상

- 학생 + 지역 주민

• 프로그램 실행 목표

- 지역 내 유휴 공간을 활용하여 학생들과 주민이 함께 정원을 기획하고 조성
- 자연과 공동체의 소중함을 배우고 실천
- 지속 가능한 마을 환경 만들기

• 프로그램 내용

회차	주제	활동 내용
1회차	우리 동네 탐방	유휴 공간 조사 및 문제점 발견하기
2회차	정원 아이디어 나누기	지역사회 환경 특성 반영 방안 토의 다양한 정원 사례 살펴보기 정원 구성 아이디어 토의
3회차	정원 설계하기	모둠별 정원 설계도 그리기 주민 인터뷰를 통한 의견 반영
4회차	함께 만들기	모종 심기, 화단 만들기, 안내판 제작 등 실제 조성 활동
5회차	축제와 공유	정원 개장식 개최, 가족·주민 초대, 활동 발표회 진행

• 기대 효과

- 학생들의 창의력과 문제해결력 향상
- 지역 주민 간, 세대 간 교류 및 소통 강화
- 지역사회에 대한 애정과 시민성 함양

참/고/문/헌

강영택, 김정숙, 2012, 학교와 지역사회의 파트너십에 대한 사례연구: 홍성군 홍동지역을 중심으로. 교육문제연구, 43, pp. 27-49.

교육부, 2015, 사회과교육과정, 교육부 고시 제2015-74호(별책 7).

교육부, 2019, 3~4학년군 사회 4-1, 지학사.

교육부, 2020, '5년간 인공지능 융합교육 전문교사 5000명 양성한다', https://www.korea.kr/news/policyNewsView.do?newsId=148876562

교육부, 2022a, 초 · 중등학교 교육과정 총론, 교육부 고시 제2022-33호(별책 1).

교육부, 2022b, 사회과교육과정, 교육부 고시 제2022-33호(별책 7).

김광근, 김형섭, 이준호, 장세목, 한동윤, 전영상, 권정택, 장경수, 2001, 관광학원론, 백산출판사.

김다원, 2015a, 왜 메르카토르인가, 대한지리학회지, 50(1), pp. 141-145.

김다원, 2015b, 문학작품 읽기에서 장소에 대한 지리적 지식의 유용성 탐색 연구, 한국지리환경교육학회지, 23(2), pp. 75-87에서 부분 발췌.

김다원, 류시현, 2023, 지역시민성 함양을 위한 지역사회 기반 교육의 방향 연구: 사회과교육을 중심으로, 사회과교육, 62(3), pp. 83-104.

김동심 외, 2023, 예비교사 대상 인공지능 융합 교육 역량 척도의 개발 및 타당화, 교육과학연구, 54(3), pp. 139-168.

김미향, 2020, 학교와 지역사회 간 연계 · 협력에 기반한 마을교육공동체의 개념 탐색, 평생학습사회, 16(1), pp. 27-52.

김영훈, 2007, 청소년의 여가 활동 참여가 학교생활 만족에 미치는 영향에 관한 연구, 안양대학교대학원 박사학위 논문.

김태령 외, 2020, 초중등 인공지능 교육을 위한 프레임워크 기초 연구, 인공지능연구 논문지, 1(1), pp. 31-42.

김학희, 2006, 세계지리에서 여행의 교육적 의미 탐색, 한국지리환경교육학회지, 14(3), pp. 231-250.

남영우, 2011, 인류 최초의 지도 '차탈휘위크 맵'의 발굴경위와 지도학적 특징, 한국지도학회지, 11(2), pp. 1-14.

로버트 루트번스타인, 미셸 루트번스타인(박종성 옮김), 2007, 생각의 탄생, 에코의 서재.

미셸 옹프레, 강현주(역), 2013, 철학자의 여행법, 세상의 모든길들.

바버라 베이그(박병화 옮김), 2010, 하버드 글쓰기 강의, 에쎄.

박남수, 정수권, 서경석, 2007, 초등학생들의 세계시민성 육성을 위한 지역사회 연계 세계교육 모형 및 프로그램 개발, 사회과교육연구, 14(4), pp. 213-240.
박지원(김혈조 옮김), 2009, 열하일기 2, 돌베개.
빈프리트 뢰쉬부르크, 이민수(역), 2003, 여행의 역사, 효형출판.
손명철, 2021, 지속가능한 제주의 미래를 위한 장소기반교육-생태환경교육과 지역지식을 중심으로-, 제주도연구, 56, pp. 115-135.
손일, 김다원, 김성환, 윤경철, 2015, 하늘에서 읽는 대한민국, 푸른길.
송규봉, 2011, 세상을 읽는 생각의 프레임 지도, 21세기북스.
심승희, 2004, 초등 사회과에서의 지역화 학습을 둘러싼 기존 논의들의 재검토, 초등사회과교육, 16(1), pp. 83-102.
와카바야시 미키오(정선태 역), 2002, 지도의 상상력, 서울: 산처럼.
유발 하라리(전병근 역), 2018, 21세기를 위한 21가지 제언-더 나은 오늘은 어떻게 가능한가-, 김영사.
이경한, 김다원, 김선미 편저, 2024, 스토리로 배우는 세계시민교육, 푸른길.
이문기, 2014, 삼국사기, 삼국유사에서 본 신라 화랑도의 여행, 동방한문학, 59, pp. 1-22.
이승수, 2013, 새로운 세계의 탐색, 문학과 여행, 동방한문학, 33, pp. 339-368.
이재하, 1997, 세계화시대에 적실한 지역연구방법론 모색, 한국지역지리학회지, 3(1), pp. 115-134.
이주영, 2022, 과학과 인공지능 융합교육을 위한 내용 체계 및 교수 학습 모형 개발 연구 : 모델링 학습을 중심으로, 한국교원대학교 대학원 박사학위논문.
이희연, 1995, 지도학, 서울: 법문사.
장석주, 2006, 장소의 탄생, 작가정신.
장의선, 2012, 지리적 상상의 재현: 지도, 인문지리학의 시선(전종한 외 지음) 개정2판, 사회평론.
전수진 외, 2020, 초등 교사를 위한 KERIS와 시작하는 인공지능 교육, 대구: 한국교육학술정보원.
전인성, 김다원, 2024, 인공지능 융합 기후환경교육을 위한 수업 연구: 초등 사회과교육과정의 기후환경 내용을 중심으로, 사회과교육, 63(1), pp. 5-25.
정치영, 2014, 사대부, 산수유람을 떠나다, 한국학중앙연구원출판부.
조철기, 김병연, 2020, 포토보이스의 지리 교수 및 학습 도구로서의 가능성과 함의 탐색, 한국지역지리학회지, 26(3), 272-287.
최숙영, 2023, AI융합교육의 이해와 해결 과제에 대한 고찰, 산업융합연구, 21(1), pp. 147-157.
칩 히스 · 댄 히스(안진환 · 박슬라 역), 2007, 스틱, 웅진윙스.
파울로 코엘료(심승희 역), 2004, 연금술사, 문학동네.

헤르만 헤세, 홍성광(편역), 2015, 헤세의 여행, 연암서가.

한국교육과정평가원, 2024, 초등학교 교육과정 A. https://www.kice.re.kr/boardCnts/fileDown.do?fileSeq=cf9ab2ce3c7365a8ea5b4f30a16c8dd6

황민호, 2009, 개항이후 근대여행의 시작과 여행자, 숭실사학, 22, pp. 5-34.

織田武雄, 1990, 地図の歴史, 東京: 講談社.

Ewald, 1985, Portraits and dreams: Photographs and stories by children of Appalachians, NY: Writers and Readers Publication Inc.

Gold, J. R., Jenkins, A., Lee, R., Monk, J., Riley, J., Shepherd, I. & Unwin, D., 1991, *Reaching Geography in Higher Education: A Manual of Good Practice*, Oxford: Blackwell.

Holmes, W., Bialik, M. & Fadel, C., 2019, *Artificial Intelligence in Education, Promises and Implications for Teaching and Learning*, Center for Curriculum Redesign(정제영, 이선복 역, 2020, 인공지능 시대의 미래교육, 서울: 박영스토리).

Howard, R. W., 1987, *Concepts and Schemata*, London: Cassell.

KBS 제작팀, 2012, 문명의 기억, 지도, 서울: 중앙북스.

Lee, J., Cimová, T., Foster, E.J., France, D., Krajňáková, L., Moorman, L., Rewhorn, S. & Zhang, J., 2025, Transforming geography education: the role of generative AI in curriculum, pedagogy, assessment, and fieldwork, International Research in Geographical and Environmental Education, https://doi.org/10.1080/10382046.2025.2459780.

Matthewman, S. & Morgan, J., 2013, The post-carbon challenge for curriculum subjects, *International Journal of Educational Research*, 61, pp. 93-100.

Miller, B., 1995, The role of rural schools in community development: policy issues and implications, *Journal of Research in Rural Education*, 11(3), pp. 163-172.

Morgan, A., 2012, Inclusive place-based education for 'Just Sustainability', *International Journal of Inclusive Education*, 16(5-6), pp. 627-642.

OECD, 2018, The *future of education and skills Education 2030*. https://www.oecd.org/education/2030/E2030%20Position%20Paper%20(05.04.2018).pdf (2024년 2월 5일 접근)

Olsen, E. G., 1953, *School and community: the philosophy, procedures, and problems of community study and service through schools and colleges*, New York: Prentice-Hall, Inc(김은우 역, 1973, 학교와 지역사회, 현대사상사).

Phillips, R. & John, J., 2012, *Fieldwork for Human Geography*, SAGE Publications(박경환 외 역, 2015, 지리답사란 무엇인가, 푸른길).

Robert, B. W. & Remy, R., 1982, A community-Based Approach to Global Education, *Theory into Practice*, 21(3), pp. 177-183.

Salant, P. & Waller, A., 1998, What difference do local schools make a literature review and bibliography, *Report prepared for Annenberg Rural Challenge Policy Program.*

Smith, G. A., 2002, Place-Based Education: Learning to Be Where We Are, *The Phi Delta Kappan*, 83(8), pp. 584-594.

UNESCO, 2021, *Reimagining our futures together: a new social contract for education*, Paris: UNESCO.

UNESCO, 2022, *AI and Digital Transformation: Competencies for Civil Servants*, Broadband Commission for Sustainable Development.

Wang, C. C., 2006, Youth participation in photovoice as a strategy for community change, Journal of Community Practice, 14, 147-161.

Wang, C. and Burris, M., 1994, Empowerment through photo novella: Portraits of partici ᇹ pation, Health Education Quarterly, 21(2), 171-186.

Widdowson, J. & Parkinson, A., 2020, Fieldwork Through Enquiry, Geographical Association.

Willis, K., 2023, Technology for a brighter future?, *Geography*, 108(3), pp. 110-111.

Yi-Fu Tuan, 1974, *Topophilia: A Study of Environmental Perception, Attitudes, and Values*, Prentice Hall Inc(이옥진 역, 2011, 토포필리아: 환경 지각, 태도, 가치의 연구, 에코리브르).

찾/아/보/기

저/자/소/개

김다원

서울대학교 대학원에서 지리교육을 공부하고 교육학 박사학위를 받았으며, 현재 광주교육대학교 사회과교육과 교수로 재직하고 있다. 박사학위 과정에서부터 꾸준히 세계에 대한 인식과 감각을 키우는 교육을 지향하며 이에 대한 연구에 중점을 두어왔다. 이에 국제이해교육, 문화다양성교육, 세계시민교육, 지속가능발전교육 등 세계시민성 함양 교육에 관심을 갖고 연구하고 있다. 2022 개정 사회과 교육과정 개발 연구 협력진, 2022 개정 초등 사회과 교과용도서 개발 저자로 역할을 하였다.

주요 저서로는 '지리교육과 글로벌 관점'(번역서), '글로벌 학습의 잘못된 약속'(번역서), '지속가능발전교육 어떻게 할까'(공저), '생태전환시대 생태시민성 교육'(공저), '세계시민학 서설'(공저), '시민교육의 이해와 실천'(공저), '스토리로 배우는 세계시민교육'(공저), '초등사회 개념잡기 1'(저서) 등이 있다.

사회과교육 강의

2025년 5월 10일 1판 1쇄 인쇄
2025년 5월 15일 1판 1쇄 발행

저 자 : 김 다 원
발행인 : 한 정 주
발행처 : 교육과학사

저자와의 협의하에 인지생략

경기도 파주시 광인사길 71
전화 (031)955-6956~8 / 팩스 (031)955-6037
Home-page : www.kyoyookbook.co.kr
E-mail : kyoyookbook@daum.net
등록 : 1970년 5월 18일 제2-73호

낙장 · 파본은 교환해 드립니다.
Printed in Korea.

정가 19,000원
ISBN 978-89-254-2007-3